汽车类教学改革成果教材

汽车制造工艺学

第 2 版

主　编　宋新萍
参　编　费宁忠　商萍君　黎雪芬
主　审　崔国华

机械工业出版社

本书以生产企业对汽车制造工艺的需求为基线，简化繁杂抽象的理论，强化具体的工艺概念和工艺规程，能充分满足理论教学和实践教学的需要。

本书共三篇，第一篇为汽车零件机械加工工艺的基本理论，内容包括汽车零件机械加工工艺基本概念、汽车零件的机械加工质量和汽车零件常用制造工艺基础知识；第二篇为汽车零件机械加工和装配工艺的制订，内容包括汽车零件机械加工工艺规程的制订和汽车零件装配工艺的制订；第三篇为汽车制造工艺课程设计，内容包括汽车制造工艺课程设计总论、汽车零件机械加工工艺过程制订实例、汽车零件装配工艺制订实例和汽车制造工艺课程设计选题。各篇既可以独立成篇，又互为支撑，从理论到实践，使学生逐步掌握汽车制造工艺学的基本理论知识并提高其实践运用能力，提高学生解决工程实际问题的能力，为学生从事车辆（汽车）设计和制造工艺工作奠定一定的工艺基础，并为后续的专业课程学习和相关的实践教学环节打下基础。

本书可作为高职高专院校、普通高校汽车类专业的教材，也可作为职大、成教类院校汽车工程类专业的教材。

本书配有电子课件，**凡使用本书作为教材**的教师均可登录机械工业出版社教育服务网（www.cmpedu.com）注册后免费下载。咨询电话：010-88379375。

图书在版编目（CIP）数据

汽车制造工艺学/宋新萍主编. —2版. —北京：机械工业出版社，2020.5（2023.1重印）
汽车类教学改革成果教材
ISBN 978-7-111-64949-6

Ⅰ.①汽…　Ⅱ.①宋…　Ⅲ.①汽车—生产工艺—高等学校—教材　Ⅳ.①U466

中国版本图书馆CIP数据核字（2020）第035694号

机械工业出版社（北京市百万庄大街22号　邮政编码100037）
策划编辑：张双国　责任编辑：张双国
责任校对：刘雅娜　封面设计：陈　沛
责任印制：常天培
固安县铭成印刷有限公司印刷
2023年1月第2版第4次印刷
184mm×260mm·17.5印张·432千字
标准书号：ISBN 978-7-111-64949-6
定价：54.80元

电话服务　　　　　　　　　网络服务
客服电话：010-88361066　　机　工　官　网：www.cmpbook.com
　　　　　010-88379833　　机　工　官　博：weibo.com/cmp1952
　　　　　010-68326294　　金　书　网：www.golden-book.com
封底无防伪标均为盗版　　机工教育服务网：www.cmpedu.com

前　言

随着汽车保有量的不断增加和车型的日益丰富，人们对汽车零配件的需求从专注于个别车型的某些配件发展为多车型全系列的零配件。国家的现代先进制造技术、汽车零部件关键产品的研发水平、制造工艺技术水平，对中国汽车在国际市场的竞争和发展，以及汽车制造业劳动力市场的发展是至关重要的。中国要想从汽车制造大国走向真正的汽车制造强国，必须实现汽车整车及其零部件产品的自主研发，要实现精益生产，注重工艺品质，同时实行"节能和新能源汽车"战略，让自主汽车企业支撑起民族汽车工业，才能保持我国汽车工业的长期繁荣与国际竞争力的持续发展。

编者根据多年制造企业的工作经验及教学实践经验，在对上海众多汽车制造企业进行广泛调研及科研合作的基础上，完成了本书的编写。本书的编写内容满足国家通用标准和行业专业标准的要求，贯彻工程教育的理念，以社会对汽车车辆工程人才的需求为导向，以实际的汽车车辆工程为背景，以汽车车辆工程技术为主线，着力于提高学生的工程意识、工程素质和工程实践能力。

通过本书的学习可以使学生掌握汽车制造工艺的技术内容、方法和特点，熟悉整车和零部件总成装配、机械加工、车身覆盖件的冲压、焊接、涂装等工艺流程；熟悉汽车整车和零部件产品的生产质量控制；能够用科学的方法和观点，运用现代的制造技术和工具，解决汽车产品生产和试制过程中的工艺、工装设计以及生产设备操作管理等方面的工程实际问题。

本书由宋新萍任主编，崔国华任主审。参与本书编写的有宋新萍、费宁忠、商萍君和黎雪芬，具体分工：黎雪芬编写了第2章，商萍君编写了3.2，费宁忠编写了3.3，其余部分由宋新萍编写。

本书在编写过程中参阅了大量国内外的资料，在此对其作者一并表示感谢。由于编者水平所限，书中难免存在不足之处，恳请广大读者批评指正。

编　者

目 录

前言
绪论 ………………………………………… 1
第一篇 汽车零件机械加工工艺的基本理论 ……………… 3
第1章 汽车零件机械加工工艺基本概念 ………………… 3
1.1 机械加工工艺的基本知识 ……… 3
1.2 汽车制造专业的工艺文件 ……… 12
第2章 汽车零件的机械加工质量 …… 21
2.1 汽车零件机械加工质量的基本知识 …………………… 21
2.2 保证零件机械加工精度的工艺方法 …………………… 23
2.3 保证零件机械加工表面质量的工艺方法 ……………… 24
第3章 汽车零件常用制造工艺基础知识 ………………… 26
3.1 汽车零件毛坯制造工艺的基本知识 …………………… 26
3.2 机械零件常用的机械加工方法 … 47
3.3 汽车车身制造工艺的基本知识 … 68
3.4 汽车制造过程中其他工艺的基本知识 …………………… 75
第二篇 汽车零件机械加工和装配工艺的制订 ……………… 81
第4章 汽车零件机械加工工艺规程的制订 …………………… 81
4.1 毛坯 ……………………………… 83
4.2 基准 ……………………………… 85
4.3 加工路线及工艺装备的选择 …… 90
4.4 加工余量的确定 ………………… 97
4.5 工序尺寸的确定（工艺尺寸链的计算） ………………… 99
4.6 定位方案与夹具设计 …………… 120
4.7 机械加工生产线的平面布局 …… 162
4.8 汽车零件机械加工工艺制订简例 …………………………… 166
第5章 汽车零件装配工艺的制订 …………………………… 171
5.1 概述 ……………………………… 171
5.2 保证装配精度的装配方法 ……… 174
5.3 装配尺寸链 ……………………… 177
5.4 装配工艺过程的制订 …………… 187
第三篇 汽车制造工艺课程设计 ……… 193
第6章 汽车制造工艺课程设计总论 … 193
6.1 汽车制造工艺课程设计总则 …… 193
6.2 课程设计的目的 ………………… 193
6.3 课程设计的题目、内容及要求 … 194
6.4 课程设计的任务书及参考文献 … 197
6.5 课程设计的进度安排及要求 …… 198
6.6 课程设计的考核标准 …………… 198
6.7 汽车制造工艺课程设计最后上交的资料 ……………… 199
第7章 汽车零件机械加工工艺过程制订实例 ……………… 200
7.1 发动机连杆工艺设计目标 ……… 200
7.2 对发动机连杆工艺设计的要求 … 201
7.3 发动机连杆工艺规程设计 ……… 201
7.4 确定连杆毛坯 …………………… 203
7.5 制订连杆机械加工工艺过程 …… 205
7.6 完成连杆加工工艺的计算及工艺文件 …………………… 208
7.7 发动机连杆精镗大、小头孔工序的夹具设计 …………… 237
7.8 绘制夹具装配总图 ……………… 241
7.9 结论 ……………………………… 242
第8章 汽车零件装配工艺制订实例 … 243
8.1 发动机装配工艺过程 …………… 243
8.2 汽车总装配工艺过程 …………… 250
第9章 汽车制造工艺课程设计选题 … 256
附录 机械制造部分工艺参数 ………… 267
参考文献 ………………………………… 275

绪　　论

汽车是一种机、电、液、气多种技术高度综合的精密机械产品，汽车工业一方面需要十分广泛的配套产业，另一方面又是机床、铸造机械、锻造机械、焊接机械、电气、仪表和多种原材料的使用大户，因此汽车工业是产业关联度较高的一个产业。汽车工业的发展能够带动国家相关产业和出口产品的发展，是影响国家财政收入和税收的重要产业。发展汽车工业，是国民经济发展当中一个重要的战略，很多国家都把汽车工业作为国民经济的支柱产业。

一、汽车的制造过程

狭义地讲，汽车的制造过程是指把汽车原材料转变为汽车产品的全过程；**广义地讲，汽车的制造过程**是从产品设计开始到成品出厂的全过程。由于汽车零件精度高、结构复杂、产量高，对零部件的安全性、可靠性及零部件之间的互换性要求高，所以汽车制造业比其他机械制造业更具特点。

广义的**汽车制造过程**包括生产与技术的准备过程、基本生产过程、辅助生产过程和生产服务过程。

1. 生产与技术的准备过程

生产与技术的准备过程是基本生产过程的前提，是指汽车产品投入生产前进行的各种技术和装备的准备工作过程，包括产品的开发、调研，产品设计和试制、试验和鉴定，生产的工艺设计和专用工艺装备的设计和制造，生产计划的编制，生产资料的准备以及生产人员的培训等。

2. 基本生产过程

基本生产过程是上述狭义的汽车生产过程，专指汽车零件和总成从原材料经过各种工艺过程转变为汽车产品的过程，包括下料、铸造、锻造、粉末冶金、机械加工、热处理、冲压、焊接、电镀、涂饰、装配等工艺过程。汽车产品的基本生产过程如图0-1所示。

3. 辅助生产过程

辅助生产过程是保证基本生产过程正常进行所必需的辅助产品的生产、维护和维修过程。

4. 生产服务过程

生产服务过程是指为保证基本生产过程和辅助生产过程顺利完成所进行的各种生产服务活动，包括原材料、外购件和工具的供应、运输、保管、包装、发运、售后服务等。

二、汽车制造工艺人员的根本任务

汽车工业是技术密集型产业，在生产中应用了各种高新技术。在从原材料进厂到产品出厂的整个生产过程中，都离不开工艺。汽车生产的工艺过程十分复杂，是包括生产准备、原材料供应、制造工艺、计划管理、生产计划调度、组织劳动生产、产品检验与测试等整个生

图 0-1 汽车产品的基本生产过程

产过程的多方面统一体,汽车的生产工艺是对整个汽车生产过程的正确表述,其核心是汽车制造工艺。汽车制造工艺是企业生产的基础,它直接影响着产品的质量、生产效率、企业的有序运作和经济效益。在保证汽车产品质量的前提下,降低生产成本,同时提高劳动生产率,是研究汽车制造工艺的出发点,也是汽车制造工艺人员的根本任务。

学习和研究汽车制造工艺学的目的就是完成上述根本任务。对于工艺人员,重点是研究保证汽车零件加工精度和表面质量的方法,同时研究如何制订工艺方案,其中包括零件加工方法的选择、零件加工余量和工序尺寸的确定、零件基准的选择、工序的安排以及设备与工装的选择等。

工艺理论和工艺方法的运用灵活性很大,因此在掌握基础理论和方法后,对实际应用中的具体情况、具体问题具体分析,本着优质、高产、低耗的原则,在生产中正确运用工艺理论和工艺方法,在生产中不断提高工艺人员的工艺水平。

汽车制造工艺学是汽车制造业工艺的核心,但并不是制造工艺工作的全部。工艺人员不但要能熟练地制订工艺,还要有相应的管理知识和能力;有相关专业的技术知识,即要有一定的铸造、锻压、热处理等专业知识,有工具、夹具设计与制造、机床维修及数控技术等方面的知识,并能经常在生产中调研、总结,密切关注国内外汽车制造企业的先进制造工艺及技术动态等,才能成为具有较强能力的合格工艺人员。

第一篇

汽车零件机械加工工艺的基本理论

第1章

汽车零件机械加工工艺基本概念

1.1 机械加工工艺的基本知识

1.1.1 机械加工工艺过程及其组成

1. 机械加工工艺过程的基本概念

在生产过程中按一定顺序逐渐改变生产对象的形状、尺寸、相对位置和性质等，使其成为（预期）成品或半成品的方法和具体过程，称为工艺过程。在汽车产品的制造生产中，其工艺过程包括毛坯（铸件、锻件等）的生产工艺过程、热处理工艺过程、机械零件的机械加工工艺过程、总成（总成是由若干个零件按规定技术要求组装的装配单元）或部件及汽车产品的调试、装配工艺和检验工艺过程等。

机械加工和装配等工艺过程都由若干道按一定顺序排列的工序组成。下面以机械加工工艺过程为例说明工艺过程的组成。

2. 机械加工工艺过程的组成

机械加工工艺过程是由若干个顺序排列的工序组成的，而工序可分为若干个安装、工位、工步和进给，前者包含后者。

（1）工序　工序是指一个工人或一组工人在一台机床或一个工作场地，同时对一个或几个工件进行连续加工，所完成的那一部分工艺过程，期间可能要经过几次安装。区分工序的主要依据是工作场地（或设备）是否变动和完成的那部分工艺内容是否连续。

工序是组成工艺过程的基本单元，不仅能够反映加工的阶段性，而且是制订时间定额、工人配备、作业安排和质量检验等的基本单元。

例如，在车床上加工一批轴，既可以对每一根轴连续地进行粗加工和精加工，也可以先对整批轴进行粗加工，然后依次对它们进行精加工。在第一种情形下，由于加工场地不变且工作连续，所以加工只包括一个工序，属于工序集中；在第二种情形下，虽然加工是在同一台机床上进行的，由于加工过程的连续性中断，就变成为粗、精加工两个工序，相对第一种情形属于工序分散。

工序集中就是将工件加工内容集中在少数几道工序内完成，每道工序的加工内容较多。工序集中的特点包括以下几个方面：

1）减少工件安装次数，在一次安装中完成零件多个表面的加工，保证产品的相互位置精度。

2）减少工序数目，缩短工艺路线，简化生产计划工作。

3）机床数量少，节省车间面积，简化生产计划和生产组织工作。

4）操作工人较少，工人操作技术要求较高。

5）专用机床和工艺设备成本高，调整维修费时费力，生产准备工作量大。

6）适用于单件生产。

工序分散就是将工件加工内容分散在较多的工序中进行，每道工序的加工内容较少，最少时每道工序只包含一个简单工步。工序分散的特点包括以下几个方面：

1）每台机床只完成一个工步，易于组织流水生产。

2）机床设备及工艺装备简单，生产准备工作量少，便于平衡工序时间。

3）设备数量多，占用场地大，生产计划和生产组织工作较复杂。

4）操作工人较多，工人操作技术要求较低。

5）采用结构简单的高效机床和工装，易于调整。

6）适用于批量生产，尤其是汽车零件的流水线批量生产。

在实际生产中，工序集中、工序分散的合理设计要根据实际生产中企业的生产类型、企业的生产能力、工件结构特点和技术要求、工人技术水平、生产成本和品质要求等进行综合分析，择优选用。

单件小批生产采用工序集中，可以简化生产计划和组织工作；对于大（重）型工件，为了减少工件装卸和运输的劳动量，工序应适当集中；对于汽车零件这种大批大量生产的产品，可将工序分散后组织流水生产；对一些结构简单的产品，如轴承和刚性较差、精度较高的精密零件，工序应适当分散。

（2）安装　在一个工序中，工件在机床或夹具中一次装夹（即每定位和夹紧一次）所完成的那部分工序内容，称为一个**安装**。在一道工序中可以有一个或多个安装。

例如，在车床上加工轴，先从一端加工出部分表面，然后掉头加工另一端，这时的工序内容就包括两个安装。

（3）工位　在工件的一次安装中，通过分度或移位装置，使工件相对于机床床身变换加工位置，把每一个加工位置上的安装内容称为一个**工位**。每一个安装可能包含一个或几个工位。

图 1-1 所示为多工位回转工作台加工孔，钻、扩、铰各为一个加工内容，装夹一次产生一个合格的零件。该安装加工共有 4 个工位：工位 1 为装卸工件，工位 2 为钻孔，工位 3 为扩孔，工位 4 为铰孔。

（4）工步　为了详细分析和描述工序的内容，工序可以进一步划分到工步。**工步**是指加工表面和加工工具不变

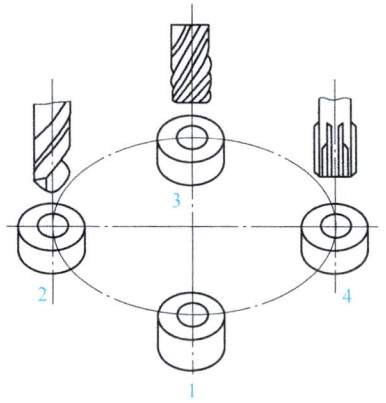

图 1-1　多工位回转工作台加工孔

工位 1—装卸工件　工位 2—钻孔
工位 3—扩孔　工位 4—铰孔

的情况下，所连续完成的那一部分工序。一个工序可以包含几个工步，也可以只有一个工步。

（5）**进给**　在一个工步内，若被加工表面（即材料层）需被切去的金属层很厚，需分几次切削去除，则每进行一次切削就是一次**进给**，生产中也常称为"走刀"。一个工步可以包括一次进给或几次进给。例如，轴类零件如果要切去的金属层很厚，则需分几次切削，这时每切削一次就称为一次进给。

为了提高生产率，常采用多工位、多刀或多面同时加工，也可看作一个工步，这就称为**复合工步**。如图1-2所示，在组合钻床上加工多孔箱体孔，零件上4个φ8mm孔的钻削可以作为一个工步，即钻4×φ8mm为一个复合工步。

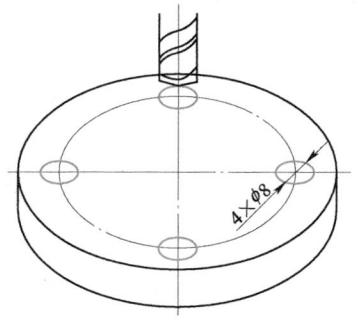

图1-2　钻削圆盘形工件上的4个φ8mm孔

综上所述，一个工件的机械加工工艺过程通常由若干道顺序完成的工序组成。其中，工序是组成工艺过程的最基本单元。在一个工序中可能包含有一个或几个安装，每一个安装可能包含一个或几个工位，每一个工位可能包含一个或几个工步，每一个工步可能包含一次或几次进给。

【**例1-1**】　如图1-3所示的圆盘零件，请设计其单件小批及成批生产时的加工工艺过程。

图1-3　圆盘零件

解：单件小批生产时加工工艺过程见表1-1，成批生产时加工工艺过程见表1-2。

表1-1　圆盘零件机械加工工艺过程（单件生产）

工序号	工序名称	安装	工步	工序内容	进给	设备
1	车削	Ⅰ（自定心卡盘夹紧毛坯小端外圆）	1	车大端端面	—	车床
			2	车大端外圆到φ100mm	—	
			3	钻φ20mm孔	—	
			4	倒角	—	
		Ⅱ（工件掉头，自定心卡盘夹紧毛坯大端外圆）	5	车小端端面，保证尺寸35mm	—	
			6	车小端外圆到φ48mm，保证尺寸20mm	—	
			7	倒角	—	
2	钻削	Ⅰ（钻床夹具装夹工件）	1	依次加工3个φ8mm孔		钻床
			2	在夹具中修去孔口的锐边及毛刺		

由表 1-1 可知，该零件的机械加工分为车削和钻削两道工序，因为两者的操作工人、机床及加工的连续性均已发生了变化。在车削加工工序中，虽然含有多个加工表面和多种加工方法（如车、钻等），但由于其划分工序的要素未改变，故仍属同一工序。

表 1-2 圆盘零件机械加工工艺过程（批量生产）

工序号	工序名称	安装	工步	工序内容	进给	设备
1	车削	I（自定心卡盘夹紧毛坯小端外圆）	1	车大端端面	—	车床
			2	车大端外圆到 ϕ100mm	—	
			3	钻 ϕ20mm 孔	—	
			4	倒角	—	
2	车削	I（工件掉头，自定心卡盘夹紧毛坯大端外圆）	1	车小端端面，保证尺寸 35mm	—	车床
			2	车小端外圆到 ϕ48mm，保证尺寸 20mm	—	
			3	倒角	—	
3	钻削	I（钻床夹具装夹工件）	1	依次加工 3 个 ϕ8mm 孔	—	钻床
4	钳	I	1	修去孔口的锐边及毛刺		钳工台

表 1-2 分为 4 道工序。虽然工序 1 和工序 2 同为车削，但由于加工连续性已变化，因此应该设定两道工序；同样，工序 4 修去孔口的锐边及毛刺，因为使用设备和工作地均已变化，所以应作为另一道工序。

机械加工工艺过程的组成内容，工序、安装、工位、工步和进给最终都在机械加工工艺规程中以符合企业标准的文书格式体现，并供生产使用。

1.1.2 汽车产品的生产性质、生产纲领和生产类型

1. 汽车产品的生产性质

（1）**产品试制** 产品试制是为了生产出少量样车（或汽车新零件）来验证新设计的汽车产品的性能和可靠性而进行的生产。汽车新产品的试制要反复进行，少则 2~3 轮，多则 3~5 轮。

（2）**试生产** 试生产是指按生产准备布置，模拟大批量的生产方式进行生产，用以验证生产准备中产品设计、工艺设计、机床设备及工艺装备等的完善程度，同时进行工艺文件的修订和人员的培训。试生产安排在大批量生产前，要进行数次，以使生产线达到设计能力，使产品质量得到保证。

（3）**正式生产** 正式生产是指必须按生产设计、工艺文件进行的正常生产。

2. 汽车产品的生产纲领

汽车生产企业在计划期内（常指 1 年）生产的汽车总量称为**汽车产品的生产纲领**（Q）。**汽车零件的年生产纲领 N** 可按式（1-1）计算：

$$N = Qn(1 + a + b) \tag{1-1}$$

式中 N——汽车零件的年生产纲领（件/年）；

Q——汽车产品的年生产纲领（台/年）；

n——每台汽车产品中该零件的数量（件/台）；

第1章 汽车零件机械加工工艺基本概念

a——汽车零件的备品率（%），是指用于维修的备件数占装车件数的比例；

b——汽车零件的废品率（%），是指废品件数占投入生产件数的比例。

生产纲领的大小对生产组织形式和零件加工过程起着重要的作用，它决定了生产的规划及工序的专业化和自动化程度，决定了所应选用的工艺方法和工艺装备。工艺规程的详细程度与生产类型有关，不同的生产类型由产品的年生产纲领（即年产量）来区别。

3. 汽车产品的生产类型及工艺特征

汽车产品的销售、汽车企业的生产能力等多种因素决定了汽车零件的年生产纲领，从而决定了汽车零件不同的生产类型（即生产规模）。汽车零件的生产类型不同，相应的制造工艺方法、工艺特征、工艺装备以及生产的组织形式等也不同。

（1）生产类型 通常，按照汽车零件的年生产纲领，即生产企业的生产专业化程度，把汽车产品和汽车零件的生产类型划分为单件生产、成批生产（每批生产的数量称为批量）和大量生产3种类型。汽车制造企业生产类型与产量之间的关系见表1-3。

表1-3 汽车制造企业生产类型与产量之间的关系

生产类型		小轿车及1.5t以下轻型载货汽车年产量/(辆/年)	载货汽车年产量/(辆/年)	
			2~6t载货汽车	8~15t载货汽车
单件生产		<10	<10	<10
成批生产	小批	10~2000	10~1000	10~500
	中批	2000~10000	1000~10000	500~5000
	大批	10000~50000	10000~30000	5000~10000
大量生产		>50000	>30000	>10000

1）单件生产。企业工作场地的加工品种频繁地改变、不重复或很少重复加工相同结构、尺寸的零件，称为单件生产。单件生产的基本特点是：生产的汽车零件种类繁多，每种产品的产量很少，而且很少重复生产。例如，汽车新产品的试制就属于单件生产。单件小批生产应采用通用设备和工艺装备，也可选用数控机床以降低生产成本。

2）成批生产。企业工作场地的生产呈周期性重复，常年分批、轮换着制造若干种不同的汽车零件，称为成批生产。成批生产的基本特点是：分批地生产相同的汽车零件，生产呈周期性重复。成批生产可按其批量大小分为小批生产、中批生产和大批生产3种类型。其中，小批生产和大批生产的工艺特点分别与单件生产和大量生产的工艺特点类似，中批生产的工艺特点介于小批生产和大批生产之间。

3）大量生产。汽车产品或零件的生产纲领很大，企业工作场地常年按一定的时间定额重复地进行某一零件的某一工序的生产，称为大量生产。大量生产的基本特点是：产量大、品种单一，企业工作场地长期重复地进行某个汽车零件的某一道工序的加工。例如，一般轿车的正常制造生产都属于大量生产。大批大量生产应尽可能采用高效率的设备和工艺方法，以提高生产率。

（2）不同生产类型机械加工的工艺特征 为了提高企业的生产效益，不同生产类型的企业采取不同的工艺过程，即不同的生产组织形式、不同的生产设备、不同的工艺装备等。表1-4列举了3种生产类型所对应的工艺过程的特点。

表 1-4 3 种生产类型所对应的工艺过程的特点

项目	大量生产	成批生产	单件生产
加工对象	固定不变	周期性变化	经常变化
机床	专用、高效机床，组合机床，自动或半自动生产线	通用或专用机床，数控机床或可调自动线	通用机床
机床布置	自动流水线布置	成组流水线布置	机群式布置
工艺装备	专用、高效夹具，复合刀具，成形刀具	通用或专用工装，部分高效率刀具、量具	标准夹具、刀具、量具、辅具
毛坯制造	金属型、机械造型、精密铸、压铸、模锻、粉末冶金	部分金属型铸造、模锻	木模手工造型、自由锻
调整方法	调整法、自动控制法	部分试切法	试切法
安装方法	全部用夹具安装法	部分用夹具，部分划线找正	划线或直接找正
工人技术水平	不高	一般	高
制造特点	集成制造系统、主动测量	成组技术、柔性制造系统	加工中心、数控机床
工艺文件	详细、齐全	比较详细	简单

汽车零件因结构特征、质量要求及年生产纲领的不同，具有不同的生产类型。在汽车制造企业中，经常根据工序专业化程度确定零件的生产类型。**工序专业化程度可根据每台设备或工作场地完成的工序数目或节拍等确定。**表 1-5 所列为由设备或工作场地担负的工序数目和节拍确定生产类型的参考数据。

表 1-5 确定生产类型的参考数据

生产类型	设备或工作场地完成的工序数目	生产节拍/(min/件)
大量生产	1~2	<5
大批生产	2~10	5~15
中批生产	10~20	15~60
小批生产	20~40	>60

汽车流水线零件的生产节拍是指一条生产线上相继完成两件产品生产之间的时间间隔。节拍 T（单位为 min/件）可按式（1-2）计算：

$$T = \frac{60H\eta}{N} \tag{1-2}$$

式中 T——汽车流水线零件的生产节拍（min/件）；

H——汽车流水线的年有效生产工作时间（h/年）；

η——工时利用率；

N——汽车零件的年生产纲领（件/年）。

在生产类型为大量生产的汽车制造企业，由于要求流水生产线均衡生产，所以工件按工

第1章 汽车零件机械加工工艺基本概念

艺过程顺序加工时,在上一台设备上加工好的工件会被连续地送入下一台设备继续加工,这样就必须要求每台设备加工工件的时间大致相同,即各工序都要按统一的节拍进行加工生产,完成传递—加工—传递的过程。理想情况下应该使每一工序的时间等于节拍,或是节拍的倍数。

稳定节拍和加快节拍是流水线生产节拍优化工程的目标。节拍不稳,质量控制波动、产能提升就会受阻,通常把一个流程中生产节拍最慢的环节称为"瓶颈(Bottleneck)"。流程中存在的瓶颈不仅限制了一个流程的产出速度,而且影响了其他环节生产能力的发挥。

如某生产线上顺序有 3 道工序,其作业时间分别为 8min、10min 和 6min。在考虑生产节拍时,如果是各自的产品,则生产节拍是各自的作业时间;如果是相连的工序,其生产节拍是 10min,瓶颈也出现在这 10min 的工序上。如果相连工序出现瓶颈,就应该想办法进行节拍改进,对这个生产线有两种改进方式:

1)把 10min 工序的工作量拆解出来一部分,分担给下道工序(即 6min 的工序)。

2)把 8min 工序的工作量拆分一部分给 10min 的工序,然后给 10min 工序添加 1 个人,两人同时工作,不再拆分 10min 工序。

很多人误认为节拍就是加工一个产品的时间,其实那是生产周期。生产节拍不一定等于生产周期。如果生产周期大于生产节拍,就需要安排加班,或提前安排生产,储备一定库存,以满足生产节拍的需要。无论是加班还是增加库存都需要增加成本,因此,在组织同步化生产过程中,一定要追求生产周期与生产节拍的基本一致,否则会产生浪费。高效生产中,准确的生产节拍很重要。

(3)汽车产品生产批量与成本间的关系 集中生产、规模经济和专业化协作是发展汽车工业应遵循的三项原则,这三项原则归纳起来就是"规模生产"。发展汽车工业的"规模生产"原则是最小有效经济规模。对生产单一车型的轿车厂来讲,最小有效经济规模是每年生产 50 万辆;对生产各种车型的企业来说,一种说法是每年生产 100 万辆,另一种说法是每年生产 200 万辆,现在世界汽车界人士大都接受后一种说法,即每年生产 200 万辆是最小规模生产的综合标准。汽车产品生产批量与成本间的关系见表 1-6。

表 1-6 一个车型的生产批量与成本的关系

汽车产量/辆	成本降低(%)	汽车产量/辆	成本降低(%)
由 1000 增加到 50000	40	由 200000 增加到 400000	5
由 50000 增加到 100000	15	产量超过 400000	小于 5
由 100000 增加到 200000	10	产量超过 1000000	不明显

1.1.3 汽车零件的加工经济精度

加工经济精度是机械加工中经常用的一个概念。因为经济效益是工厂存在下去的依据,所以一个零件从设计到加工都要注意其经济性。加工经济精度是指在正常的加工条件下(采用符合质量标准的设备和工艺装备,使用标准技术等级的工人、不延长加工时间),一种加工方法所能保证的加工精度和表面粗糙度。

加工精度等级的高低是根据使用要求确定的,零件的成本是与加工精度密切相关的,每增加一个精度等级，加工的难度会呈几何级增长，对加工机床和工具的要求就会更高，也要求工人有较高的加工水平。举例来说，7级精度用一般的机床和工具就可以达到，6级精度需要用磨床，5级精度就要用数控机床和精磨，甚至手工研磨，4级精度则更难。每增加一个精度等级，就可能增加几个工序、增加机床数量、增加技术工人数量，从而导致零件的成本增加。追求经济精度就是要在满足使用要求的条件下以最低的精度、最低的成本，达到利益最大化的目的。

设计安排工艺过程时要重点考虑经济精度。

1. 加工精度与加工成本的关系

任何一种加工方法的加工精度与加工成本之间都有如图1-4所示的关系。图1-4中δ为加工误差，表示加工精度；C表示加工成本。由图1-4中曲线可知，两者关系的总趋势是加工成本随着加工误差的下降而上升，但在不同的误差范围内成本上升的比率不同。A点左侧曲线，加工误差减小一点，加工成本就会上升很多；加工误差减小到一定程度后，投入的成本再多，加工误差的下降也微乎其微，这说明某种加工方法加工精度的提高是有极限的（δ_L）。在B点右侧，即使加工误差放大许多，成本下降却很少，这说明对于一种加工方法，成本的下降也是有极限的，即有最低成本（C_L）。只有在曲线的AB段，加工成本随着加工误差的减小而上升的比率相对稳定。可见，只有当加工误差等于曲线AB段对应的误差值时，采用相应的加工方法加工才是经济的，该误差值所对应

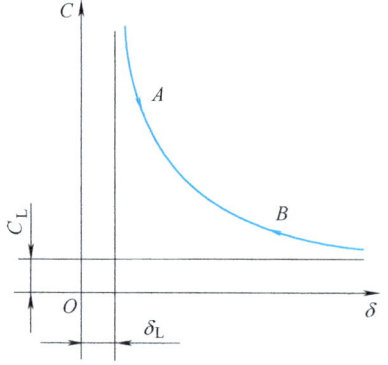

图1-4 加工精度与加工成本的关系

的精度即为该加工方法的经济精度。因此，加工经济精度是指一个精度范围而不是一个值。

2. 加工经济精度与加工方法的选择

各种加工方法（车、铣、刨、钻、镗和铰等）所能达到的加工精度和表面粗糙度都有一定范围。各种加工方法的经济精度和可达到的精度等级见表1-7，各种加工方法能达到的表面粗糙度见表1-8。

表1-7 各种加工方法的经济精度和可达到的精度等级

加工方法		公差精度等级		加工方法		公差精度等级	
		经济的精度等级	可达到的精度等级			经济的精度等级	可达到的精度等级
车	粗	7~8	2	钻	无钻模	7	4
	精	6~7			有钻模	6	
	细	3~4			扩钻	5~6	
铣	粗	6~8	2	铰	精	4	1
	精	5			细	2~3	
	细	3~4		镗	粗	6~7	1
刨	粗	6~8	3		精	3~5	
	精	5			细	2	
	细	4					

第1章 汽车零件机械加工工艺基本概念

（续）

加工方法		公差精度等级		加工方法		公差精度等级	
		经济的精度等级	可达到的精度等级			经济的精度等级	可达到的精度等级
磨	粗	4	1	冷压	拉深	9~10	5~6
	精	3			挤压	5	2
	细	2		粉末冶金		5~7	3
拉削	粗	*5~7	2	塑料压制		8~9	6~7
	精	3~4		加工螺纹	车削	2~3	2
	细	2~3			丝锥		
冷压	冲裁	8	3~4		板牙	3	
	踏弯	10	5~6		碾压	2	1

注：*一般冷拔型钢的公差等级。

表1-8 表面粗糙度的数值、分类和加工方法

表面粗糙度		表面特征	主要加工方法	应用举例
名称	数值/μm			
粗面	$Ra100$	明显可见刀痕	粗车、粗铣、粗刨、钻	为粗糙度最低的加工面，一般很少应用
	$Ra50$	可见刀痕	用粗纹锉刀和粗砂轮加工	
	$Ra25$	微见刀痕	粗车、刨、立铣、平铣、钻	不接触表面、不重要的接触面，如螺钉孔、倒角、机座底面等
半光面	$Ra12.5$	可见加工痕迹	精车、精铣、精刨、铰、镗、粗磨等	没有相对运动的零件接触面，如箱、盖、套筒
	$Ra6.3$	微见加工痕迹		要求紧贴的表面、键和键槽工作表面，相对运动速度不高的接触面，如支架孔、衬套、带轮轴孔的工作面
	$Ra3.2$	看不见加工痕迹		
光面	$Ra1.6$	可辨加工痕迹方向	精车、精铰、精拉、精镗、精磨等	要求很好密合的接触面，如与滚动轴承配合的表面、锥销孔等
	$Ra0.8$	微辨加工痕迹方向		相对运动速度较高的接触面，如滑动轴承的配合表面、齿轮轮齿的工作表面等
	$Ra0.4$	不可辨加工痕迹方向		
最光面	$Ra0.2$	暗光泽面	研磨、抛光、超级精细研磨等	精密量具的表面，极重要零件的摩擦面，如气缸的内表面、精密车床主轴颈、坐标镗床的主轴颈等
	$Ra0.1$	亮光泽面		
	$Ra0.05$	镜状光泽面		
	$Ra0.025$	雾状光泽面		
	$Ra0.012$	镜面		

注：各种绝缘零件机加工表面的表面粗糙度值规定为 $Ra3.2$~$Ra25$μm。

1.2 汽车制造专业的工艺文件

工艺文件是将工艺工作以一定格式文件的形式确定下来的全部资料的总称，按其作用可分为工艺规程和管理用工艺文件两类。机械加工主要的工艺文件见表1-9。工艺规程是管理用工艺文件的基础和依据，管理用工艺文件是工艺规程得以实施的保证。

表1-9 机械加工主要的工艺文件

名称	分类	包含内容	名称	分类	包含内容
工艺文件	工艺规程	工艺过程卡	工艺文件	管理用工艺文件	工艺分工路线图
		工艺卡			各类工具一览表（清单、草案），更改通知书
		工序卡			专用工装设计任务书
		机床调整卡			专用设备设计任务书
		检验工序卡			工艺更改通知书
		工艺附图			工艺技术问题联系单
		工艺手则			毛坯图
					工厂设计说明书
					工艺设备平面布局图

为适应汽车专业化生产的需要，工艺管理必须科学化、标准化。在制订工艺文件时，应当按GB/T 24738—2009《机械制造工艺文件完整性》的要求进行。由于各汽车制造企业具体情况不同，在实际生产中，还应结合具体情况作适当的增减；对工艺文件格式，可根据需要自行制定。

1.2.1 工艺规程

每个零件的生产工艺过程都不是唯一的，汽车制造企业应该根据零件的生产类型，在优质、高产、低成本的基础上，选择符合企业本身生产能力的工艺过程。

把比较合理的工艺过程确定下来后，按一定的格式（通常是表格或图表）和要求写成文件形式，要求企业有关人员必须严格执行的指令性文件，称为**工艺规程**。机械加工工艺规程是规定零件制造生产工艺过程和操作方法的工艺文件，是总结生产实践经验，结合先进制造生产工艺技术和具体生产条件，在合理的工艺理论和必要的生产工艺试验的基础上，制订并指导生产组织、生产管理、工艺管理和生产操作等的技术文件。

1. 机械加工工艺规程的内容

1）拟定机械加工工艺路线（零件在生产过程中依次通过的全部加工内容称为**工艺路线**），即确定机械加工各道工序的加工方法和顺序。

2）确定各道工序的具体内容，即规定各道工序具体的操作内容和完成方法。

2. 机械加工工艺规程文件形式

机械加工工艺规程是以卡片文件形式出现的文件，常用的工艺规程主要包括工艺过程卡、工序卡、工艺（综合）卡、工艺附图、调整卡和检验工序卡等。

1）工艺过程卡。机械加工工艺过程卡以工序为单位，简要地列出整个零件加工所经过的工艺路线（包括毛坯制造、机械加工和热处理等）。机械加工工艺过程卡见表1-10。

机械加工工艺过程卡是制订其他工艺文件的基础，也是生产准备、编排作业计划和组织生产的依据。在这种卡片中，除了标明零件的特征外，只列出工序的序号、工序内容、设备、工装、切削规范和单件工时定额。由于各工序的说明不够具体，故一般不直接指导工人操作，而更多作为日常生产中各项管理和统计工作的依据。但在单件小批生产中，由于通常不编制其他较详细的工艺文件，常以这种卡片指导生产。

2）工序卡。机械加工工序卡是根据机械加工工艺卡为一道工序制订的。它详细地说明整个零件各个工序的要求，是用来具体指导工人操作的工艺文件。机械加工工序卡见表1-11。

机械加工工序卡一般用于大批大量生产的零件。它详细地说明了零件各个工序的要求，按工序分工步，说明该工序每一工步的内容、使用设备、工装、切削工艺参数、时间定额、操作要求等详细内容，是指导生产的最详细的文件。在这种卡片上要画工序简图，对加工表面、夹紧、定位、支承、进给方向等进行详细说明，有的还要把加工刀具示意图画在图中。工序卡一般除正页外，还有附页。填写工序卡时，按工步填写工序尺寸、公差和表面粗糙度、几何公差等技术要求，同时对工序图还有以下要求：

①应画出加工件的主要轮廓线，用加粗的线标明加工表面。在不影响标注定位、夹紧符号的前提下，可以只画局部图。

②用符号标注定位基准及其所限制的自由度数目和夹紧位置及力源，其符号应尽可能采用GB/T 24740—2009《技术产品文件　机械加工定位、夹紧符号表示法》中规定的符号，定位、夹紧符号应尽量在轮廓线上标注。

③标注该工序应保证的工序尺寸及公差、表面粗糙度和几何公差等技术要求。

④标注装夹零件的数目、加工时的排列方式等。

3）工艺（综合）卡。机械加工工艺卡是以工序为单位，详细地说明整个工艺过程的一种工艺文件。它是用来指导工人生产和帮助车间管理人员和技术人员掌握整个零件加工过程的一种主要技术文件，广泛用于成批生产的零件和重要零件的小批生产中。机械加工工艺卡内容包括零件的材料、质量、毛坯种类、工序号、工序名称、工序内容、工艺参数、操作要求以及采用的设备和工艺装备等。

4）调整卡。调整卡主要用于多工位、多刀加工的工序。它突出标明多刀位置、行程长度及各工位切削参数（刀具参数和切削用量），以便于调整，其格式一般因机床而异。

5）检验工序卡。检验工序卡是用于指导检验人员对复杂的、精度高的零件进行检验的工艺文件。其主要内容有：

①检验项目、精度及技术要求。

②检验用夹具、量具的名称、规格和编号。

③检验简图，标明检验时的定位、标定、测量方法及操作程序。

④检验对象的抽样规则，如百分比或抽检间隔件数等。

汽车制造工艺学 第2版

表1-10 机械加工工艺过程卡

机械加工工艺过程卡	产品型号(代)号	495A、40Cr	零(部)件图号	495A-04001		共2页	第1页
	产品名称		零(部)件名称	连杆体			
工序号	工序名称	车间	设备 编号 / 名称	工艺装备 编号 / 名称			备注
00	锻造						锻
10	锻造喷砂清理						锻
20	检验						检
30	锻造尺寸分档						配
40	检验						检
50	粗铣二平面	小件2	圆盘铣 X3016				铣
60	钻小头孔	小件3	Z635 立钻				钳
70	粗镗小头孔	小件4	镗床				车
80	刨角	小件5	钻床				钳
90	铣定位面	小件	铣床				铣

第1章　汽车零件机械加工工艺基本概念

工序号	工序内容	工时	单位	设备		工种
100	粗铣分离面	6		圆盘铣 X3016		铣
110	粗镗大头孔	7	小件	专用机床		车
120	修飞边		小件			钳
130	铣螺孔低平面	8	小件	X5024 立铣		铣
140	调质 24～32HRC		小件			热
150	酸洗去氧化皮					
160	磁力擦伤并退伤			修磨机		
170	修飞边		小件	M7475		钳
180	粗磨一平面	11	小件	圆盘磨		
190	退磁					钳
200	磨分离面		小件	M7130 平面磨床		磨
210	检验					检
220	修大头孔口处飞边	12	小件	Z635 立钻		钳
230	钻两螺孔		小件			钳

机械加工工艺过程卡	产品型(代)号	495A、40Cr	零(部)件图号	495A-04001	零(部)件名称	连杆体	共2页 第2页 (续)

工序号	工序名称	车间	设备编号	设备名称	工艺装备编号	工艺装备名称	备注
240	粗镗定位孔		13	专机		小件	车
250	半精镗定位孔		14	专机		小件	车
260	精镗定位孔		15	专机		小件	车
270	2×φ15孔口倒角		16	台钻		小件	钳
280	扩两螺孔		17	专机		小件	钳
290	(1) 攻螺纹 2×M12×1 (2) 改眉 (3) 清洗		18	专机		小件	钳
300	测量螺纹垂直度		19			小件	钳
310	检验						检

第 1 章　汽车零件机械加工工艺基本概念

表 1-11　机械加工工序卡

机械加工工序卡	产品型(代)号		495A	产品名称		零(部)件图号	495A-04001	零(部)件名称	连杆体		共 3 页 第 1 页
车间	工序号		50	工序名称	粗铣三平面	切削液		材料牌号	40Cr	硬度	同时加工件数
上工序	检验	设备	型号	X3016	夹具	编号	PC495A-04001/1	工位器具	编号		
下工序	钻小头孔		名称	圆盘铣刀		名称	连杆体两平面夹具		名称		
工序号	工步内容	工艺装备			主轴转速 n/(r/min)	切削速度 v/(m/min)	进给量 /mm	切削深度 /mm	进给次数	备注	
		编号名称	编号名称	编号名称							
1											
2											
3											
4											

					编制(日期)	校对	标准化	会签	审核(日期)
标记	总数	更改文件号	签字	日期					

（续）

机械加工工序卡	产品型(代)号	495A	产品名称		零(部)件图号	495A-04001	零(部)件名称	连杆体		共3页 第2页
车间	工序号	100	工序名称	粗铣三平面	切削液		材料牌号	40Cr	硬度	同时加工件数
上工序	铣定位面	设备	型号	X3016	夹具	编号	PC495A-04001/2	工位器具	编号	
下工序	粗镗大头孔		名称	圆盘铣刀		名称	圆盘铣夹具		名称	

工序号	工步内容	工艺装备			主轴转速 n/(r/min)	切削速度 v/(m/min)	进给量 /mm	切削深度 /mm	进给次数	备注
		编号 名称	编号 名称	编号 名称						
1			495A04001/9 定位面测量架							
2			J495A04001/2 分离面校对规							
3			0-5百分表							
4										

					编制(日期)	校对	标准化	会签	审核(日期)
标记	总数	更改文件号	签字	日期					

第1章　汽车零件机械加工工艺基本概念

(续)

机械加工工序卡	产品型(代)号	495A	产品名称		零(部)件图号	495A-04001	零(部)件名称	连杆体	共3页 第3页	
车间	工序号	110	工序名称	粗铣三平面	切削液		材料牌号	40Cr	硬度	同时加工件数
上工序	粗铣分离面	设备	型号		夹具	编号		工位器具	编号	
下工序	修飞边		名称	专用机床		名称			名称	

工序号	工步内容	工艺装备 编号 名称	工艺装备 编号 名称	工艺装备 编号 名称	主轴转速 n/(r/min)	切削速度 v/(m/min)	进给量 /mm	切削深度 /mm	进给次数	备注
1		RJ495A-04001	LJ495A 0420013							
		0400215 粗镗刀	大头孔对刀表座							
2		RJ495A-04001	0-5 百分表							
		04002/4	0-200 游标卡尺							
3			LJ495A-04001/4							
		倒角刀	$\phi 68_{-0.2}^{\ 0}$ 塞规							
4										

				编制(日期)	校对	标准化	会签	审核(日期)
标记	总数	更改文件号	签字	日期				

1.2.2 管理用工艺文件

1. 工装设计任务书

工装设计任务书是工艺人员对工装设计人员提出工艺要求的文件。其格式因各种工装的要求不同和各企业管理组织形式不同而有较大的差别。但一般都包括简图（标明了加工、定位、夹紧位置和技术要求）、生产设备的型号和规格参数。如果对工装结构、动力源有特殊要求，则应加以说明。

2. 工具一览表（清单）与草案

工具一览表有刀具一览表、刀辅具一览表、夹辅具一览表、量具一览表（清单）等。列入草案的工具用于生产准备中一次性订货，列入工具一览表（清单）的工具用于正式生产，工具供应部门按定额进行储备，并保证供应。

3. 工厂设计文件

工厂设计文件包括工艺设备平面布置图和工厂设计说明书。工艺设备平面布置图是厂房设计和地面施工的依据；工厂设计说明书包括设备明细表、面积、动能、投资和人员5个指标及其说明。工厂设计分为扩大初步设计和施工设计两个阶段。在工厂设计中，工艺设计是逐步深化的。

工艺文件的详简程度主要取决于生产专业化的程度和零件工艺的复杂程度。专业化程度越高，其工艺文件越详细。单件小批生产因为节拍时间短，不希望混入人为的差错，其工艺文件一般是一次性有效，为了充分发挥工人的技艺，其工艺文件规定得较简单。

为了提高生产现场工艺文件的快速可读性，要求它的内容简明扼要，文字清晰整齐，术语、符号和计量单位应符合有关标准。

第 2 章

汽车零件的机械加工质量

汽车由成千上万个零件组成，零件的质量决定着汽车的质量。汽车零件的机械加工质量影响着汽车零件的使用寿命、工作性能和可靠性，保证汽车零件的机械加工质量是保证汽车整车质量极其重要的环节。制订工艺规程的前提条件是保证产品质量，所以掌握机械加工质量的基本理论是合理制订工艺规程的基本保证。

2.1 汽车零件机械加工质量的基本知识

零件的机械加工质量包括两个方面：加工精度和表面质量。

2.1.1 加工精度与加工误差

加工精度是指零件加工后的实际几何参数（尺寸、形状及各表面间的相互位置等参数）与理想几何参数的符合程度。理想几何参数对尺寸而言，指的是平均尺寸；对表面几何形状而言，指是的绝对的圆、圆柱、平面、锥面和直线等；对表面之间的相互位置而言，指的是绝对的平行、垂直、同轴、对称和成一定的角度等。

与加工精度相对应的另一个概念是加工误差。零件加工后的实际几何参数相对于理想几何参数的偏离程度称为加工误差。加工精度高，就表明加工误差小。加工精度与加工误差都是评价加工表面几何参数的专业术语，加工精度用标准公差等级来衡量，等级值越小，其精度越高；加工误差用数值来表示，数值越大，其误差越大。

每一种零件都有相对应的加工精度要求，即允许存在一定的加工误差，只要零件的加工误差在规定的范围之内，就认为零件是满足精度要求的合格产品。

根据几何参数的不同，加工精度可以划分为尺寸精度、形状精度和位置精度 3 类。

（1）尺寸精度　尺寸精度指零件的直径、长度、宽度和表面距离等尺寸的实际值和理想值的符合程度。

（2）形状精度　形状精度指零件表面或线的实际形状与理想形状的符合程度。例如，直线度、平面度、圆柱度、圆度、线轮廓度和面轮廓度等。

（3）位置精度　位置精度指零件表面或线的实际位置和理想位置的符合程度。例如，平面度、垂直度、同轴度、对称度和位置度等。

2.1.2 表面质量

经过机械加工的零件表面，总存在一定的微观几何形状误差，表面层的物理力学性能也在机械加工后发生了变化。零件的表面质量是指机械加工后零件表面层的状况，它包括加工表面的微观几何形状特征和表面层的物理力学性能变化特征两个方面。

1. 表面的微观几何形状

加工后的表面几何形状，总是以峰、谷交替的形式偏离理想的表面。这主要是由切削加工过程中，刀痕与切屑分离过程时产生的塑性变形、工艺系统的高频振动、刀具与被加工表面的摩擦等原因造成的。根据偏离的误差大小不同，表面几何形状有宏观和微观之分（工艺系统指由机床、夹具、工具和刀具等机械加工部件的全部综合）。

加工表面的微观几何形状特征是通过加工表面的表面粗糙度、表面波纹度、加工表面的纹理方向和缺陷4个方面来衡量的。

如图2-1所示，表面粗糙度是波距 L 小于1mm的表面微小波纹，表面波纹度是波距 L 在1~20mm之间的表面波纹。通常情况下，当 L/H（波距/波高）<50时为表面粗糙度，L/H = 50~1000时为表面波纹度，两者都属于表面质量。波距大于10mm时，属于形状误差（宏观几何形状误差），是加工精度的指标。

图2-1 表面粗糙度和表面波纹度

（1）表面粗糙度 表面粗糙度主要是由刀具的形状以及切削过程中塑性变形和振动等因素引起的。在理想切削条件下，由于切削刃的形状和进给量的影响，在加工表面上遗留下来的切削层残留面积就形成了理论表面粗糙度。

表面粗糙度通常有两种：轮廓算术平均偏差——Ra，轮廓最大高度——Rz。其中，最常用的是 Ra。表2-1为中美表面粗糙度对照表。

表2-1 中美表面粗糙度对照表

中国旧标准（表面光洁度）	中国新标准（表面粗糙度）$Ra/\mu m$	美国标准 $Ra/\mu m$	美国标准 $Ra/\mu in$
▽4	6.3	8.00	320
		6.30	250
▽5	3.2	5.00	200
		4.00	160
		3.20	125
▽6	1.6	2.50	100
		2.00	80
		1.60	63
▽7	0.8	1.25	50
		1.00	40
		0.80	32

第 2 章　汽车零件的机械加工质量

（续）

中国旧标准（表面光洁度）	中国新标准（表面粗糙度）$Ra/\mu m$	美国标准 $Ra/\mu m$	美国标准 $Ra/\mu in$
▽8	0.4	0.63	25
		0.50	20
		0.40	16

（2）表面波纹度　表面波纹度主要是由加工过程中工艺系统的低频振动引起的产品表面周期性形状误差。

（3）纹理方向　纹理方向是指切削刀痕的方向，它取决于所采用的加工方法。

（4）缺陷　缺陷会在产品表面个别位置上随机出现，包括沙眼、夹杂、气孔和裂痕等。

2. 表面层的物理力学性能变化

（1）表面层的冷作硬化　零件在机械加工过程中，由于表面层金属产生强烈的塑性变形，使表面层的硬度和强度都有提高，这种现象称为**冷作硬化**。

（2）表面层的残留应力　零件在机械加工过程中，受切削冷塑性变形和切削热塑性变形的影响，使加工表层产生残留应力。若残留应力超过了材料的极限强度，就会产生微观裂纹，微观裂纹会给零件带来严重的隐患。

（3）表面层金相组织变化　零件在机械加工过程中，尤其是磨削时产生的高温会导致零件表层金属发生相变，这种相变称为烧伤。它会大大降低零件表面层的物理力学性能。

2.2　保证零件机械加工精度的工艺方法

汽车行驶中，由于受路况变化的影响，汽车工作状况也处于随机变化中。有时工作环境非常恶劣，再加上汽车上许多零部件是在高速、高温、高压和化学腐蚀的状态下进行工作的，所以对相关零件会有许多特殊的要求。例如，要求发动机中活塞、排气门和阀座等零件耐高温、耐化学腐蚀，同时要求热膨胀小、导热性好而且耐磨；要求曲轴连杆机构具备高速旋转的平稳性，并能承受交变载荷且具有足够的刚度；要求各摩擦副有良好的配合和足够的润滑；对易产生噪声的零件（如变速器齿轮等），除要求其有足够的强度和刚度外，为防止噪声还要求有很高的接触精度。

由于零件在汽车中的作用和工作状态的不同，对它们的要求也不同。这在汽车产品图样中有详细的说明。

汽车的整车性能、使用寿命、安全性和可靠性等，在很大程度上取决于零件的加工精度、表面质量和装配质量是否达到产品图样所规定的要求（一般为 IT6~IT9）。汽车制造通常是大批、大量生产的，考虑使用维护方便和生产节奏的要求，汽车整车及部件的装配方法多采用互换法或分组互换法，以零件的加工精度来保证装配精度，从而保证汽车各项性能指标的要求和维修配件的互换要求。

对加工精度要求较高的零件，在机械加工中要考虑以下几个方面的问题。

1）加工中的形状误差应小于位置误差，位置误差应小于尺寸误差。

一定的尺寸精度必须有相应的几何形状和位置精度，一定的位置精度必须有相应的几何形状精度。对于一般机械加工来说，几何形状误差约占尺寸误差的 1/3。例如，过大的圆度误差就很难得到准确的直径尺寸；两个平面本身的平面度误差很大，就很难获得它们之间的平行度或垂直度。即使在未标注几何公差时，也应控制几何公差在尺寸公差之内。

2）整批工件的加工误差应遵从相应的理论分布规律，尤其希望其接近正态分布。

要求加工工序稳定而不含或少含变值系统性误差，并有足够的工序能力，即要求尺寸分散范围 6σ 值小于公差值 T（σ 为均方差）。这是为了在整批工件合格的前提下，用互换法装配时能获得良好的装配效果，用分组装配法装配时能保证零件都配套。例如，轴与孔配合就不希望出现极大值孔与极小值轴或相反的配合（尽管其尺寸都在公差带范围内），而希望大量出现平均值附近的轴与孔的配合，以便获得理想的间隙或过盈。若轴与孔的尺寸均为正态分布，即可达到这个目的。分组装配时，为使对应组的零件数大致相等，就必须要求轴与孔的尺寸遵从同一分布规律。

3）对一定加工方法的经济加工精度要保守一级来要求。

按零件精度和表面粗糙度要求来确定加工方法时，要比有关表格推荐的经济加工公差保守一个公差等级。例如，对公差等级为 IT7 的表面进行加工，要按 IT6 来确定加工方法，或者说，用能达到 IT6 的加工方法来加工 IT7 的表面。对表面粗糙度的获得方法也可这样考虑。这主要是因为汽车零件的制造多采用调整法加工，即在一次对刀后，按规定的单件时间加工一批工件。工件的加工精度只取决于工艺系统自身的运行，单件时间的限制决定了不可能靠工人慢工细做的技艺来达到加工精度，也不能靠全数检查来挑选合格品。

4）正确确定基准不重合的工序尺寸和公差以及中间工序尺寸的公差要求。

在汽车零件的装卸加工中，常采用工序集中的高效组合机床或自动线加工，由于要用同一基准定位，将不可避免地出现定位基准与设计基准不重合的工序尺寸。表面上看，这类工序尺寸不是零件图所标注的尺寸，实际上它们将与其他工序尺寸一起通过尺寸链转换来共同保证设计尺寸。参照各工序所能达到的经济加工精度，合理确定这类工序尺寸的公差，才能间接保证设计尺寸的要求。

综上所述，汽车零件的加工精度要求注重整个零件尺寸的合格，尺寸需满足正态分布。为此，要求工艺系统稳定并具备能够较好地保证加工精度的工序能力。

2.3 保证零件机械加工表面质量的工艺方法

机器零件的破坏一般是从表面层开始的，这说明零件的表面质量至关重要。

零件表面质量虽然只反映表面的几何特征和表面层特征，但它对零件的耐磨性、疲劳强度、耐腐蚀性、配合性质等使用性能都有不同程度的影响。

1. 表面质量对工件耐磨性的影响

机器上相配合的零件相对运动时要产生摩擦。摩擦一方面消耗能量（如汽车发动机在满负荷下工作时，大约有 20% 的功率消耗在摩擦上），另一方面会引起零件的磨损。

汽车中的很大一部分零件工作时都在作相对运动，为保证汽车的使用寿命，零件要具有一定程度的耐磨性。零件的耐磨性与润滑、摩擦副的材料及热处理等有关，但在上述条件确定的情况下，起主导作用的就是表面质量。

加工后的表面是粗糙不平的，两配合表面只是在凸峰顶部接触，实际接触面积比名义接触面积小得多。

较小的表面粗糙度值可提高零件的耐磨性，延长零件的使用寿命。但若表面粗糙度值太小，由于表面间接触紧密，不易形成润滑油膜，而且两表面分子间的亲和力增加，反而使磨损剧烈增加。零件表面都有一个最合适的表面粗糙度值（一般由试验确定）。图 2-2 所示为发动机活塞销最合适的表面粗糙度值，这时的磨损最小。

表面加工纹理方向对磨损有影响，它随摩擦形式、摩擦条件和表面粗糙度的不同而不同，为了提高零件耐磨性，必须使摩擦副表面具有符合摩擦条件的加工纹理方向。对于机器零件的主要表面，除规定表面粗糙度参数值外，还应规定最后工序的加工方法及加工纹理方向。

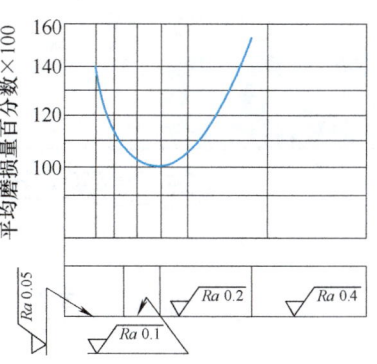

图 2-2　发动机活塞销最合适的表面粗糙度值

零件表面层的强化程度和强化深度对耐磨性有影响。表面层显微硬度的提高增强了表面层的接触刚度，减少了摩擦表面发生塑性变形及咬合的现象；但硬度也不能过高，否则会降低金属组织的稳定性，使金属表面变脆。在摩擦过程中，有较小的颗粒脱落就会使磨损增大。

2. 表面质量对零件疲劳强度的影响

零件在长期承受交变载荷的工作条件下，其疲劳强度除了与零件材料的物理力学性能有关外，与表面质量的关系也很大。

在循环交变载荷下工作的零件，当表面上有微观不平度时便形成应力集中。应力集中主要发生在不平度的谷底上，谷底越深，谷尖半径越小，则应力集中越严重。在谷底出现的应力数值可能超过金属的疲劳极限，促使裂纹逐渐扩展。当裂纹扩展到一定程度，遭受超载冲击时零件就会被破坏。因此，承受循环载荷的零件表面粗糙度值大时，就容易发生疲劳破坏。相反，减小表面粗糙度值将有助于提高疲劳强度。

3. 表面质量对零件耐腐蚀性的影响

腐蚀性介质凝聚在金属表面，会对金属表层产生腐蚀作用。例如，燃料在发动机中燃烧产生的废气中含有酸性物质，它凝结在气缸壁上时会使气缸壁发生腐蚀，加速了气缸的磨损。机械加工后表面将产生凹谷或显微裂纹，腐蚀性物质就会积聚在凹谷和裂纹处，如图 2-3 所示，并按箭头方向产生侵蚀作用，逐渐渗透到金属内部，使金属断裂而剥落下来，然后形成新的凹凸表面。以后腐蚀作用由新的凹谷向内扩展，如此重复继续下去。腐蚀的程度和速度与零件表面粗糙度有很大关系，表面粗糙度值越大，凹谷越深，则越容易发生腐蚀。

图 2-3　表面腐蚀过程

在零件表面层造成压缩残留应力和一定程度的强化，将有助于提高零件的耐腐蚀性。有些零件按其在机器中的作用，并不要求小的表面粗糙度值，但由于工作环境的原因，要求它有较高的耐腐蚀能力，此时，零件的表面必须经过抛光等精整、光整加工。

4. 表面质量对零件配合性质的影响

在间隙配合中，如果零件的配合表面很粗糙，则在工作过程中将会很快磨损，使配合间隙增大，从而改变了所要求的间隙配合性质。

在过盈配合中，如果零件的配合表面很粗糙，则在配合时表面的凸峰被压平，使有效过盈量减少，从而降低了过盈配合的连接强度。此外，在过盈配合中，如果表面强化现象严重，则强化层的金属在配合压力下很可能与内部金属脱离，从而破坏了配合性质。

第 3 章

汽车零件常用制造工艺基础知识

3.1 汽车零件毛坯制造工艺的基本知识

毛坯的质量好坏将影响零件的质量。毛坯的选择是零件机械设计和制造中的一个重要环节。毛坯种类的选择不仅影响毛坯的制造工艺及费用，而且与零件的机械加工工艺和加工质量密切相关。合理选择毛坯的类型，会使零件制造工艺简便、质量稳定、生产率高、制造周期缩短、成本降低。为此，需要毛坯制造和机械加工两个方面的工艺人员密切配合，合理地确定毛坯的种类、结构形状，并绘出毛坯图。

为了能合理选用毛坯，需清楚地了解各类毛坯的特点、适用范围及选用原则等。常用的汽车零件的毛坯种类有：铸件、锻件、冲压件、焊接件及粉末冶金件等。

3.1.1 铸造

铸造是将熔化后的金属液浇灌入铸型空腔中，待其凝固、冷却后，获得一定形状的零件或零件毛坯的成形方法。通过铸造成形方法获得的毛坯或零件称为**铸件**。铸造是最常用的毛坯生产方法，对于形状复杂、用其他方法难以成形的各类汽车零件都可用铸造方法生产其毛坯。

在汽车制造过程中，采用铸造制成毛坯的零件很多，约占全车质量的 10% 左右。铸件就材质而言，有铸铁、铸钢、铸铝、铸铜等，仅铸铁就采用了灰铸铁、球墨铸铁、蠕墨铸铁、可锻铸铁及合金铸铁等多种。汽车用铸件的主要特点是壁薄、形状复杂、质量小、可靠性好、尺寸精度高和年产批量大等，如气缸体、变速器箱体及进、排气支管、转向器壳体、后桥壳体、制动鼓和各种支架等。

根据所采用的工艺方法，通常将铸造分成砂型铸造和特种铸造两大类。 在汽车用铸件生产中，砂型铸造生产的铸件占汽车铸件的 90% 以上。为弥补砂型铸件的不足，汽车零件常采用特种铸造方法，以提高生产率，改善劳动条件，获得尺寸精确和机械强度好的铸件。凡不同于砂型铸造的其他铸造方法，统称为特种铸造，如永久型铸造、精密铸造、压力铸造、熔模铸造和离心铸造等。各种铸造方法及其工艺特点见表 3-1。

（1）砂型铸造　**液态金属完全靠重力充满整个铸型型腔，直接形成铸型的原材料主要为型砂的铸造方法称为砂型铸造。** 砂型的原料以砂子为主，并与粘结剂、水等混合而成。砂型材料必须具有一定的粘合强度，以便被塑成所需的形状并能抵御高温铁液的冲刷而不会崩塌。为了在砂型内塑成与铸件形状相符的空腔，必须先用木材制成模，称为木模。炽热的金属液冷却后体积会缩小，因此，木模的尺寸需要在铸件原尺寸的基础上按断面收缩率加大，需要切削加工的表面相应加厚。空心的铸件需要制成型芯和相应的型芯木模（芯盒）。有了

第3章 汽车零件常用制造工艺基础知识

木模，就可以翻制空腔砂型（铸造中也称为"翻砂"）。在制造砂型时，要考虑上、下砂箱怎样分开才能把木模取出，还要考虑金属液从什么地方流入，怎样灌满空腔以便得到优质的铸件。砂型制成后就可以浇注，也就是将金属液灌入砂型的空腔中。

表3-1 各种铸造方法及其工艺特点

毛坯制造方法	最大质量/kg	最小壁厚/mm	形状的复杂性	材料	生产方式	公差等级（IT）	尺寸公差值/mm	表面粗糙度/μm	其他
手工砂型铸造	不限制	3~5	最复杂	铁碳合金、非铁金属材料及其他合金	单件生产及小批生产	14~16	1~8	—	余量大，一般为1~10mm；由砂眼和气泡造成的废品率高；表面有结砂硬皮，且结构颗粒大；适于铸造大件；生产率低
机械砂型铸造	≤250	3~5	最复杂			14左右	1~3	—	生产率比手工制砂型高数倍至数十倍，设备复杂，但要求工人的技术低，适于制造中小型铸件
永久型铸造	≤100	1.5	简单或平常		大批生产及大量生产	11~12	0.1~0.5	12.5	生产率高（因免去每次制造铸型）；单边余量一般为1~3mm；结构细密，能承担较大压力；占用生产面积小
离心铸造	通常200	3~5	主要是旋转体			15~16	1~8	12.5	生产率高，每件只需要2~5min；力学性能好且砂眼少；壁厚均匀；不需要泥芯和浇注系统
压力铸造	10~16	0.5（锌）、1.0（其他合金）	由模子制造难易而定	锌、铝、镁、铜、锡、铅各金属的合金		11~12	0.05~0.15	6.3	生产率最高，每小时可制50~500件；设备昂贵；可直接制取零件或仅需少许加工
熔模铸造	小型零件	0.8	非常复杂	切削困难的材料	单件生产及成批生产	—	0.05~0.2	25	占用生产面积小，每套设备约需30~40m²；铸件力学性能好；便于组织流水线生产；铸造延续时间长，铸件可不经加工
壳模铸造	≤200	1.5	复杂	铸铁和非铁金属材料	小批至大量生产	12~14	—	6.3~12.5	生产率高，一个制砂工班产量为0.5~1.7t；外表面余量为0.25~0.5mm；孔余量最小为0.08~0.25mm；便于实现机械化与自动化；铸件无硬皮

27

1)砂型铸造的工艺过程。砂型铸造的工艺过程如图 3-1 所示。

图 3-1　砂型铸造的工艺过程

工艺流程：铸造工艺分析与设计→铸造工艺方案的确定→砂型制造+型芯制造→砂型和型芯的烘干，合型及浇注→铸件的落砂与清理→铸件缺陷分析与质量检测。

2)工艺参数的选择。铸造工艺方案确定以后，还要选择各种工艺参数。铸造工艺设计参数（简称工艺参数）是指铸造工艺设计时需要确定的某些数据，这些工艺数据一般与模样及芯盒尺寸有关，即与铸件的精度有密切关系，同时与造型、造芯、下芯及合型的工艺过程有关。铸造工艺设计参数主要有：铸件尺寸公差、铸件质量公差、机械加工余量、铸造断面收缩率、起模斜度、最小铸出孔及槽、工艺补正量、分型负数、反变形量、砂型负数、非加工壁厚的余量和分芯负数等。

①机械加工余量。所谓机械加工余量，就是铸件上需要切削加工的表面，应预先留出一定的加工余量，其大小取决于铸造合金的种类、工艺方法、造型方法、铸件大小和结构、生产批量及加工面在铸型中的位置等多种因素。铸件表面粗糙、变形大，其机械加工余量就大；非铁合金表面较光洁，其机械加工余量小；铸件越大、越复杂，其机械加工余量越大；铸件的顶面比底面和侧面的机械加工余量大。

②起模斜度。起模斜度是为了使模样便于从铸型中取出，垂直于分型面的立壁上所加的斜度。模样越高，斜度取值越小；内壁斜度比外壁斜度大；手工造型比机器造型的斜度大。铸件外壁斜度一般取 0.5°~4°。

③收缩余量。由于铸件在浇注后的冷却收缩，制作模样时要加上这部分收缩尺寸。一般灰铸铁的收缩余量为 0.8%~1.0%，铸造铝合金为 1.0%~1.5%，铸钢为 1.8%~2.2%。收缩余量的大小除了与合金种类有关外，还与铸造工艺和铸件在收缩时的受阻情况等有关。

④铸造圆角。为了防止铸件在壁的连接和拐角处产生应力和裂纹，防止铸型的尖角损坏和产生砂眼，在设计铸件时，铸件壁的连接和拐角部分应设计成圆角。

⑤型芯头。为保证型芯在铸型中的定位、固定和排气，模样和型芯都要设计成型芯头。它们之间的尺寸和形状要留有装配用的芯头间隙。

3)铸件结构工艺性。铸件结构工艺性是指所设计的铸件结构在满足零件使用性能要求的前提下，还能适应铸造工艺和合金铸造性能的要求，以及铸造成形的可行性和经济性。铸件结构设计是否合理，对铸件质量、铸造成本和生产率有很大的影响。良好的铸件结构应适应金属的铸造性能和铸造工艺性。铸件结构的设计应尽量使制模、造型、造芯、合型和清理等工序简化，从而提高生产率。砂型铸造条件下铸件的最小壁厚见表 3-2。

第 3 章　汽车零件常用制造工艺基础知识

表 3-2　砂型铸造条件下铸件的最小壁厚　　　　　　　　　（单位：mm）

铸件尺寸	普通灰铸铁	球墨铸铁	可锻铸铁	铸钢	铜合金	铝合金
<200×200	4~6	6	5	8	3~5	3
200×200~500×500	6~10	12	8	10~12	6~8	4
>500×500	15~20	—	—	18~20	—	6

注：若铸件结构复杂或铸造合金的流动性差，则应取上限值。

（2）特种铸造　特种铸造是指与普通砂型铸造有一定区别的其他铸造方法。在汽车用铸件中常用的特种铸造方法有压力铸造、低压铸造、金属型铸造、离心铸造及消失模铸造和熔模铸造等。此外，还有其他的特种铸造方法，如陶瓷型铸造、挤压铸造、石膏型铸造、连续或半连续铸造及真空吸铸等，目前在汽车铸件大量生产中采用较少。

1）压力铸造。压力铸造是将熔融金属在高压下高速充型，并使其在压力下凝固的铸造方法。压力铸造使用的压铸机由定型、动型和压室等结构组成。首先使动型与定型合紧，如图 3-2a 所示；用活塞将压室中的熔融金属压射到型腔，如图 3-2b 所示；凝固后打开铸型并顶出铸件，如图 3-2c 所示。

图 3-2　压力铸造

a）合型浇注　b）压射　c）开型顶件

1—活塞　2—压室　3—定型　4—动型　5—铸件

压力铸造以金属型铸造为基础，又增加了在高压下高速充型的功能，从根本上解决了金属的流动性问题。压力铸造可直接铸出零件上的各种螺纹、孔眼和齿形等。铸件的组织更细密，其力学性能比砂型铸造提高了 20%~40%，铸件质量好，生产效率高，经济效益好。但由于熔融金属的充型速度快、排气困难，常在铸件的表皮下形成许多小孔，这些小孔内充满高压气体，受热时因气体膨胀而导致铸件表皮产生突起缺陷，甚至使整个铸件变形。因此，压力铸造铸件不能进行热处理。

在汽车行业中，压力铸造的零件有上百种，其中最复杂的铝压铸件为缸体、缸盖等，压铸时除了要下很多型芯之外，对铝缸体还要将铸铁缸套压铸到缸体中。

2）低压铸造。低压铸造是将铸型安置在密封的坩埚上方，坩埚内通压缩空气，在熔融金属的表面上造成低压力（20~70kPa），使金属液入铸型并在压力下结晶凝固的铸造方法。因其压力低，故称为低压铸造。低压铸造的工艺原理如图 3-3 所示。工作时由气罐向保温室中送入压力为 0.01~0.08MPa 的干燥压缩空气或惰性气体，使金属液沿升液管从密封坩坩中以 10.5~10.6m/s 的速度压入铸型型腔内，将其充满后，仍保持一定的压力直到型腔内金属液完全凝固。然后撤掉压力，使未凝固的金属液在重力作用下流回到坩埚，保证升液管和浇口内没有凝固的金属液。最后，打开铸型取出铸件。

铸件在压力下凝固结晶，浇口能起补缩作用，铸件自上而下顺序凝固，因此组织致密，能有效克服铝合金的针孔等缺陷。铸件成品率高，浇口余头小，金属利用率高（高达95%）。另外，低压铸造的铸件表面粗糙度 Ra 值可达 3.2~12.5μm，公差等级能满足 IT12~IT14，最小壁厚为 2~5mm。

低压铸造是介于重力铸造（靠金属液本身重力流入型腔）和压力铸造之间的一种铸造方法，它可以生产铝、镁、铜合金和少量钢制薄壁壳体类铸件，如汽车发动机的缸体和缸套、高速内燃机的活塞、带轮和变速器壳体等。

图 3-3 低压铸造的工艺原理
1—保温室 2—坩埚 3—升液管
4—贮气罐 5—铸型

3）金属型铸造。金属型铸造是利用金属液本身重力将熔融金属浇入金属铸型（即金属型）中获得铸件的方法。金属型是指由金属材料制成的铸型，不能称为金属模。常用的垂直分型式金属型如图 3-4 所示，由定型和动型两个半型组成，分型面位于垂直位置，浇注时先使两个半型合紧，待熔融金属凝固、铸件定型后，再利用简单的机构使两个半型分离，取出铸件。

金属型铸造实现了"一型多铸"，下芯、合型比较方便，劳动条件好，克服了砂型铸造造型工作量大、占地面积大和生产率低等缺点，具有铸件精度和力学性能高的特点；其缺点是上型排气困难，开型和取出铸件均不方便。汽车的铝合金缸盖、进气管及活塞等均采用金属型铸造生产。

4）离心铸造。离心铸造是将熔融金属浇入水平、倾斜或立轴旋转的铸型中，在离心力的作用下凝固成形的铸件轴线与旋转铸型轴线重合的铸造方法。通常铸件多是简单的圆筒形，铸造时不用型芯就可形成圆筒形内孔。离心铸造如图 3-5 所示。

图 3-4 垂直分型式金属型
1—动型 2—定型 3—定位销 4—底座

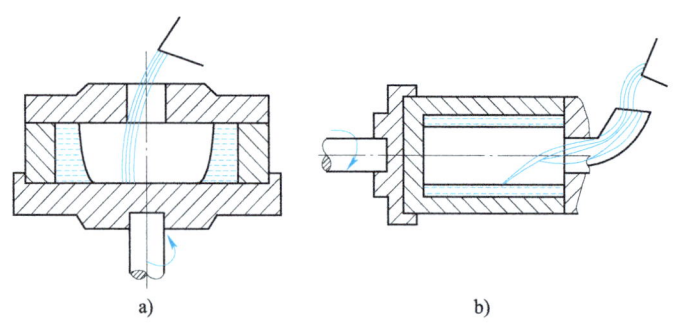

图 3-5 离心铸造
a) 铸型绕垂直轴线回转 b) 铸型绕水平轴线回转

当铸型绕垂直轴线回转时,浇注入铸型中的熔融金属的自由表面呈抛物线形状,如图3-5a 所示,因此不宜铸造轴向长度较大的铸件。当铸型绕水平轴线回转时,浇注入铸型中的熔融金属的自由表面呈圆柱形,如图 3-5b 所示,因此常用于铸造要求壁厚均匀的中空铸件。

离心铸造时,熔融金属受离心力的作用容易充满型腔,在离心力的作用下结晶能获得组织致密的铸件,但铸件的内表面质量较差,尺寸也不准确。离心铸造主要用于制造铸钢、铸铁和非铁金属材料的各类管状零件的毛坯,多用于浇注各种金属的圆管状铸件,如各种套、环和管等;可以铸造各种要求组织致密、强度要求较高的成形铸件,如小叶轮、成形刃具等。

3.1.2 锻造

锻造是利用金属材料的可塑性,借助外力(加压设备)和加工模具的作用,使坯料或铸锭产生局部或全部变形而形成所需要的形状、尺寸和一定组织性能锻件的加工方法。

锻造分为自由锻造和模型锻造。锻件是汽车零件制造业中的另一种常用毛坯。

锻件毛坯由于经锻造后可得到连续和均匀的金属纤维组织,因此锻件的力学性能较好,常用于受力复杂的重要钢制零件。锻件是材料塑性变形的结果,因此锻压件晶粒较细,没有铸件的粗大组织和内部缺陷,所以一些要求强度高、耐冲击和抗疲劳的重要零件大多采用锻造毛坯。但由于它是在固态下塑性成形,难以获得复杂的形状,特别是一些具有复杂内腔的零件。锻件广泛应用于汽车发动机、变速器、转向器和行走部分总成的零件上。

(1)自由锻造 自由锻造是将金属坯料放在铁砧上承受冲击或压力而成形的加工方法(俗称"打铁")。汽车的齿轮和轴等的毛坯就是采用自由锻造的方法加工的。

自由锻造可分为手工自由锻造和机器自由锻造两种。手工自由锻造劳动强度大,只适于少量小型锻件的生产,汽车生产中主要是依靠机器自由锻造。自由锻造的优点是工艺灵活性较大,生产准备的时间较短;缺点是生产率低,锻件精度不高,且不能锻造形状复杂的锻件。

自由锻造工序可分为基本工序、辅助工序及修整工序。基本工序是能够较大幅度改变坯料形状和尺寸的工序,是自由锻造的主要工序,可分为拔长、镦粗、冲孔、弯曲、切割、错移和扭转等。辅助工序是为使基本工序操作方便而进行的预先变形的工序,如压钳口、钢锭倒棱和压肩等。修整工序是用来精整锻件尺寸和形状使其完全达到锻件图样要求的工序,一般在基本工序完成后进行,如校整、滚圆和平整等。

(2)模型锻造 金属坯料在锻模模腔内,在一次或多次冲击力或压力的作用下,被迫流动成形的过程称为模锻。通过模腔对金属坯料流动的限制,最终得到与模腔形状相符的锻件。典型模锻件如图 3-6 所示。

图 3-6 典型模锻件

模锻的主要特点:模锻件尺寸相对精确,加工余量小;生产率高,金属变形在模腔内进行,锻件成形快;可以锻出形状比较复杂的锻件;比自由锻节省材料,减少切削加工工作量,降低成本;操作简单,易于实现机械化和自动化生产。模锻的缺点在于坯料整体变形，变形抗力较大，且模锻所需的设备吨位较大，故锻件的质量通常受设备吨位的限制，一般只能生产150kg以下的中、小型锻件，锻模的制造成本昂贵，适用于中、小型锻件的大批量生产。

按使用设备不同，模锻可分为胎模锻、锤上模锻、压力机上模锻及其他专用设备上的模锻。其中，锤上模锻的工艺通用性强，是目前最常用的模锻方法。

模型锻造是将金属坯料放在锻模的模腔内，承受冲击力或压力而成形的加工方法，模型锻造类似面团在模子内被压成形的过程。与自由锻相比，模锻制造的工件形状复杂，尺寸精确。汽车的模锻件的典型例子有发动机连杆和曲轴、汽车前轴和万向节等。

模锻按成形温度可分为冷锻、热锻、等温锻和温锻等类型，其加工特点见表3-3。

表3-3 模锻按成形温度分类的类型及加工特点

名 称	加 工 特 点
冷锻	室温下或低于工件再结晶温度下进行的锻造
热锻	终锻温度高于再结晶温度的锻造过程，工件温度高于模具温度
等温锻	模具带加热或保温装置
温锻	介于热锻及冷锻之间的加热锻造

模锻的生产过程如图3-7所示。

图3-7 模锻的生产过程

3.1.3 焊接

焊接是用或不用填充材料，将两片金属局部加热或同时加热、加压而连接在一起的加工方法。

1. 焊接的特点及分类

焊接与其他连接方法有着本质的区别，焊接生产的特点主要有：节省金属材料，结构质量小，生产周期短；以小拼大、化大为小，适于制造重型、复杂的机器零部件，简化铸造、锻造及切削加工工艺，获得最佳技术经济效果；焊接接头具有良好的力学性能和密封性；能够制造双金属结构，使材料的性能得到充分利用；生产的毛坯有较好的强度和刚度、质量小、材料利用率高。

焊接的缺点是抗振性较差、变形大，需经时效处理后才能进行机械加工。因此，选用焊接件为毛坯时，对一些性能要求高的汽车重要零件在机械加工前应采用退火处理，以消除应力、防止变形。

第3章 汽车零件常用制造工艺基础知识

焊接方法种类繁多，根据焊接过程中加热程度和工艺特点的不同，基本焊接方法可分为三大类，如图3-8所示。

图3-8 基本焊接方法及分类

（1）熔焊　将工件焊接处局部加热到熔化状态，形成熔池（通常还加入填充金属），冷却结晶后形成焊缝，被焊工件结合为不可分离的整体的焊接方法称为熔焊。常见的熔焊方法有气焊、电弧焊、电渣焊、电子束焊和激光焊等。

（2）压焊　在焊接过程中无论加热与否，均需要加压的焊接方法称为压焊。常见的压焊有电阻焊、摩擦焊、冷压焊、扩散焊和爆炸焊等。

（3）钎焊　将熔点低于被焊金属的钎料（填充金属）熔化之后填充接头间隙，并与被焊金属相互扩散实现连接的焊接方法称为钎焊。钎焊过程中被焊工件不熔化，且一般没有塑性变形。

通过焊接，被连接的焊件不仅在宏观上建立了永久性的联系，且在微观上建立了组织之间的内在联系。常用的焊接方法及其特点见表3-4。焊接能非常方便地利用型材和采用锻焊、铸焊和冲压焊等复合工艺，制造出各种大型、复杂的机械结构和零件，并可把不同材质和不同形状尺寸的坯材连接成不可拆卸的整体，从而使许多大型复杂的铸、锻件的生产过程由难变易，由不可能变为可能。焊接技术在机器制造、造船工业、建筑工程、电力设备生产和航空及航天工业等应用十分广泛。焊接技术也存在一些不足之处，如焊接结构不可拆卸，给维修带来不便；焊接结构中会存在焊接应力和变形；焊接接头的组织性能往往不均匀，并会产生焊接缺陷等。

汽车制造中焊接生产具有批量大、生产速度快、自动化程度高、对被焊接零件的装配焊接精度要求高等特点，其生产中广泛采用专用自动焊机和弧焊机器人工作站。

2. 常用的焊接方法

（1）焊条电弧焊　焊条电弧焊是用手工操作焊条进行焊接的一种电弧焊。技师一手拿着面罩，另一手拿着与电源相连的焊钳和焊条的焊接方法称为手工电弧焊。这是利用电弧放电产生的高温熔化焊条和焊件，使之接合的焊接方法。

表 3-4 常用的焊接方法及其特点

焊接方法	主要接头形式	焊接位置	被焊材料选择	应用选择
手工电弧焊	对接 角接 搭接 T形接	全位置	碳钢、低合金钢、铸铁、铜及铜合金、铝及铝合金	各类中小型结构
埋弧焊		平焊	碳钢、合金钢	成批生产、中厚板长直焊缝和较大直径环焊缝
氩弧焊		全位置	铝、铜、镁、钛及其合金、耐热钢、不锈钢	致密、耐蚀、耐热的焊件
CO_2 气体保护焊			碳钢、低合金钢、不锈钢	
等离子弧焊	对接、搭接	全位置	耐热钢、不锈钢、铜、镍、钛及其合金	一般焊接方法难以焊接的金属和合金
气焊	对接		碳钢、低合金钢、铸铁、铜及铜合金、铝及铝合金	受力不大的薄板及铸件和损坏的机件的补焊
电渣焊	对接	立焊	碳钢、低合金钢、铸铁、不锈钢	大厚铸、锻件的焊接
点焊	搭接	全位置	碳钢、低合金钢、不锈钢、铝及铝合金	焊接薄板壳体
缝焊				焊接薄壁容器和管道
对焊				杆状零件的焊接
摩擦焊	对接	平焊	各类同种金属和异种金属	圆形截面零件的焊接
钎焊	搭接	—	碳钢、合金钢、铸铁、非铁合金	强度要求不高，其他焊接方法难于焊接的焊件

焊条电弧焊具有以下优点：设备简单，操作简便灵活，可以进行各种位置及各种不规则焊缝的焊接，对生产环境及焊接位置要求的适应性强；焊条系列完整，可以焊接大多数常用金属材料，对焊接接头装配要求低，可焊的金属材料广。它具有以下缺点：由于焊工需要在高温和尘雾环境下工作，故劳动条件差，且强度大；焊条载流能力有限（电流为 20~500A），焊接厚度一般在 3~20mm 之间，生产率较低，焊接质量在很大程度上取决于焊工的操作技能。焊条电弧焊不适合焊接一些活泼金属、难熔金属及低熔点金属。由于焊条电弧焊的熔敷速度低，焊接质量受焊工水平的影响大，焊后焊渣的清理比较麻烦，因而在汽车生产线上已较少应用。

(2) 电阻焊　电阻焊属于压焊的一种，是利用电流通过焊件及其接触处产生的电阻热，将连接处加热到塑性状态或局部熔化状态，再施加压力形成接头的焊接方法。电阻焊的生产率高，焊接变形小，不需要填充金属，劳动条件好，操作简便，所以易于实现自动化生产；但焊接设备复杂，耗电量大，对焊件厚度和接头形式有一定限制，通常适用于大批量生产。电阻焊通常分为点焊、缝焊和对焊，如图 3-9 所示。对焊可根据其焊接过程的不同分为电阻对焊和闪光对焊。汽车座椅骨架的零件等用到了电阻焊。

(3) 气体保护焊　气体保护焊是利用外加气体来保护电弧和焊缝的电弧焊。因目前常用的保护气体是氩气和 CO_2，故分别称为氩弧焊和 CO_2 气体保护焊。氩弧焊的保护气体氩气是惰性气体，在高温下，氩气不与金属起化学反应，且保护电弧和熔池不受空气影响。氩弧焊按所用的电极不同可分为钨极氩弧焊和熔化极氩弧焊两种。CO_2 气体保护焊是以 CO_2 作为保护气体，以连续送进的焊丝为电极的焊接方法。

图 3-9 电阻焊的基本焊接形式
a）点焊　b）缝焊　c）对焊

（4）钎焊　钎焊是采用熔点比母材（焊件）低的合金作为钎料，加热钎料使其熔化并靠润湿作用和毛细作用填满且保持在接头间隙内，将焊件连接起来的焊接方法。钎焊时，焊件常以搭接形式装配好，而母材处于固态，依靠液态钎料和固态母材间的相互扩散形成钎焊接头。在钎焊过程中，使用熔剂的作用是清除母材表面的氧化物和杂质，并保护母材和钎料在钎焊过程中免受氧化，增加钎料的渗透能力和对母材的附着能力。按钎料的熔点不同，钎焊可分为硬钎焊与软钎焊两种。

钎焊有如下优点：加热温度较低，对母材的物理、化学性能影响小，焊接应力和变形较小，可以保证焊件的尺寸；焊接接头外表美观整齐，无需再进行加工；钎焊可以焊接性能差别较大的异种金属和厚薄不等的焊件；对焊件整体加热时，可同时焊接多条焊缝的复杂焊件，生产率很高；钎焊设备简单，生产投资较少。钎焊的缺点是接头的强度较低，耐热能力差，对焊件清理要求严格，不适用于较重要钢结构和重载、动载机件的焊接。

（5）激光焊　汽车工业中，激光焊技术主要用于车身拼焊、焊接、零件焊接和"自动变速器"的连体齿轮（如锁环式自动挂档同步器联体齿轮）焊接。激光焊主要有以下优点：

1）可焊接不同物理性质（如不同电阻）的两种金属，可将输入热量降到最低的需要量，热影响区金相变化范围小，且因热传导所导致的变形最小；不需真空，也不需做 X 射线防护。

2）若以穿孔式焊接，焊道深与宽之比可达 10:1，可以切换装置将激光束传送至多个工作站。

3）不需使用电极，没有电极污染或受损的顾虑，且因不属于接触式焊接制程，机具的耗损及变形均可降至最低。

4）激光束易于聚焦、对准及受光学仪器导引，可放置在离工件适当的距离，且可在工件周围的机具或障碍间再导引，其他焊接法则因受到上述的空间限制而无法发挥。

5）工件可放置在封闭的空间中（经抽真空或内部气体环境在控制下）。

6）激光束可聚焦在很小的区域，可焊接小型且间隔相近的部件。

7）可焊材质种类范围大，也可相互接合各种异质材料。

8）易于以自动化进行高速焊接，也可以数位或计算机控制。

9）焊接薄材或小直径线材时，不会像电弧焊一样易有回熔的困扰。

10）不受磁场所影响（电弧焊及电子束钎焊则容易受影响），能精确地对准焊件，32mm板厚单道焊接的焊接参数也经检定合格，可降低厚板焊接所需的时间，甚至可省掉填料金属的使用。

激光拼焊是在车身设计制造中，根据车身不同的设计和性能要求，选择不同规格的钢板，通过激光裁剪和拼装技术完成车身某一部位的制造，如前风窗玻璃框架、车门内板、车身底板和中立柱等。激光拼焊具有减少零件和模具数量、减少点焊数目、优化材料用量、减轻零件质量、降低成本和提高尺寸精度等好处，目前已经被许多大汽车制造商和配件供应商采用。激光焊主要用于车身框架结构的焊接，如顶盖与侧面车身的焊接，传统焊接方法的电阻点焊已经逐渐被激光焊所代替。用激光焊技术，工件连接之间的接合面宽度可以减小，既降低了板材使用量也提高了车体的刚度。采用激光焊焊接零部件，零件焊接部位几乎没有变形，焊接速度快，而且不需要焊后热处理，常见于变速器齿轮、气门挺杆和车门铰链等。采用激光焊的车身，其刚度可以提高30%以上，从而提升了车身的安全性；同时减小了车身质量，还可以达到节省燃料的目的；焊接的精度也大大提高。

3. 材料的焊接性

材料的焊接性是指在采用一定焊接方法、焊接材料、工艺参数及结构形式的条件下，获得优质焊接接头的难易程度，即其对焊接加工的适应性。

（1）金属材料的焊接性　金属材料的焊接性是指在一定的焊接工艺条件下，金属材料获得优质焊接接头的难易程度。它一般包括两个方面：其一是接合性能，即在给定的焊接工艺条件下，金属形成完好焊接接头的能力，特别是接头对产生裂纹的敏感性要小；其二是使用性能，即在给定的焊接工艺条件下，金属的焊接接头在使用条件下安全运行的能力，包括焊接接头的力学性能和其他特殊性能（如耐高温、耐腐蚀和抗疲劳等）。这不仅与金属本身材质有关，也与焊接时采用的工艺条件和焊接方法有关。

（2）碳素钢和低合金结构钢的焊接

1）低碳钢的焊接：Q235、10、15、20等低碳钢的碳含量少，由于其碳的质量分数低于0.25%，塑性很好，淬硬倾向小，不易产生裂纹，所以焊接性最好，是应用最广泛的焊接结构材料。低碳钢在焊接过程中不需要采取任何特殊的工艺措施，采用任何焊接方法和最普通的焊接工艺均可获得优质的焊接接头。由于施焊条件和结构形式不同，焊接低碳钢时还需注意以下问题：

①在低温环境下，焊接厚度大、刚性大的结构时，应该进行预热，否则容易产生裂纹。

②重要结构焊后要进行去应力退火以消除焊接应力。低碳钢对焊接方法几乎没有限制，应用最多的是手工电弧焊、埋弧焊、气体保护电弧焊和电阻焊。

2）中碳钢的焊接：中碳钢中碳的质量分数为0.25%~0.60%，有一定的淬硬倾向，焊接接头容易产生低塑性的淬硬组织和冷裂纹，焊接性较差，焊接时应适当进行预热。中碳钢的焊接结构多为锻件和铸钢件，或进行补焊。

3）高碳钢的焊接：高碳钢中碳的质量分数大于0.60%，其焊接特点与中碳钢基本相同，但淬硬和裂纹倾向更大，焊接性更差。一般高碳钢不用于制造焊接结构，大多是用手工电弧焊或气焊来补焊修理一些损坏件。焊接时，应注意焊前预热和焊后缓冷。

4）低合金结构钢的焊接：低合金结构钢中碳的质量分数较低，对硫、磷的含量控制较严，手工电弧焊、埋弧焊、气体保护焊和电渣焊均可用于此类钢的焊接，以手工电弧焊和埋弧焊较为常用。选择焊接材料时，通常从等强度原则出发，为了提高抗裂性，应尽量选用碱性焊条和碱性焊剂；对于不要求焊缝和母材等强度的焊件，也可选择强度级别略低的焊接材料，以提高塑性，避免冷裂。

（3）铸铁的补焊　铸铁中碳、硅的质量分数高，塑性很差，属于焊接性很差的材料。一般铸铁不考虑作为焊接结构件，而只能进行补焊。铸铁在制造和使用中容易出现各种缺陷和损坏。铸铁补焊是对有缺陷铸铁件进行修复的重要手段，在实际生产中具有很大的经济意义。

（4）非铁金属材料的焊接

1）铜及铜合金的焊接：焊接铜及铜合金时，存在的问题是难熔合，裂纹倾向大，焊接应力和变形较大，容易产生气孔。

2）铝及铝合金的焊接：铝具有密度小，耐腐蚀性好，塑性高，导电性、导热性优良，焊接性良好等优点，因此铝及铝合金在航空、汽车、机械制造、电工及化学工业中得到了广泛应用。

4. 焊接件的结构工艺性

焊接件的结构工艺性是指在一定的生产规模条件下，如何选择零件加工和装配的最佳工艺方案，因而焊接件的结构工艺性是焊接结构设计和生产中一个比较重要的问题，是经济原则在焊接结构生产中的具体体现。设计焊件时以及在焊接结构的生产制造中，除了要考虑到焊件的使用性能外，还应考虑焊件结构的工艺性能，使焊件生产简便、质量优良、成本低廉，能保证在较高的生产率和较低的成本下获得符合设计要求的产品质量。焊接件的结构工艺性应考虑到各条焊缝的焊接性、焊缝质量的保证、结构材料的选择、接头形式、焊缝布置和焊后热处理等方面。

（1）焊接结构材料的选择　对焊接结构来说，材料的焊接性不能只强调选用高强度、高质量的结构材料，还应该考虑制造成本、生产周期及材料的加工性。汽车焊接结构选用的材料一般焊接性都较好，车身大都采用焊接性较好的低碳钢冷轧板材。在满足焊接结构件使用性能的前提下，应尽量选用焊接性良好的材料。低碳钢和普通低合金钢的焊接性良好、价格低、焊接工艺简单且易于保证焊接质量，应优先选用；中、高碳钢焊接性不好，应尽量避免使用。两种不同材料进行焊接时，应注意它们焊接性的差异。

（2）焊接接头形式及厚度　焊接接头的形式主要有角接接头、对接接头、T形接头和搭接接头4种，其次还有弯边接头、锁底接头、套管接头和斜T形接头。汽车车身零件常用的焊接接头形式可以分为搭接接头和弯边接头。

采用搭接接头的零件比较小且焊点布置靠近零件的边缘时，可以在固定式点焊机上进行焊接；但若零件比较大，其焊点处于零件或合件的中间时，需要视焊点的数目采用不同的点焊机。焊点多时使用多点点焊机，焊点少时使用带焊枪的悬挂式点焊机。当采用弯边接头时，小合件一般在固定式点焊机上进行，大合件或分总成一般在悬挂式点焊机上使用焊钳来完成。对于焊接接头，在车身设计时应尽量避免封闭式接头，因为车身本身的刚性及零件形状的偏差使得装焊焊接质量很难控制。弯接接头在装配精度上要比搭接接头更容易保证质量。例如，汽车顶盖的下盖板与下后围连接若采用搭接接头，装配时易产生上下错位，而改为弯边接头时装配就比较稳固。此外，对涉及车身外观的焊接，由于焊接热应力会使表面产生局部的变形而影响外观质量，这时可以通过改变车身零件的形状来消除或减少这种缺陷。

焊接件连接处材料的厚度直接影响着材料的焊接工艺性。当厚度过大时，不仅增加了结构的质量和焊接接头的工作量，延长了热处理的时间，而且在焊接加热或冷却受热不均时，容易产生裂纹；当材料太薄时，易于过热或烧穿。为简化焊接工作、提高焊接质量，在设计焊接结构时应尽可能采用统一的几种厚度的板料和管料，在统一结构上尽量采用同一厚度的材料。若受条件约束，不能使其厚度完全相同时，两个相连接的零件厚度差别不能过大，要求有一定厚度比，否则在连接处容易产生应力集中。一般在较厚零件与薄壁零件焊接时，采用过渡接头连接形式。

（3）焊缝的布置　焊缝是指焊接后焊件中形成的结合部分。焊缝的布置设计对焊接结构工艺性有着非常重要的意义。合理的焊缝布置可以减少内应力和变形，提高结构的安全可靠性。焊缝一般遵循下列原则：

1）焊缝位置应便于施焊，有利于保证焊缝质量；尽量减少结构的焊缝数量和焊缝的长度；尽量使焊缝对称分布。

2）尽量减少交叉焊缝，焊缝布置应有利于减少焊接应力和变形，尽量分散布置焊缝。

3）焊缝应尽量避开结构最大应力和应力集中部位。

4）焊缝应尽量避开机械加工面。

（4）互换性的难易程度和精度要求　生产过程中要保证焊接结构的尺寸符合设计要求。某些尺寸的误差会影响结构的最终尺寸要求，因此焊接过程中要对尺寸进行控制和检验。汽车车身大部分由薄板冲压件组成，焊接后不可避免地要收缩和变形，所以要求焊接结构有过高的精度是不合理的；但为了保证焊接结构在使用上和成批生产时互换的要求，减少校正和整修工作量，必须规定焊接结构及其零件的尺寸应有合理的公差，要照顾到工艺上的可能性和经济性。这并不是只考虑焊接件的全部收缩变形的需要，如果这样就放松了对焊接件的公差值要求，将不能满足结构使用上的要求。

焊接收缩量应由零件焊接前放大尺寸来补偿，而不应当全部由焊接件的制造公差来保证，否则制造不出高精度的焊接结构。焊接件装配接头的螺栓孔，在未精加工前相互位置公差不能过大或过小。过大的公差，要求装配接头上所留的加工余量增大，会给整修工作带来困难；过小的公差，由于焊接收缩量极不稳定，往往在工艺上达不到所规定的公差范围。根据经验焊接后，对于交点接头距离尺寸公差可达 IT14；在装配完毕后，经过扩孔和铰孔精加工到最后尺寸，按照一般机械加工的方法可达 IT7～IT11。一般对组成焊接件的机械加工零件的自由公差按 IT12 制造，其他件则为 IT14。对于形状复杂零件的连接处，为了保证合理的焊接间隙，零件应留有余量，在装配时可用修配的方法来保证装配尺寸和间隙。保证焊接结构的互换性对大批量生产的汽车来说很重要，因为生产率越高，产品分离装焊的组件和部件数量越多，加上焊接变形和内应力，这为保证部件和组件的互换性增加了难度，互换协调关系较复杂。焊接结构互换性难易程度取决于焊接结构的复杂程度、装配接头的构造和焊接结构尺寸的稳定性。

（5）结构的开敞性　焊缝结构的开敞性是指设计的结构在装配焊接过程中，以既保证焊接装配质量，又能采用经济的焊接装配加工方法，无需特殊的夹具和其他专用设备，就能方便自如地接近工件，进行焊接装配工作。结构开敞性的好坏直接影响焊接及装配工作的可达成性和能否顺利进行焊接质量检验，这与结构的形式和尺寸大小、焊接接头的形式和焊缝的分布有关。另外，结构焊接时，采用的焊接方法不同，对结构的开敞性有着不同的要求。

电阻点焊和缝焊要求结构的开敞性比熔焊（手工电弧焊和 CO_2 气体保护焊等）要好，因为要求工件允许尺寸较大的滚盘和电极自由地接近焊缝。例如，某些燃油箱只能采用铆接，然后焊铆钉头以密封，而不能采用生产率高和变形小的点焊或缝焊方法。

在设计结构时，应着重考虑焊接结构的开敞性，特别是一些夹角处焊缝结构会因开敞性差而导致焊接质量难以保证。

结构的分解装配就是将结构复杂、尺寸较大的产品分解成若干个部件和组合件，分别进行装配和焊接，然后装配为整体结构。结构的分解装配也能评价一个产品工艺性的好坏，如果产品结构有足够的分解装配的工艺面，那么产品就可以从复杂变为简单，大大提高生产率和改变结构的开敞性。

3.1.4 冲压

冲压工艺是一种先进的金属加工方法，它建立在金属塑性变形的基础上，在常温条件下使金属板料在冲模中承受压力而被切离或成形，从而获得具有一定形状、尺寸和性能的零件的加工方法。板料冲压的坯料厚度一般小于 4mm，由于通常是在常温下进行冲压，故又称为冷冲压。

汽车车身是由覆盖件、结构件等组焊而成的全金属薄壳结构，车身本体的零件基本上都是采用冲压工艺生产出来的，冲压材料（薄板等）的质量占据全部汽车材料质量的 40%～45%。采用冲压工艺生产的零件，不仅质量小、强度和刚性好，而且工艺过程较简单、尺寸的一致性好、材料消耗少。因此，不仅可以提高生产效率，还可降低生产成本，推动汽车工业的迅速发展。例如，车身的内、外覆盖件和骨架件，车架的纵梁、横梁和保险杠等，车轮的轮辐、轮辋和挡圈等，座椅的骨架、滑轨和调角器等，车厢的侧板和底板等，发动机的气缸垫、油底壳和滤清器等，底盘上的制动器零件和减振器零件等，散热器的散热片、冷却水管和储水室等，车锁及其他附件零件等都是冲压件。

汽车车身对其冲压件的尺寸精度和表面质量的要求高，只有合格的冲压件才能焊装出合格的车身，因此冲压件的质量是汽车车身制造质量的基础，冲压技术是汽车车身制造中的关键技术之一。

1. 冲压的特点

冲压生产的优点是低耗、高效、低成本、质量稳定、互换性好，可加工薄壁、复杂零件，对工人的技术要求较低；缺点是噪声大，安全性较差。由于冲压加工零件的形状、尺寸、批量大小、精度要求和原材料性能等的不同，其冲压方法有多种多样。

2. 冲压工序的分类

冲压加工因制件的形状、尺寸和精度的不同，所采用的工序也不同。根据材料的变形特点可将冲压工序分为分离工序和成形工序。

（1）分离工序 分离工序指坯料在模具刃口作用下，沿一定的轮廓线分离而获得冲件的工序，主要包括落料、冲孔、切断等，如图 3-10 所示。

（2）成形工序 成形工序指坯料在模具压力作用下，使坯料产生塑性变形，但不产生分离而获得具有一定形状和尺寸的冲件的工序，主要包括弯曲、拉深、翻边等，如图 3-11 所示。

图 3-10 冲压分离件

图 3-11 冲压成形件

3. 冲压件的结构工艺性

进行冲压件的结构设计时,不仅要保证其使用要求,还要满足冲压工艺性的要求。这样既可减少材料的消耗和工序数,还可使产品质量稳定、模具使用寿命延长、操作简单和成本降低。通常对冲压件的结构工艺性影响最大的是工件的几何形状、尺寸和精度要求。

(1) 冲裁件的结构工艺性 冲裁件的结构工艺性是指冲裁件的结构、形状和尺寸对冲裁工艺的适应性。其主要包括以下几个方面:

1) 冲裁件的形状应力求简单、对称,最好是规则的几何形状或由规则的几何形状(如圆弧与互相垂直的线条)组成,有利于排样时合理利用材料,尽可能提高材料的利用率。

2) 冲裁件转角处应尽量避免尖角,直线相接处均要以圆角过渡,通常转角处应有半径 $R \geqslant 0.25t$ (t 为板厚)的圆角,以减小角部模具的磨损。

3) 冲裁件应避免长槽和细长悬臂结构,对孔的最小尺寸及孔间的最小距离等也都有一定限制。

4) 冲裁件的尺寸精度要求应与冲压工艺相适应,其合理经济精度为 IT9~IT12,较高精度冲裁件可达到 IT8~IT10。采用整修或精密冲裁等工艺,可使冲裁件精度达到 IT6~IT7,但成本会相应提高。

(2) 弯曲件的结构工艺性 弯曲件的结构工艺性设计应考虑以下几方面的因素:

1) 弯曲件的弯曲半径不应小于最小弯曲半径,弯曲半径 r 小于 r_{min} 时,可采用减薄弯曲区厚度的方法,以加大 r_{min}/t;但弯曲半径不宜过大,否则会造成回弹量过大,使弯曲角度和圆角半径精度不易保证。

2) 弯曲件的形状应尽量对称,弯曲半径应左右对称,以防止在弯曲时发生工件偏移。直边过短不易弯曲成形,应使弯曲件的直边高 $H>2S$(S 为坯料厚度);弯曲已冲孔的工件时,孔的位置应在变形区以外,孔与弯曲变形区的距离 $L \geqslant (1~2)S$。工件不对称时,为防止板料偏移,在进行模具结构的设计时,可考虑增设压紧装置或定位工艺孔。

3) 应尽可能沿材料纤维方向弯曲,多向弯曲时,为避免角部畸变,应先冲工艺孔或切槽。

(3) 拉深件的结构工艺性　拉深件设计时主要考虑以下几个方面：

1) 拉深件的形状应力求简单、对称，避免圆锥形、球面形和空间复杂曲面形，尽量采用轴对称的形状，使零件变形均匀和模具加工制造方便。拉深件的形状有回转体形、非回转体对称形和非对称空间形 3 类。其中，回转体形（尤其是直径不变的杯形件）最易拉深，模具制造也方便。

2) 尽量避免直径小而深度大的拉深件，否则不仅需要多副模具进行多次拉深，且容易出现废品。

3) 对于半敞开或不对称的拉深件可采用合冲工艺，即将两个或几个零件合并成对称形状一起冲压，然后切开，以减少工序、节约材料和保证质量。

4) 拉深件的底部与侧壁、凸缘与侧壁应有足够的圆角，一般圆角半径应满足 $R \geq (2 \sim 4)S$（S 为坯料厚度），矩形盒角部的圆角半径 $R \geq 3S$。拉深件底部或凸缘上的孔边到侧壁的距离为 B，应满足 $B \geq R+0.5S$。为减少拉深次数，尽可能取 $r \geq 1/CH$（H 为矩形盒高）。另外，带凸缘拉深件的凸缘尺寸要合理，不宜过大或过小，否则会造成拉深困难或导致压边圈失去作用。

5) 不要对拉深件提出过高的精度或表面质量要求。拉深件直径方向的经济精度一般为 IT9~IT10，经整形后精度可达到 IT6~IT7，拉深件的表面质量一般不超过原材料的表面质量。

3.1.5 粉末冶金

粉末冶金法是采用成形和烧结等工序将金属粉末或金属与非金属粉末的混合物，通过固结使其成为具有一定形状金属制品的工艺方法，其制品统称为粉末冶金零件或烧结零件。

粉末冶金既可制取用普通熔炼方法难以制取的特殊材料，又可制造各种精密的机械零件，省工省料。粉末冶金零件是机械制造工业中的一大类通用性基础零件，通常包括结构零件、减摩零件和摩擦零件。金属粉末和粉末冶金制品、材料在工业部门的应用举例见表 3-5。

表 3-5　金属粉末和粉末冶金制品、材料的应用

应用场所	应用举例
机械加工	硬质合金，金属陶瓷，粉末高速工具钢
汽车、拖拉机、机床制造	机械零件，摩擦材料，多孔含油轴承，滤清器
电动机制造	多孔含油轴承，铜-石墨电刷
精密仪器	仪表零件，软磁材料，硬磁材料
电气和电子工业	电触头材料，电真空电极材料，磁性材料
计算机工业	记忆元件
化学、石油工业	过滤器，防腐零件，催化剂
军工	穿甲弹头，军械零件，高比重合金
航空	摩擦片，过滤器，防冻用多孔材料，粉末超合金
航天和火箭	发汗材料，难熔金属及合金，纤维强化材料
原子能工程	核燃料元件，反应堆结构材料，控制材料

汽车工业中已广泛使用各类粉末冶金零件。由于零部件的高强度化、高精度化及低成本化，粉末冶金零件在汽车上的应用越来越多，如汽车发动机的气门座、带轮、粉末冶金链轮和连杆等。

1. 粉末冶金的特点及分类

粉末冶金材料和工艺与传统材料和工艺相比，具有以下几个特点：

1) 粉末冶金工艺是在低于基体金属的熔点下进行的，因此可以获得熔点、密度相差悬殊的多种金属、金属与陶瓷、金属与塑料等多相不均质的特殊功能复合材料和制品。

2) 提高材料性能。用特殊方法制取的细小金属或合金粉末，凝固速度极快、晶粒细小均匀，保证了材料的组织均匀，性能稳定，以及良好的冷、热加工性能，且粉末颗粒不受合金元素和含量的限制，可提高强化相含量，从而发展新的材料体系。

3) 利用各种成形工艺，可以将粉末原料直接成形为少余量、无余量的毛坯或净形零件，大量减少机加工量，提高材料利用率，降低成本。

粉末冶金材料和制品的品种繁多，主要有钨等难熔金属及合金制品；用Co、Ni等作粘结剂的碳化钨（WC）、碳化钛（TiC）和碳化钽（TaC）等硬质合金，可用于制造切削刀具和耐磨刀具中的钻头、车刀和铣刀，还可制造模具等；Cu合金、不锈钢及Ni等多孔材料，可用于制造烧结含油轴承、烧结金属过滤器及纺织环等。随着粉末冶金生产技术的发展，粉末冶金材料和制品将得到更加广泛的应用。

粉末冶金工艺过程的基本工序有：原料粉末的制取和准备，粉末可以是纯金属或它的合金、非金属、金属与非金属的化合物及其他各种化合物等；将金属粉末及各种添加剂均匀混合后压制成所需形状的坯块；将坯块在物料主要组元熔点以下的温度下进行烧结。粉末冶金机械零件的一般生产工艺流程如图3-12所示。

图3-12　粉末冶金机械零件的一般生产工艺流程

2. 粉末的制取

粉末的制取方法主要取决于该材料的性能及制取方法的成本，大体上可分为机械法和物理化学法两大类。机械法制取粉末是将原材料机械地粉碎，而化学成分基本上不发生变化的工艺过程；物理化学法则是借助化学或物理的作用，改变原材料的化学成分或聚集状态而获得粉末的工艺过程。在粉末冶金生产实践中，机械法和物理化学法之间并没有明显的界限，而是相互补充的。例如，可使用机械法去研磨物理化学法所得的粉末，以消除应力、脱碳以及减少氧化物。从工业规模而言，应用最广泛的粉末制取方法是机械粉碎法、雾化法和还原法。

（1）机械粉碎法　机械粉碎法是靠压碎、击碎和磨削等作用，将块状金属、合金或化合物机械地粉碎成粉末。依据物料粉碎的最终程度不同，可以将机械粉碎法分为粗碎和细碎两类。以压碎为主要作用的有碾碎、辊轧以及颚式破碎等；以击碎为主的有锤磨；属于击碎和磨削等多方面作用的机械粉碎有球磨和棒磨等。实践表明，机械研磨比较适用于脆性材料，塑性金属或合金制取粉末多采用涡旋研磨和冷气流粉碎等方法。最常见的球磨机是利用

第3章 汽车零件常用制造工艺基础知识

回转筒内不断抛落的钢球破碎金属的。

（2）雾化法　雾化法是依靠自重从漏包中流出的金属液借助从喷嘴喷射出的高压气流或水流冲击来破碎，雾化成粉。喷射流的主要作用是把熔融液流击碎成细小的液滴，通过急冷使细小的液滴凝固。该法可以用来制取多种金属粉末和各种合金粉末。实际上，任何能形成液体的材料都可以通过雾化来制取粉末。各种雾化高质量粉末与新的致密技术相结合，出现了许多粉末冶金新产品，其性能往往优于相应的铸锻产品。

（3）还原法　还原法是用还原剂还原金属氧化物及盐类来制取金属粉末的一种粉末制取方法。还原剂可呈固态、液态或气态，被还原的物料也可以是固态、气态或液态物质。在工业上，还原法被广泛地用来制取铁、铜、镍、钴、钨、钼等金属粉末，这是因为还原法制取的粉末不仅经济，且制粉过程比较简单，在生产时容易控制粉末的颗粒大小和形状。还原法制取的粉末具有很好的压制性和烧结性。

3. 粉末成形

传统粉末冶金成形指的是压制成形，即将混合粉末压制压坯，随着粉末冶金技术的发展，粉末冶金成形的概念已经有所扩展。根据成形时是否从外部施加压力，粉末冶金成形可分为压制成形和无压成形两大类。压制成形主要有封闭钢模冷压成形、流体等静压制成形、粉末塑性成形、三轴向压制成形、高能率成形、挤压成形、轧制成形和振动压制成形等；无压成形主要有粉浆浇注和松装烧结等。

钢模冷压成形需要较大的压力使粉末成为所需形状，常用的工艺方法称为钢模冷压成形。封闭钢模冷压成形是指在常温下，在封闭的钢模中按规定的单位压力将粉料制成压坯的方法。这种成形过程通常由下列工序组成：称粉、装粉、压制、保压及脱模。压制后的工件称为预成形坯。预成形坯一般具有足够的强度，搬运时不会破裂，但远低于烧结后的工件强度。

常用的钢模冷压成形设备有机械式、水压式和两者的结合式。根据工件的复杂程度，钢模冷压成形的基本方式有3种，即单向压制、双向压制和浮动阴模压制。

4. 烧结

烧结是将粉末压坯置于基体金属熔点以下的温度加热保温，粉末颗粒之间发生原子扩散、固溶、化合和熔接，致使压坯收缩并强化。烧结对粉末冶金材料和制品的性能有着决定性的影响。烧结的结果是粉末颗粒之间发生粘接，烧结体的强度增加、密度提高。如果烧结条件控制得当，烧结体的密度和其他物理、力学性能可以接近或达到相同成分的致密材料。用粉末烧结的方法可以制得各种纯金属、合金、化合物以及复合材料。由于粉末冶金生产属于大批量生产，所以大多烧结炉设计成自动进料方式，一般包括3个步骤：预热、烧结和冷却。

随着粉末冶金工业的发展，粉末冶金制品的生产出现了一些新工艺，如热压烧结、粉末挤压、粉末轧制、粉末锻造、等静压成形和喷射成形等，都有其独到的特点。

3.1.6　塑料成型工艺

工程上常用的非金属材料有塑料、橡胶、陶瓷和复合材料等。在塑料成型生产中，塑料原料、成型设备和成型所用模具是3个必不可少的物质条件，必须运用一定的技术方法，使这三者联系起来才能形成生产能力。

1. 塑料成型工艺的特点

塑料成型的特点主要表现在以下几个方面：

1）流动性。塑料在一定的温度与压力下填充模具型腔的能力称为塑料的流动性。

2）收缩性。塑料制品从模具中取出冷却到室温后，发生尺寸收缩的特性称为收缩性。由于塑料的热膨胀系数比钢大3~10倍，塑料件从模具中成型后冷却到室温的收缩相应也比模具的收缩大。

3）结晶性。按照聚集态结构的不同，塑料可以分为结晶型塑料和无定形塑料两类。如果高聚物的分子呈规则紧密排列则为结晶型塑料，否则为无定形塑料。一般高聚物的结晶是不完全的，高聚物固体中晶相所占质量分数称为结晶度。结晶型高聚物完全熔融的温度T_m为熔点。塑料的结晶度与成型时的冷却速度有很大关系，塑料熔体的冷却速度越慢，塑件的结晶度就越大。塑料的结晶度大，则密度大，分子间作用力增强，因而塑料的硬度和刚度提高，力学性能和耐磨性增高，耐热性、电性能及化学稳定性也有所提高；反之，结晶度低或无定形塑料，其与分子链运动有关的性能（如柔韧性、耐折性、伸长率及冲击强度等）则较大，透明度也较高。

4）热敏性和水敏性。热敏性是指塑料对热降解的敏感性。有些塑料对温度比较敏感，如果成型时温度过高容易变色、降解，如聚氯乙烯、聚甲醛等。水敏性是指塑料对水降解的敏感性，也称为吸湿性。水敏性高的塑料，在成型过程中由于高温高压，使塑料产生水解或使塑件产生气泡、银丝等缺陷。所以塑料在成型前要干燥除湿，并严格控制水分。

5）毒性、刺激性和腐蚀性。有些塑料在加工时会分解出有毒性、刺激性和腐蚀性的气体。例如，聚甲醛会分解产生刺激性气体甲醛，聚氯乙烯及其衍生物或共聚物会分解出既有刺激性又有腐蚀性的氯化氢气体。成型加工上述塑料时，必须严格掌握工艺规程，防止有害气体危害人体和腐蚀模具及加工设备。

除上述工艺性能外，还有吸气性、粘膜性、可塑性、压缩性、均匀性和交联倾向性等。

2. 塑料成型工艺的分类

塑料种类很多，其成型方法也很多，常用的塑料成型方法与模具见表3-6。

表3-6 常用的塑料成型方法与模具

成型方法	成型模具	用途
注射成型	注射模	如电视机外壳、食品周转箱、塑料盆、桶、汽车仪表盘等
压缩成型	压缩模	如电器照明用设备零件、电话机、开关插座、塑料餐具、齿轮等
压注成型	压注模	适用于生产小尺寸的塑件
挤出成型	口模	如塑料棒、管、板、薄膜、电缆护套、异形型材（扶手等）
中空吹塑	口模、吹塑模	适用于生产中空或管状塑件，如瓶子、容器、玩具等
热成型	真空成型模具	适合生产形状简单的塑件（此方法可供选择的原料较少）
	压缩空气成型模具	

塑料的成型方法除了表3-6中的6种外，还有压延成型、浇注成型、玻璃纤维热固性塑

料的低压成型、滚塑（旋转）成型、泡沫塑料成型和快速成型等。

目前，国内外汽车用塑料件常见的成型加工方法有注射成型、吹塑成型、反应注射成型等。包括汽车保险杠、仪表板和车门内护板在内的大部分大型塑料件普遍采用注射成型工艺，该工艺的主要优点是可成型形状比较复杂的产品、生产率较高、制品刚性好等；缺点是要求制品原材料熔融后的流动性好、小批量生产成本高。

（1）注射成型　塑料注射成型是热塑性塑料制件的一种主要成型加工方法，某些热固性塑料也可采用注射方法成型。近年来，塑料注射成型也用于部分热固性塑料的成型加工。

注射成型所用的设备是注射机。注射过程包括加料、塑化、注射、保压、冷却定型和脱模等几个步骤。其工作过程是：①将颗粒状或粉状塑料从注射机料斗送入高温的机筒，塑料在受到机筒加热和螺杆的剪切摩擦热作用下逐渐熔融塑化，并不断被螺杆压实，同时被推向机筒前端，产生一定压力，使螺杆在转动的同时缓慢地向后移动，当螺杆退到预定位置，并触及限位开关时，螺杆即停止转动；②注射活塞带动螺杆按一定的压力和速度，将积存于机筒端部的塑料粘流态熔体经喷嘴注入模具型腔；③充满型腔的熔料经一定时间的保压冷却定型后，开模分型脱模取出塑件，获得具有一定形状和尺寸的塑料制件；④塑件经注射成型后，需除去浇口凝料、余料和飞边；有些制件还需要进行消除应力或稳定性能的后处理。

注射成型具有生产率高，易于实现机械化和自动化，并能制造外形复杂、尺寸精确的塑料制品等优点。60%～70%的塑料制件是用注射成型方法生产的。注射成型的塑料制件在汽车塑料制品中所占的比例很大，如保险杠、仪表板、通风格栅、座椅靠背、护风圈和空调机壳等大型零件以及各种开关、结构件、把手、装饰件、轮罩、减摩耐磨件和护条等小型零件都是注射成型的。

（2）压缩成型和压注成型

1）压缩成型。压缩成型又称压塑成型、模压成型，其工艺原理是将预制的粉状、粒状或纤维状的热固性塑料（也可以是热塑性塑料）直接加入敞开的模具加料室（图3-13a），然后合模并对模具加热加压使塑料熔融，塑料在热和压力的作用下呈熔融流动状态充满型腔（图3-13b），随后由于塑料分子发生交联反应逐渐硬化成型，最后脱模得到所需制品（图3-13c）。

图 3-13　压缩成型原理

1—凸模　2—上凸模　3—凹模　4—下凸模　5—凸模固定板　6—下模座

压缩成型工艺过程是预先对塑料原料进行预压成型和预热处理,然后将塑料原料加入到模具加料室,闭模后加热加压,使塑料原料塑化,经过排气和保压硬化后,脱模取出塑件。然后清理模具和对塑件进行后期处理。

考虑到影响压缩成型的因素,应控制好成型温度和压力。压塑成型温度的高低对塑料顺利成型及塑件质量有较大影响。在一定范围内,提高温度可以缩短成型周期,减小成型压力,但如果温度过高会加快塑料的硬化,影响物料的流动,造成塑件内应力大,易出现变形、开裂、翘曲等缺陷;温度过低会使硬化不足,塑件表面无光,物理性能和力学性能下降。通常压缩比大的塑料需要较大的压力,生产中常将松散的塑料原料预压成块状,既方便加料又可以降低成型所需压力。

压缩成型主要用于热固性塑料的加工和生产。热塑性塑料也可采用压缩成型,在成型前一阶段与热固性塑料相同,但因为没有交联反应,所以必须冷却固化才能脱模,故需要模具交替加热与冷却,生产周期长,只在模压较大平面热塑性塑料零件时才采用压缩成型。压缩成型适合于汽车大型零件的生产,如车门、门梁柱、导流板和顶盖等。

2)压注成型。压注成型又称为传递成型或挤胶成型,其工艺原理如图3-10所示,它是在改进压缩成型的基础上发展起来的一种热固性塑料成型方法。

压注成型的工艺过程是将塑料原料经过预处理,闭模后将原料加入加料室加热软化(若是下加料室传递成型应先加料,后闭模加热),如图3-14a所示;随即在柱塞的挤压下通过模具的浇注系统将熔融塑料挤入型腔,如图3-14b所示;塑料在型腔内继续受热受压而固化成型,然后开模取出制品,如图3-14c所示,并清理型腔、加料室和浇注系统。其工艺类似于注射成型工艺,所不同的是传递成型时塑料在模具的加料室内塑化,再经过浇注系统进入型腔,而注射成型是在注射机机筒内塑化。

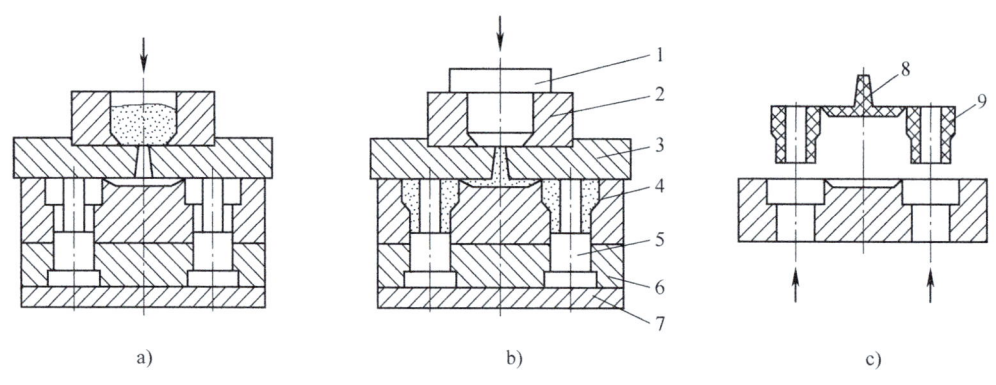

图3-14 压注成型原理
1—柱塞 2—加料室 3—上模板 4—凹模 5—型芯 6—型芯固定板
7—下模板 8—浇注系统 9—塑件

压注成型中,塑料在型腔内预先受热熔融,在压力作用下注入型腔,因此能制作成形状带有深孔或形状复杂的塑料零件,也可制作成带有精细嵌件的塑料零件,塑料零件的密度和强度也较高。由于塑料成型前模具已经完全闭合,因而塑料精度易保证,表面粗糙度值也较小,塑料零件上只有少许模具分型面造成的很薄的塑料飞边。

压注成型的优点有成形周期短,塑件飞边小,易于清理,能成型薄壁多嵌件的复杂塑料

第 3 章 汽车零件常用制造工艺基础知识

制品，塑件的精度和质量较压塑件高；但传递成型加料室内总会留有余料，故存在塑料损耗较大，模具结构较压塑模复杂，制造成本较高等缺点。

（3）挤出成型　随着聚合物加工的高效率和应用领域的不断扩大和延伸，挤出成型制品的种类不断出新，挤出成型的新工艺层出不穷，其中主要有反应挤出成型、固态挤出成型和共挤出成型。

1）反应挤出成型。反应挤出成型是连续地将单体聚合并对现有聚合物进行改性的一种方法，因可以使聚合物性能多样化、功能化且生产连续、工艺操作简单和经济适用而受到重视。该工艺的最大特点是将聚合物的改性、合成与聚合物加工这些传统工艺中分开的操作联合起来。

反应挤出成型技术与原有的成型挤出技术相比具有明显的优点：节约加工中的能耗；避免了重复加热；降低了原料成本；在反应挤出阶段，可在生产线上及时调整单体、原料的物理性质，以保证最终制品的质量。

反应挤出机是反应挤出工艺的主要设备，一般有较大的长径比、多个加料口和特殊的螺杆结构。它的特点是熔融进料预处理容易，混合分散性和分布性优异，温度控制稳定，可控制整个停留时间分布，可连续加工，未反应的单体和副产品可以除去，具有对后反应的控制能力，可进行粘流熔融输送，可连续制造异型制品。

2）固态挤出成型。固态挤出成型是使聚合物在低于熔点的条件下被挤出口模。固态挤出成型一般使用单柱塞式挤出机。单柱塞式挤出机为间歇性操作，柱塞的移动产生正向位移和非常高的压力，挤出时口模内的聚合物发生很大的变形，使得分子严重取向，其效果远大于熔融加工，从而使得制品的力学性能大大提高。固态挤出有直接固态挤出和静液压挤出两种方法。

3）共挤出成型。在塑料制品生产中应用共挤出技术可使制品多样化或多功能化，从而提高制品的档次。共挤出工艺由两台以上挤出机完成，可以增大挤出制品的截面积，组成特殊结构和不同颜色、不同材料的复合制品，使制品获得最佳的性能。

3.2 机械零件常用的机械加工方法

汽车零件的表面形状千变万化，由不同的典型表面（如外圆、内孔、平面、螺纹、花键和轮齿齿面等）组合而成。这些典型表面都有一定的加工要求，大多数表面都需要经过专业加工来完成其机械制造过程。

金属切削加工是用刀具将金属毛坯逐层切削，使工件达到所需要的形状、尺寸和表面粗糙度的加工方法。金属切削加工包括钳工和机械加工两种方法。

钳工是用手工工具进行切削的加工方法，操作灵活方便，在装配和修理中被广泛应用。

机械加工是根据具体的设计要求选用相应的机床（包括车、铣、钻和磨等）及切削加工方法，即在机床上通过刀具与工件的相对运动，从工件毛坯上切除多余金属，使之形成符合要求的形状、尺寸的表面的过程。根据汽车零件的结构特征、加工表面形式及其加工要求、生产率要求等条件，可以采用不同的加工方法及工艺过程。表 3-7 列举了汽车零件外圆和内孔表面加工中常采用的加工方法和机床设备。

表 3-7 汽车零件外圆和内孔表面加工时所采用的加工方法和机床设备

加工表面	加工方法	使用的机床设备	典型零件
外圆表面	车削	数控（CNC）车床	阶梯轴、齿轮轴（主减速齿轮轴、变速器三轴等）、曲轴、凸轮轴、半轴和盘齿轮齿坯等
		双轴卧式数控车床	
		双轴立式数控车床	
		液压仿形车床	
		转塔式数控车床	
		专用车床，如凸轮轴、曲轴车床等	
		数控（CNC）曲轴车拉机床	曲轴
	外圆磨削	普通外圆磨削	阶梯轴、齿轮轴（主减速齿轮轴、变速器三轴等）、曲轴、凸轮轴、半轴、活塞销、十字轴和气门等
		端面外圆磨削	
		无心外圆磨削	
		曲轴、凸轮轴外圆磨削	
		宽砂轮外圆磨削	
		多砂轮外圆磨削	
		立方氮化硼（CBN）砂轮外圆磨削	
	铣削	数控（CNC）曲轴铣床	曲轴等
	抛光	砂带超精机床	曲轴、凸轮轴等
	超精加工	超精加工机床	曲轴等
内孔表面	钻、扩、铰	数控钻削中心	杆叉类零件（拨叉、摇臂等）、盘类零件（差速器壳体、突缘等）和箱体类零件（变速器壳体、气缸体、主减速器壳体等）等
		摇臂钻床	
		立式单轴钻床	
		多轴组合钻床	
	内孔磨削	内圆磨床	盘状齿轮等
	拉削（键槽、光孔、内花键孔）	立式拉床	盘状齿轮等
		卧式拉床	
	镗削	缸孔镗床	连杆、活塞离合器壳体、变速器壳体、主减速器合体和气缸体等
		组合	
		单轴及多轴金刚镗床	
		数控镗铣加工中心等	

3.2.1 车削

车削是以工件的旋转作为主运动、车刀的移动作为进给运动的切削加工方法。车削的切削运动由车床提供。车床适于切削各种旋转表面，如内、外圆柱面或圆锥面，还可以车削端面。汽车的许多轴类零件以及齿轮毛坯都是在车床上加工的。汽车发动机、变速器、万向节和主减速器等总成中许多零件，各种传动轴、齿轮、曲轴和凸轮轴等的回转体表面，都需要进行车削加工。

第3章 汽车零件常用制造工艺基础知识

切削运动中的主运动是工件与刀具产生相对运动以进行切削的基本运动,进给运动是使切削持续进行以形成所需要的工件表面的运动。汽车零件表面切削加工时,车削刀具必须与被加工零件之间保持一定的相对运动,即车削运动。例如,车削外圆时,如图3-15所示,工件绕其轴线旋转(主运动),车刀沿工件轴线移动(进给运动)。

(1) 主运动 即主轴的回转运动。电动机的回转运动经带传动机构(V带及带轮)传递到主轴箱,在箱内经变速、变向机构传到主轴,使主轴获得24级正向转速(转速范围为10～1400r/min)和12级反向转速(转速范围为14～1580r/min)。

(2) 进给运动 即刀具的纵向、横向移动。主轴的回转运动从主轴箱经交换齿轮箱、进给箱传递给光杠或丝杠,使它们回转,再由溜板箱将光杠或丝杠的回转转变为滑板、刀架的直线运动,使刀具作纵向或横向进给运动。

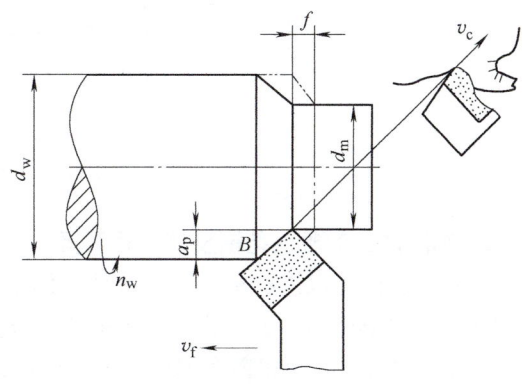

图 3-15 外圆车削

车削是最基本的、应用最广的切削方法,其切削特点是刀具沿着所要形成的工件表面,以一定的切削深度 a_p 和进给量 f,对回转工件进行切削。刀具沿平行旋转轴线运动时,就形成内、外圆柱面;刀具沿与轴线相交的斜线运动,就形成锥面。在仿形车床或数控车床上,可以控制刀具沿着一条曲线进给,则形成特定的旋转曲面。采用成型车刀横向进给时,可加工出旋转曲面来。车削还可以加工螺纹面、端平面及偏心轴等。

1. 常见车床分类

车床的种类很多,主要有仪表车床,单轴、多轴自动与半自动车床,回轮、转塔车床,立式车床,落地及卧式车床,仿形及多刀车床和数控车床等。其中,卧式车床应用最广泛,图3-16所示为CA6140卧式车床。CA6140卧式车床的两类运动如图3-17所示。

图 3-16 CA6140 卧式车床

1—主轴箱 2—刀架 3—滑板 4—尾座 5—床身 6—溜板箱 7—进给箱 8—交换齿轮

图 3-17 车床运动示意图

2. 车削加工对象、范围及其使用刀具

用车削方法可以进行车外圆（圆柱、圆锥）、车孔（圆柱孔、圆锥孔）、车平面、车槽、车螺纹和车成形面等加工。此外，车削还可以完成钻孔、铰孔和滚花等工作。车削加工精度一般为 IT7~IT8，表面粗糙度 Ra 值为 1.6~6.3μm。精车时，可达 IT5~IT6，表面粗糙度 Ra 值可达 0.1~0.4μm。车削的生产率较高，切削过程比较平稳，刀具较简单。图 3-18 所示为车削的主要内容。

图 3-18 车削的主要内容

a) 车外圆柱面 b) 车平面 c) 车槽 d) 车内圆柱孔 e) 车外圆锥面 f) 车成形面 g) 车螺纹

车削时使用的车刀主要有整体式、焊接式和机夹车刀、可转位车刀和成形车刀等。随着汽车工业生产中半自动、自动车床和数控车床的广泛使用，机械夹固的硬质合金可转位车刀的优越性越来越明显。硬质合金刀片有两个面，各有 4 个切削刃供使用。使用中，一个切削刃磨钝或损坏时，只要松开夹紧螺钉，将刀片转换一个位置，就可以使用另一个新切削刃，不必卸下车刀。因此，使用这种车刀很方便，刀片定位准确，加工精度有可靠保证，也有利于提高生产率，是汽车零件加工中刀具的发展方向。

各种刀具都是由切削部分和刀体或刀柄两部分组成的。切削部分（俗称刀头）是刀具中起切削作用的部分，由切削刃、前面及后面等产生切屑的各要素组成。普通外圆车刀切削部分的组成如图 3-19 所示。

（1）前面（前刀面）A_y 刀具上切屑流过的表面。

（2）主后面 A_a 切削时，刀具上与工件过渡表面相对的表面。

（3）副后面 A'_a 切削时，刀具上与工件已加工表面相对的表面。

（4）主切削刃 S 前面与主后面的交线，切削时起主要切削作用。

（5）副切削刃 S' 前面与副后面的交线，切削时起辅助切削作用。

（6）刀尖 主切削刃与副切削刃连接处相当少的一部分切削刃。刀尖有修圆刀尖和倒角刀尖两种。

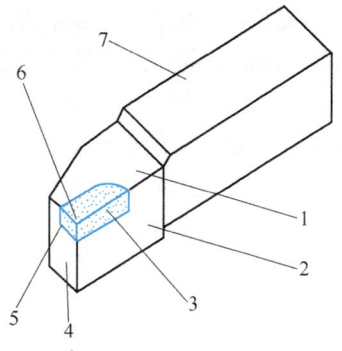

图 3-19 普通外圆车刀切削部分的组成

1—前面　2—主后面　3—主切削刃
4—副后面　5—副切削刃
6—刀尖　7—刀体

汽车零件车削加工中使用的刀具材料有高速钢、硬质合金、立方氮化硼、陶瓷和金刚石等，其中常用的是高速钢、硬质合金和立方氮化硼，特别是硬质合金和涂层硬质合金。在我国汽车工业生产中常用的硬质合金刀片材料主要有 3 类：钨钛钴类硬质合金、钨钴类硬质合金和钨钛钽钴类硬质合金。为了提高硬质合金和高速钢刀具材料的切削性能，常在刀具基体上涂覆一层耐磨性高的难熔金属化合物，这类刀具称为涂层刀具。除了常用的硬质合金刀具材料外，超硬刀具材料——立方氮化硼、人造金刚石和天然金刚石刀具材料也得到了一定的应用。在汽车工业生产中应用较广泛的是立方氮化硼刀具材料。上述的刀具材料不仅适合制造车刀，也适合制造其他刀具，如铣刀、钻头、扩孔钻、铰刀和磨具等。

3. 车削用量的选择

车削加工时，工件以一定的旋转速度旋转，刀具切削刃上的某一点相对于待加工表面在主运动方向上的瞬时速度称为切削速度 v_c。简单地说，就是切削刃选定点相对于工件的主运动的瞬时速度（线速度）。切削速度的单位为 m/min 或 m/s。通常选定点为线速度最大的点。车外圆时的切削速度计算公式为

$$v_c(\text{m/min}) = \frac{\pi d_w n_w}{1000} \tag{3-1}$$

或

$$v_c(\text{m/s}) = \frac{\pi d_w n_w}{60 \times 1000} \tag{3-2}$$

式中 d_w——车刀切削刃选定点工件的回转直径（mm）；

n_w——工件（或刀具）转速（r/min）。

进给量 f 是刀具在进给运动方向上相对于工件的位移量，可用刀具或工件每转或每行程的位移量来表述和度量。车削外圆时的进给量为工件每转一转刀具沿进给运动方向所移动的距离。每分钟的进给量称为进给速度 v_f，它与进给量的关系为

$$v_f = fn \tag{3-3}$$

式中 v_f——进给速度（mm/min）；

51

f——进给量（mm/r）；

n——转速（r/min）。

按照加工精度和表面粗糙度，车削加工一般分为粗加工、半精加工、精加工和精细加工4个阶段。其各个阶段经济精度范围和表面粗糙度见表3-8。粗加工阶段的主要目的是切除加工表面的大部分加工余量，故主要考虑的是如何提高生产率。半精加工阶段的主要任务是使零件达到一定的准确度，为重要表面的精加工做好准备，并完成一些次要表面的加工。精加工和精细加工阶段的主要任务是达到零件的全部尺寸和技术要求，这个阶段主要考虑的是如何保证加工质量。

表3-8 车削加工4个阶段的经济精度范围和表面粗糙度

加工阶段	经济精度和表面粗糙度	
	经济精度范围	表面粗糙度 $Ra/\mu m$
粗加工	IT10～IT12	6.3～12.5
半精加工	IT8～IT10	3.2～6.3
精加工	IT7～IT8	0.8～3.2
精细加工	IT6～IT7	0.2～0.8

粗车时，在允许范围内应尽量选择大的切削深度 a_p 和进给量 f，以提高生产率，而切削速度 v_c 则相应选取低些，以防止车床过载和车刀的过早磨损。半精车和精车用作工件的半精加工（后继一般有磨削）和精加工（主要是加工非铁金属材料），以保证工件加工质量为主，因此，应尽可能减小切削力和切削热引起的由机床—夹具—工件—刀具组成的工艺系统的变形，减小加工误差。所以，应选取较小的切削深度 a_p 和进给量 f，而切削速度则可取高些。选择切削用量时，通常是先确定切削深度 a_p，然后确定进给量 f，最后确定切削速度 v_c。

4. 车削加工工艺特点

车削加工有以下几个工艺特点：

1）适合于加工各种内、外回转表面。车削的加工精度范围为IT6～IT12，表面粗糙度 Ra 值为 $0.2～12.5\mu m$。

2）车刀结构简单，制造容易，便于根据加工要求对刀具材料、几何角度进行合理选择。车刀刃磨及装拆也较方便。

3）车削对工件的结构、材料和生产批量等有较强的适应性，应用广泛。除可车削各种钢材、铸铁和非铁金属材料外，还可以车削玻璃钢、夹布胶木和尼龙等非金属。对于一些不适合磨削的非铁金属材料可以采用金刚石车刀进行精细车削，能获得很高的加工精度和很小的表面粗糙度值。

4）除毛坯表面余量不均匀外，绝大多数车削为等切削横截面的连续切削，因此，切削力变化小，切削过程平稳，有利于高速切削和强力切削，生产效率高。

3.2.2 钻削

钻削是使用钻头或扩孔钻刀具在工件的实体材料上加工孔的切削加工方法。钻削时，钻头或扩孔钻的回转运动是主运动，钻头或扩孔钻沿自身轴线方向的移动是进给运动。

1. 常见钻床分类

钻削在钻床上进行。钻床是用钻头在工件上加工孔的机床,通常用于加工尺寸较小,精度要求不太高的孔,可完成钻孔、扩孔、铰孔及攻螺纹等工作。

常用的钻床有台式钻床、立式钻床、摇臂钻床及深孔钻床等。台式钻床是放置在台桌上使用的小型钻床,用于钻削中小型工件上的小孔,通常是直径小于12mm的孔。台式钻床结构简单,主轴通过变换V带在塔形带轮上的位置来实现变速,钻削时只能手动进给。台式钻床用于单件、小批量生产。立式钻床只适合于加工中小型工件,用于单件、小批量生产。摇臂钻床适合于大型工件或多孔工件的钻削。立式钻床和摇臂钻床分别如图3-20和图3-21所示。

图 3-20 Z5135 型立式钻床
1—底座 2—工作台 3—主轴 4—进给箱
5—主轴箱 6—电动机 7—立柱

图 3-21 摇臂钻床
1—立柱座 2—立柱 3—摇臂
4—主轴 5—工作台 6—底座

2. 钻削加工对象、范围及其使用刀具

钻削是汽车零件加工中应用较为广泛的一种切削加工方法,如各类箱壳体类零件的连接孔及螺纹孔的底孔、突缘和法兰类零件的连接孔等,都需要进行钻削加工。

孔加工刀具按其用途可分为两大类:一类是从实体材料中加工出孔的刀具,如麻花钻、扁钻、中心钻和深孔钻等;另一类是对工件上已有的孔进行再加工,如扩孔钻、锪钻、铰刀及镗刀等。钻削时使用的孔加工刀具称为麻花钻头,简称为钻头。使用麻花钻头在预制孔上扩大孔的切削加工称为扩钻。标准麻花钻由刀体(工作部分)、刀柄和颈部组成。刀体包括切削部分和导向部分,麻花钻在其轴线两侧对称分布有两个切削部分。

麻花钻切削刃外缘处的线速度为切削速度(单位为m/min),表达式为

$$v_s = \frac{\pi d n}{1000} \tag{3-4}$$

式中 d——麻花钻直径(mm);

n——麻花钻转速（r/min）。

钻削时麻花钻每回转一转，钻头与工件在进给运动方向（麻花钻轴向）上的相对位移为进给量，单位为 mm/r。麻花钻为多齿刀具，它有两条切削刃（两个刀齿），其每齿进给量 f_z（单位 mm/z）为进给量的一半，即

$$f_z = \frac{f}{2} \tag{3-5}$$

切削深度 a_p 一般指工件已加工表面与待加工表面间的垂直距离。钻孔时的切削深度为麻花钻直径的一半，即

$$a_p = \frac{d}{2} \tag{3-6}$$

3. 钻削加工工艺特点

通常钻削的工艺特点有以下几点：

1）麻花钻的两条切削刃对称地分布在轴线两侧，钻削时，所受径向抗力相互平衡，因此不像单刃刀具那样容易弯曲。

2）钻孔时，切削深度达到孔径的一半，金属切除率较高。

3）钻削过程是半封闭式的，钻头伸入工件孔内并占有较大空间，切屑较宽且往往成螺旋状，而麻花钻容屑槽尺寸有限，因此排屑较困难，已加工孔壁由于切屑的挤压摩擦常被划伤，表面粗糙度 Ra 值较大。

4）钻削时，冷却条件差、切削温度高，因此限制了切削速度，影响生产率的提高。刀具刚性差，排屑困难，切削热不易排出。

5）钻削为粗加工，其加工经济精度等级为 IT11~IT13，表面粗糙度 Ra 值为 12.5~50μm；一般用作要求不高的孔（如螺栓通过孔、润滑油通道孔等）的加工或高精度孔的预加工。

3.2.3 铰削

铰削（即铰孔）是使用铰削刀具从工件孔壁上切除微量金属层的切削加工方法，以提高其尺寸精度和减小其表面粗糙度值。

铰削的工作方式一般是工件不动，由铰刀旋转并向孔中作轴向进给。在车床上铰削时，工件旋转，铰刀作轴向进给。铰削过程中，铰刀前端的切削部分进行切削，后面的校准部分起引导、防振、修光和校准作用。铰孔的尺寸和几何形状精度直接由铰刀决定。

1. 铰削加工对象、范围及其使用刀具

铰削一般在钻孔、扩孔或镗孔以后进行，用于加工精密的圆柱孔和锥孔，加工孔径范围一般为 3~100mm。由于铰刀的切削刃长，铰削时各刀齿同时参加切削，生产率高，在孔的精加工中应用较广。一般在孔半精加工（扩孔或半精镗）后用铰刀进行铰削，主要用于对中、小孔的半精加工和精加工。

铰削使用的刀具称为铰刀，常用作直径不是很大、硬度不是太高的工件上孔加工的最后工序。铰刀结构与扩孔钻相似，由工作部分、柄部和颈部组成。铰刀一般用高速钢或硬质合金制造。在变速器箱（壳）体等零件上铰孔时，大多使用硬质合金铰刀。图 3-22a 所示为在

立式钻床和组合钻床上常使用的机用铰刀，图 3-22b 所示为锥度铰刀（可以加工锥孔），图 3-22c 所示为手用铰刀。

2. 铰削加工工艺的特点

铰削可分为粗铰和精铰，一般在车床、镗床或钻床上进行，此时称为机铰，也可采用手工铰削。粗铰的切削深度（单边加工余量）为 0.3~0.88mm，加工精度可达 IT9~IT10，表面粗糙度 Ra 为 1.258~10μm。精铰的切削深度为 0.06~0.38mm，加工精度可达 IT6~IT8，表面粗糙度 Ra 为 0.08~1.25μm。铰孔的切削速度较低，例如，用硬质合金圆柱形多刃铰刀对钢件铰孔，当孔径为 40~100mm 时，切削速度为 6~12m/min，进给量为 0.3~2mm/r。正确选用煤油、机械油或乳化液等切削液可提高铰孔质量和刀具使用寿命，并有利于减小振动。

图 3-22 铰刀的种类及结构
a) 机用铰刀 b) 锥度铰刀 c) 手用铰刀

铰削的主要特点有以下几点：

1) 铰孔的加工余量较小，一般粗铰为 0.15~0.35mm，精铰为 0.05~0.15mm。铰刀的容屑槽较浅，刚性较高；铰刀的齿数较多，导向性较好；铰刀校准部分的圆柱部分副切削刃起着修光作用，修光作用不仅可切除少量金属，同时其刃带还有挤压作用。铰孔加工精度等级一般可达 IT7~IT9，表面粗糙度 Ra 值为 0.4~1.6μm。汽车变速器壳体等箱壳体上工艺孔的尺寸精度多为 IT7~IT8，常采用钻孔—铰孔工艺方案。

2) 为了避免在铰削时切削刃上产生积屑瘤而影响表面粗糙度，铰孔的切削速度应较低。铰削时的进给量较大，一般为 0.2~1.2mm/r，是钻孔的 3~5 倍。

在大批量生产中，为了提高铰孔的生产率，除常使用硬质合金铰刀外，还使用同工艺组合的复合铰刀（图 3-23a）或不同工艺组合的复合刀具—钻、铰复合刀具（图 3-23b）。

图 3-23 复合孔加工刀具
a) 复合铰刀 b) 钻、铰复合刀具

3.2.4 铣削

铣削是铣刀旋转作主运动、工件或铣刀作进给运动的切削加工方法。

1) 主运动，即主轴（铣刀）的回转运动。主电动机的回转运动经主轴变速机构传递到主轴,使主轴回转。

2)进给运动,即工件的纵向、横向和垂直方向的移动。进给电动机的回转运动经进给变速机构,分别传递给3个进给方向的进给丝杠,获得工作台的纵向运动、横向溜板的横向运动和升降台的垂直方向运动。

1. 铣床分类

铣床就是用铣刀进行切削加工的机床。铣床可分为卧式升降台铣床、立式升降台铣床、龙门铣床、万能工具铣床、仿形铣床和键槽铣床等。其中,应用最普遍的为卧式升降台铣床。图3-24所示为X6132型卧式升降台铣床,其运动示意图如图3-25所示。

图3-24 X6132型卧式升降台铣床

图3-25 卧式升降台铣床运动示意图

1—床身 2—主轴 3—横梁 4—挂架 5—工作台
6—转台 7—横向溜板 8—升降台 9—底座

2. 铣削加工对象、范围及其使用刀具

铣削是加工平面的主要方法之一。在铣床上使用不同的铣刀可以加工平面(水平面、垂直平面和斜面)、阶台、沟槽(直角沟槽、V形槽、燕尾槽和T形槽等)、特形面和切断材料等。此外,使用分度装置可加工需周向等分的花键、齿轮和螺旋槽等。在铣床上还可以进行钻孔、铰孔和铣孔等工作。图3-26所示为铣削的典型实例。其中,铣削平面在汽车零件的铣削加工中占有较大的比重,主要用于气缸体、气缸盖、变速器壳体和离合器壳体等箱壳体类零件的平面铣削加工中。

铣刀是一种多刃回转刀具,铣刀的种类很多,按其用途可分为加工平面用铣刀(图3-27)、加工沟槽用铣刀(图3-28和图3-29)和加工特形面用铣刀(图3-30)三大类。

3. 铣削用量的选择

铣削用量是指铣削过程中选用的铣削速度v_c、进给量f、铣削宽度a_e和铣削深度a_p。铣削用量的选择与提高铣削的加工精度、改善加工表面质量和提高生产率有着密切的关系。

第3章 汽车零件常用制造工艺基础知识

图 3-26 铣削实例

a) 圆柱铣刀铣平面　b) 面铣刀铣平面　c) 槽铣刀铣槽　d) 锯片铣刀切断
e) 立铣刀铣小平面　f) 键槽铣刀铣键槽　g) 指状铣刀铣磨具槽型
h) 角度铣刀铣 V 形槽　i) 成形铣刀铣凹槽

图 3-27 加工平面用铣刀

a) 整体式圆柱形铣刀　b) 镶齿圆柱形铣刀　c) 可转位硬质合金刀片端铣刀

图 3-28 加工沟槽用铣刀

a) 立铣刀 b) 键槽铣刀 c) 三面刃铣刀 d) 锯片铣刀

图 3-29 加工特形沟槽用铣刀

a) T形槽铣刀 b) 燕尾槽铣刀 c) 单角铣刀 d) 对称双角铣刀

铣削速度 v_c 是铣削时切削刃上选定点在主运动中的线速度，即切削刃上离铣刀轴线距离最大的点在 1min 内经过的路程。铣削速度（单位为 m/min）与铣刀直径和铣刀转速有关，计算公式为

$$v_c = \frac{\pi d n}{1000} \quad (3\text{-}7)$$

式中　d——铣刀直径（mm）；
　　　n——铣刀转速（r/min）。

图 3-30 加工特形面用铣刀

进给量 f 是铣刀在进给运动方向上相对工件的单位位移量。铣削中的进给量根据实际需要可用 3 种方法表示：①每转进给量 f 是铣刀每回转一周在进给运动方向上相对工件的位移量，单位为 mm/r；②每齿进给量 f_z 是铣刀每转中每一刀齿在进给运动方向上相对工件的位移量，单位为 mm/z；③每分钟进给量（即进给速度）v_f 是铣刀每回转 1min 在进给运动方向上相对工件的位移量，单位为 mm/min。3 种进给量的关系为

$$v_f = fn = f_z z n \quad (3\text{-}8)$$

式中　n——铣刀（或铣床主轴）转速（r/min）；
　　　z——铣刀齿数。

铣削时,根据加工性质先确定每齿进给量 f_z,然后根据铣刀的齿数 z 和铣刀的转速 n 计算出每分钟进给量 v_f,并以此对铣床进给量进行调整(铣床铭牌上进给量用每分钟进给量表示)。

铣削宽度 a_e 指在垂直于铣刀轴线方向和工件进给方向上测得的铣削层尺寸。铣削深度 a_p 指在平行于铣刀轴线方向上测得的铣削层尺寸。铣削时,采用的铣削方法和选用的铣刀不同,铣削宽度 a_e 和铣削深度 a_p 的表示也不同。图3-31所示为用圆柱形铣刀进行圆周铣与用端铣刀进行端铣时,铣削宽度与铣削深度的表示。其中,铣削宽度 a_e 都表示铣削弧深,因为不论使用哪一种铣刀铣削,其铣削弧深方向均垂直于铣刀轴线。

图3-31 圆周铣与端铣时的铣削用量

a) 圆周铣 b) 端铣

4. 铣削加工工艺的特点

铣削加工工艺的特点主要有以下几点:

1) 铣削在金属切削加工中的应用仅次于车削,其主运动是铣刀的回转运动,切削速度较高,除加工狭长平面外,其生产效率均高于刨削。

2) 铣刀为多刃刀具,铣削时,各刀齿轮轴承担切削,散热冷却条件好,刀具使用寿命长。

3) 铣刀种类多,铣床功能强,因此铣削的适应性好,能完成多种表面的加工。

4) 铣削时,各铣刀刀齿的切削是断续的,铣削过程中同时参与切削的刀齿数是变化的,切屑厚度也是变化的,故切削力是变化的,存在冲击和振动。

5) 铣削的经济加工精度为 IT7~IT9,表面粗糙度 Ra 值为 1.6~12.5μm。

3.2.5 拉削

拉削是使用拉削刀具进行加工的一种高生产率的精切削加工方法,即拉削是使用拉削刀具加工各种内、外成形表面的切削工艺。拉削时使用的刀具称为拉刀。

1. 拉床分类

拉床是用拉刀加工工件各种内、外成形表面的机床。加工时,一般工件不动,拉刀做直线运动切削。拉削时,机床拉刀的直线运动是加工过程的主运动,进给运动则靠拉刀本身的结构来实现。按工作性质的不同,拉床可分为内拉床和外拉床。拉床一般都是液压传动,它只有主运动，结构简单。液压拉床的优点是运动平稳，无冲击振动，拉削速度可无级调节，拉力可通过压力来控制。拉床的生产效率高，加工质量好，精度一般为 IT7~IT9，表面粗糙度 Ra 值为 $0.8~1.6\mu m$。由于一把拉刀只能加工一种尺寸表面，且拉刀较昂贵，所以拉床主要用于大批量生产。

2. 拉削加工对象、范围及其使用刀具

拉削在成批大量生产中得到了广泛应用，如内表面的拉削——圆孔、花键（矩形、渐开线形和三角形）孔、键槽和方孔等异形孔；外表面的拉削——小平面（连杆的侧平面、分离平面和半圆孔等）、大型平面（缸体平面）、成形表面（制动凸轮等）、齿轮轮齿（直齿锥齿轮轮齿、弧齿锥齿轮轮齿等）和曲轴轴颈等。在汽车零件表面的拉削加工中，如锥齿轮轮齿的加工，则应用了圆盘拉铣刀。圆盘拉铣刀是以圆周切削运动方式进行加工的。

拉刀是非常复杂的组件，由一个单件制造而成。其材料主要是高速钢，硬质合金作为刀具材料仅用于灰铸铁的机械加工。拉刀是一种可加工内、外表面的多齿高效刀具。与许多其他切削作业不同，拉削主要考虑的问题是刀具的磨损或刀具使用寿命。

拉刀的种类虽多，但结构组成均类似。拉刀的结构和刀齿形状与拉削方式有关。拉刀结构有整体式、装配式和镶齿式 3 类。对形状复杂和大型拉刀，刀齿材料可用高速钢或硬质合金整体制造，用机械方法将刀齿块或刀齿紧固在刀体上。装配式和镶齿式拉刀也称为组合式拉刀。这种拉刀的刀齿可用高速钢或硬质合金制造，因生产率高、使用寿命长，在汽车工业中常用于加工缸体和轴承盖等零件，但硬质合金拉刀制造困难，故刀体用高强度碳素钢制造，这样可节省刀具材料、简化刀具制造，且刀齿磨损或损坏后便于更换和调整。

3. 拉削加工工艺的特点

拉削加工具有生产率高；加工精度高，表面质量好；经济加工精度为 IT7~IT8，表面粗糙度值 Ra 为 $0.4~0.8\mu m$；可拉削特形表面；机床结构简单，只有一个运动等优点，但刀具成本高。

3.2.6 镗削

镗削是一种用刀具扩大孔或其他圆形轮廓的内径的切削工艺，其应用范围一般从半粗加工到精加工，所用刀具通常为单刃镗刀（称为镗杆）。

镗削是镗刀的旋转运动作为主运动，工件或镗刀作进给运动，将工件预制孔（铸造孔、锻造孔或粗加工孔）扩大的切削加工方法。在汽车零件孔的扩大加工中，镗孔占有较大的比例。镗削时，工件被装夹在工作台上并由工作台带动作进给运动，镗刀用镗刀杆或刀盘装夹，由主轴带动回转作主运动。主轴在回转的同时，可根据需要作轴向移动，以取代工作台作进给运动。镗削可以在组合镗床、金刚（细）镗床和铣镗加工中心上进行，利用装有镗刀的镗杆（或镗刀）旋转，装有镗刀的镗杆（以下简称为镗杆）或装有工件的工作台作轴向进给实现对预制孔的切削加工。镗削按镗孔的加工质量可分为粗镗、精镗和细镗。

1. 镗床分类

镗削在镗床上进行。镗床通常用于加工尺寸较大、精度要求较高的孔，特别是分布在不同表面上、孔距和位置精度要求较高的孔，如各种箱体、汽车发动机缸体等零件上的孔。常用的镗床有立式镗床、卧式镗床、坐标镗床和金刚镗床等。图 3-32 所示为 T618 型卧式镗床。

第3章 汽车零件常用制造工艺基础知识

图 3-32　T618 型卧式镗床

1—主轴箱　2—主立柱　3—主轴　4—平旋盘　5—工作台
6—上滑座　7—下滑座　8—床身　9—镗刀杆支承座　10—尾立柱

2. 镗削加工对象、范围及其使用刀具

在镗床上除镗孔外，还可以进行钻孔和铰孔，以及用多种刀具进行平面、沟槽和螺纹的加工。图 3-33 所示为卧式镗床镗削的主要内容。

图 3-33　卧式镗床镗削的主要内容

a) 用主轴安装镗刀杆镗不大的孔　b) 用平旋盘上镗刀镗大直径孔　c) 用平旋盘上
径向刀架镗平面　d) 钻孔　e) 用工作台进给镗螺纹　f) 用主轴进给镗螺纹

镗削所用刀具为镗刀，可在镗床、车床或铣床上使用。因装夹方式的不同，镗刀柄部有方柄、莫氏锥柄和 7∶24 锥柄等多种形式。为了使孔获得高的尺寸精度，精加工用镗刀的尺寸需要准确地调整。微调镗刀可以在机床上精确地调节镗孔尺寸，它有一个精密游标刻线的指示盘，指示盘同装有镗刀头的心杆组成一对精密丝杠螺母副机构。当转动螺母时，装有刀头的心杆即可沿定向键作直线移动，借助游标刻度读数精度可达 0.001mm。镗刀的尺寸也

可在机床外用对刀仪预调。

3. 镗削加工工艺的特点

镗削的工艺特点主要有以下几方面：

1）镗削能方便地加工直径很大的孔。

2）镗削能方便地实现对孔系的加工。例如，用坐标镗床和数控镗床进行孔系加工，可获得很高的孔距精度。

3）镗床多种部件能实现进给运动，故其工艺适应能力强，能加工形状多样、大小不一的各种工件的多种表面。

4）镗削是孔加工的主要方法之一。在镗床上镗孔是以刀具的回转为主运动，与以工件回转为主运动的孔加工方式相比，特别适合机架和箱体等复杂结构的大型零件上的孔加工，原因主要有：①工件结构复杂，外形不规则，孔或孔系在工件上往往不处于对称中心或平衡中心，工件回转时，平衡较困难，容易因平衡不良而产生加工过程中的振动；②大型工件回转作主运动时，工件外形尺寸大，故转速不宜太高，工件上的孔或孔系直径相对较小，不易实现高速切削。

5）镗孔的经济精度等级为 IT7~IT9，表面粗糙度 Ra 值为 0.8~3.2μm。

3.2.7 刨削

刨削是用刨刀对工件作水平相对直线往复运动的切削加工方法。

1. 刨床分类

刨削在刨床上进行。刨削类机床有牛头刨床、龙门刨床（包括悬臂刨床）和插床。刨削时，刨刀（或工件）的直线往复运动是主运动，工件（或刨刀）在垂直于主运动方向的间歇移动是进给运动。图 3-34 所示为在牛头刨床和龙门刨床上刨削平面时的刨削运动。

图 3-35 所示为常用牛头刨床的外形及其运动的示意图。牛头刨床由床身、滑枕、刀架和工作台等主要部件组成。牛头刨床刨削工件时，刨刀的直线往复运动为主运动，刨刀回程时工作台（工件）作横向水平或垂直移动为进给运动。

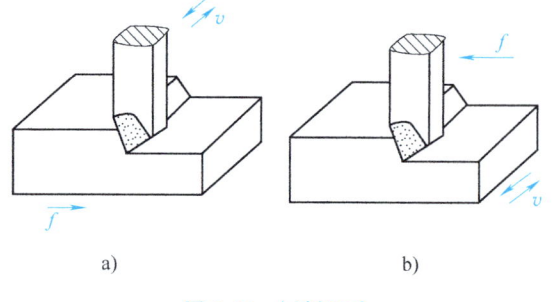

图 3-34 刨削运动
a) 在牛头刨床上刨削平面 b) 在龙门刨床上刨削平面

2. 刨削加工对象、范围及其使用刀具

刨削是平面加工的主要方法之一。在刨床上可以刨平面（水平面、垂直平面和斜面）、沟槽（直槽、V 形槽、燕尾槽和 T 形槽）和曲面、台阶等，如图 3-36 所示。

刨刀属于单刃刀具，其几何形状与车刀大致相同，如图 3-37 所示。由于刨刀在切入工件时须受较大的冲击力，所以刀杆的截面积一般比车刀大，切削时可承受较大的冲击力。为增加刀尖强度，一般将刨刀的刀尖磨成小圆弧并选刃倾角为负值。为避免刨削时产生"扎刀"而造成工件报废，刨刀常制成如图 3-37a 所示的弯颈形式。按加工用途不同，常用刨刀有直头刨刀和弯头刨刀两种。直头刨刀受力弯曲变形时会扎入工件表面，损坏已加工表面和刀尖；弯头刨刀在受到较大的切削力时，刀杆弯曲变形可退离工件，刀尖不会扎入工件表面。

第3章　汽车零件常用制造工艺基础知识

图 3-35　牛头刨床
a) 外形图　b) 运动示意图
1—工作台　2—横梁　3—刀架　4—滑枕　5—床身　6—底座

图 3-36　刨削的主要内容
a) 刨水平面　b) 刨垂直平面　c) 刨斜面　d) 刨直槽　e) 刨T形槽　f) 刨曲面

刨刀的安装是否正确直接影响工件的加工质量。安装刨刀时，应将转盘对准零线，以便准确控制吃刀量；刀架下端应与转盘底侧基本相对，以增加刀架的刚度。直头刨刀的伸出长度一般为刀杆厚度的 1.5～2 倍。夹紧刨刀时，应使刀尖离开工件表面，防止碰坏刀具和擦伤工件表面。

3. 刨削用量选择

刨水平面选择的切削用量一般为背吃刀量 $a_p = 0.2 \sim 2$mm，进给量 $f = 0.33 \sim 0.66$mm/双行程，切削速度 $v = 17 \sim 50$m/min。粗刨时，a_p 和 f 取大值；精刨时，a_p 和 f 取小值，v 取大值。

4. 刨削加工工艺的特点

1）刨削的主运动是直线往复运动，在空行程时作间歇进给运动。由于刨削过程中无进给运动，因此刀具的切削角不变。

2）刨床结构简单，调整和操作都较方便；刨刀为单刃刀具，制造和刃磨较容易，价格低廉，故刨削生产成本较低。

3）由于刨削主运动是直线往复运动，刀具切入和切离工件时有冲击负载，因此，限制了切削速度的提高，此外，还存在空行程损失，因此刨削生产效率较低。

4）刨削的加工精度通常为 IT7～IT9，表面粗糙度 Ra 值为 1.6～12.5μm；采用宽刃刀精刨时，加工精度可达 IT6，表面粗糙度 Ra 值可达 0.2～0.8μm。

图 3-37　两种刨刀的刨削情况
a) 弯颈刨刀（不易扎刀，用于精加工）
b) 直杆刨刀（容易扎刀，用于粗加工）

牛头刨床结构简单，调整方便，操作灵活，刨刀简单，刃磨和安装方便。因此刨削的通用性良好，牛头刨床在单件生产及修配工件中被广泛使用。刨削时，刨刀切入和切离会产生冲击和振动，限制了切削速度的提高（一般为 17～50m/min），且回程不切削，增加了辅助时间，故刨削的生产率较低。但在龙门刨床上刨削窄长工件表面时，生产率较高。

3.2.8　磨削

磨削是用磨具以较高的线速度对工件表面进行加工的方法。通常磨削是指在磨床上用砂轮切削金属的过程。

应用最普遍的磨削是以砂轮为磨具的普通磨削。磨削时，砂轮的回转是主运动；进给运动包括砂轮的轴向、径向移动，工件的回转运动和工件的纵向、横向移动等。

根据加工对象的几何形状，磨削加工可分为外圆、内圆、平面及成形磨削加工等；根据工件被夹紧和被驱动的方法，可分为定心磨削和无心磨削两种；根据进给方向，可分为纵向进给磨削和横向进给磨削两种；根据砂轮的工作表面类型，可分为周边磨削、端面磨削及周边—端面磨削 3 种。

1. 磨床分类

除了某些形状特别复杂的表面外，机器零件的各种表面大多能用磨床加工，因此磨床有许多种类。在汽车制造业中，常用的磨床有普通磨床和专用磨床两大类。普通磨床的通用性好，可适应多种零件的加工。

普通磨床主要有外圆磨床、内圆磨床、平面磨床、无心磨床、工具磨床和刀具刃磨床等。

1）外圆磨床主要用于磨削外回转表面。它包括万能外圆磨床、外圆磨床和无心外圆磨床等。

2）内圆磨床主要用于磨削内回转表面。它包括内圆磨床、无心内圆磨床和行星式内圆磨床等。

3）平面磨床用于磨削各种平面。它包括卧轴矩台平面磨床、立轴矩台平面磨床、卧轴圆台平面磨床和立轴圆台平面磨床等。

4）工具磨床用于磨削各种工具。它包括工具曲线磨床、卡板磨床、钻头沟槽磨床和丝锥沟槽磨床等。

5）刀具刃磨床用于刃磨各种切削刀具。它包括万能工具磨床、车刀刃磨床、钻头刃磨床、滚刀刃磨床和拉刀刃磨床等。

6）专用磨床用于磨削某一零件上的一种表面，主要有花键轴磨床、曲轴磨床、凸轮轴磨床、活塞环磨床、球轴承套圈沟磨床和导轨磨床等。

在生产中应用最多的是外圆磨床、内圆磨床、平面磨床和无心磨床4种。

图3-38所示为M1432B型万能外圆磨床。在这种磨床上，可以磨削内、外圆柱面和圆锥面。

图3-38　M1432B型万能外圆磨床

1—床身　2—头架　3—横向进给手轮　4—砂轮　5—内圆磨具　6—内圆磨头
7—砂轮架　8—尾座　9—工作台　10—挡块　11—纵向进给手轮

万能外圆磨床的切削运动磨外圆时，其主运动为砂轮的回转运动；磨内圆时，其主运动为内圆磨具砂轮的回转运动。进给运动主要有：工件的圆周进给运动，即头架主轴的回转运动；工作台的纵向进给运动，由液压传动实现；砂轮架的横向进给运动，每当工作台一个纵向往复运动结束，由机械传动机构使砂轮架横向移动一个位移量（控制磨削深度），即为步进运动。

常用的平面磨床按其砂轮轴线的位置和工作台的结构特点，可分为卧轴矩台平面磨床、卧轴圆台平面磨床、立轴矩台平面磨床和立轴圆台平面磨床等几种类型。其中，卧轴矩台平面磨床应用最广。图3-39所示为M7120A型平面磨床，是一种常用的卧轴矩台平面磨床。它由床身、立柱、工作台、磨头和砂轮修整器等主要部件组成。

2. 磨削加工对象、范围及其使用刀具

磨削是精加工的主要方法之一。磨削的主要内容如图3-40所示。

磨具（磨削工具）是以磨料为主制造而成的一类切削工具，分为固结磨具（如砂轮、磨头、油石和砂瓦等）和涂覆磨具（砂带）两类。

图 3-39 M7120A 型平面磨床

a) 外形图 b) 运动示意图

1—磨头 2—床鞍 3—横向手轮 4—修整器 5—立柱 6—挡块
7—工作台 8—升降手轮 9—床身 10—纵向手轮

图 3-40 磨削的主要内容

a) 磨外圆 b) 磨孔 c) 磨平面 d) 磨花键 e) 磨螺纹 f) 磨齿轮 g) 磨导轨

3. 磨削用量的选择

磨削用量是指磨削过程中选用的磨削速度 v_0、进给量 f 和工件圆周速度 v_ω。磨削速度（单位为 m/s）是指砂轮的圆周速度，即砂轮外圆表面上某一磨粒在单位时间（通常为 1s）内通过的路程，即

$$v_0 = \frac{\pi d_0 n_0}{1000 \times 60} \tag{3-9}$$

式中　d_0——砂轮直径（mm）；

　　　n_0——砂轮转速（r/min）。

一般磨床的砂轮主轴只有一种速度：磨外圆和磨平面时，v_0 一般为 30~35m/s，操作时无选择余地，且随砂轮直径变小而减小；磨内圆时，由于砂轮直径较小，v_0 为 18~30m/s；高速磨削时，v_0 在 50m/s 以上。

对于外圆磨削、内圆磨削和无心磨削而言，背吃刀量 a_p 又称为横向进给量，即工作台每次纵向往复行程结束时，砂轮在横向移动的距离。背吃刀量大，生产率高，但对磨削精度和表面粗糙度不利。通常，磨外圆时，粗磨 $a_p = 0.01~0.025$mm，精磨 $a_p = 0.005~0.015$mm；磨内圆时，粗磨 $a_p = 0.005~0.03$mm，精磨 $a_p = 0.002~0.01$mm；磨平面时，粗磨 $a_p = 0.015~0.15$mm，精磨 $a_p = 0.005~0.015$mm。

外圆磨削时，纵向进给量 f 是指工件每回转一周，沿自身轴线方向相对砂轮移动的距离。粗磨时，$f=(0.3~0.85)T$；精磨时，$f=(0.2~0.3)T$。其中，T 是砂轮宽度，f 的单位是 mm/r。

工件圆周速度 v_ω 是指磨削圆柱面时工件待加工表面的线速度，又称为工件圆周进给速度。

$$v_\omega = \frac{\pi d_\omega n_\omega}{1000 \times 60} \quad (3\text{-}10)$$

式中　d_ω——工件直径（mm）；

　　　n_ω——工件转速（r/min）。

粗磨时，$v_\omega = 20~85$m/s；精磨时，$v_\omega = 15~50$m/s。

4. 磨削加工工艺的特点

1）砂轮在磨削时具有极高的圆周速度，其磨削速度可达 60m/s（约为普通刀具切削速度的 10 倍以上），而采用 CBN 砂轮磨削时，磨削速度可达到 120~180m/s。

2）磨削加工切除单位体积金属所消耗的能量大，而这些能量大部分转化为切削热，所以砂轮在磨削时除了对工件表面有切削作用外，还有强烈的摩擦，磨削区域的温度高达 400~1000℃，易引起工件表面退火或烧伤。磨削过程中，磨粒切削刃与工件接触点的瞬时温度可达 1000℃ 以上，砂轮与工件接触区的平均温度通常可达 500~800℃，所以磨削表面容易产生残留应力，容易造成烧伤和产生裂纹。

3）砂轮磨料的硬度高、耐热性好，磨削能加工一般金属以及切削刀具不能加工的硬材料，例如带有不均匀铸、锻硬皮的工件表面，淬硬表面等。

4）磨削是一种少切屑加工方法，在一次行程中的切除效率低，但磨削加工能切除极薄极细的切屑，切屑厚度一般只有几微米，故磨削加工有较强的修正误差能力，其经济加工精度高（IT5~IT6），加工表面粗糙度 Ra 值小（可小至 0.1μm），被广泛用于工件的精加工。

3.2.9　光整

粗加工工序是从工件上切去大部分加工余量，使其形状和尺寸接近成品要求的工序。其加工精度较低，表面粗糙度值较大，一般用于要求不高或非配合表面的最终加工，也作为精加工的预加工。

精加工工序是从经过粗加工的表面上切去较少的加工余量，使工件达到较高的加工精度及表面质量的工序。如果工件表面无特别高的要求，精加工常作为最终加工。

光整加工是对经过精加工的工件表面采用不切除或切除极薄金属层，用以得到很高加工表面的尺寸精度和形状精度，并减小表面粗糙度值或用以强化表面的加工方法。研磨、珩磨、超精加工及抛光等方法属于光整加工。汽车发动机气缸套、凸轮轴支承轴颈及凸轮表面、曲轴的主轴颈及连杆轴颈均需进行精整和光整加工。

3.2.10 成组加工的生产组织形式

不同的生产类型，有相应的生产组织形式。大批大量生产采用高效机床，组成按工艺路线排列的流水生产线。单件小批生产采用通用设备，按机群式布置。由于成组技术的形成和发展，使具有相似加工要求的零件组可以通过相应的机床组来完成其全部或大部分加工内容，因此出现了成组加工的生产组织形式。

根据零件相似程度和零件组的生产纲领的不同，其生产组织形式有：成组流水线、成组单元和成组单机。

1. 成组流水线

成组流水线是将产量较大且相似程度高的零件组按固定的加工顺序来布置机床组的生产线。它与普通流水生产线的主要区别是在生产线流动的不是一种固定零件，而是一组（多种）相似的零件。零件组内的零件可以在成组流水线的不同设备上作单向流动，以适应同组内不同零件的加工。成组流水线是成组加工实现工艺过程合理化的高级形式，可以发挥成组技术的最大经济效果。

2. 成组生产单元

成组生产单元是把工艺上相似的零件组（可以是几组）封闭在完成其工艺过程所需要的一组设备上构成的生产系统。同组内的零件在单元内的加工顺序和数目可以不完全相同，以适应同组内不同零件的加工。由于生产单元的设备是按成组工艺路线布置的，零件可以按件而不必按批在工序间输送，这样可以缩短生产周期和减少在制品数量，此外，零件在单元内的运输路线也被缩短。

3. 成组单机

当零件组中的零件工艺过程只有少数的工序相似时，可以将加工工序相同的零件组织在一台成组机床上加工，称为成组单机，其余工序仍由若干普通机床完成。这种组织形式的特点是不改变车间原有设备的布置，成组单机仍然是机群式布置中的一台设备。这种形式简单易行，但它所取得的经济效果最差。

3.3 汽车车身制造工艺的基本知识

车身作为汽车上三大部件之一，越来越受到重视。从质量上，轿车、客车的车身已占整车的 (40~60)%，货车车身也达 (20~30)%；从制造成本上，车身占整车的百分比还要超过这些数值的上限值。随着科学技术的发展和物质生活水平的提高，人们追求汽车的安全、舒适、豪华和新颖等特色通常要通过汽车车身来体现。汽车车身不同于一般的机械产品。车身制造需要综合运用冲压、焊接、涂漆和装饰等各方面的工艺知识。

第 3 章　汽车零件常用制造工艺基础知识

3.3.1　汽车车身制造工艺

汽车车身是一个形状复杂的空间薄壁壳体，其主要零部件均由钢板冲压焊接而成。为增加美观和耐蚀性，车身表面还涂有漆膜。此外，还有各种金属的和非金属的装饰件。因此，冲压、装焊和涂饰是车身制造的主要工序。

从结构上看，车身大致可以分为无骨架车身和有骨架车身两大类。

1. 无骨架车身的生产工艺流程

无骨架车身的生产工艺流程如图 3-41 所示。

图 3-41　无骨架车身的生产工艺流程

微型车、轿车和各种小型客车及载货汽车的驾驶室都属于无骨架车身。无骨架车身并不是因为没有骨架而不能承载，有些无骨架车身（如很多轿车）属于承载式车身。即使属于非承载式车身的货车驾驶室等也要具有一定的刚度以抵抗受力变形。因此无骨架车身是以车身板制件冲压成某种形状或是几个车身零件焊合后形成具有某种截面形式的"梁"，以增加其刚性或承受较大载荷，只是没有专门的骨架零件而已。因此，无骨架车身具有以下特点：

1）无骨架车身的零件一般比较复杂。

2）由于没有骨架，车身的表面形状完全由覆盖件形成。因此车身覆盖件必须具有要求的形状和能保持这种形状的刚性。增加车身零件刚性可以通过结构（如车身顶盖一般都冲有加强筋）和工艺来实现。例如，某些形状变化不大但较平坦的零件，在拉深成形时可通过增加拉深阻力使其增加胀形成分而变形更加充分。

3）无骨架车身的覆盖件的表面质量要求较高，特别是轿车。这是车身制造的难点所在。

2. 有骨架车身的生产工艺流程

中、大型客车通常采用有骨架车身，有骨架车身的生产工艺流程如图 3-42 所示。

从图 3-42 可见，有骨架车身的制造工艺分两个阶段，即先制成车身骨架，然后在骨架上蒙上蒙皮。与无骨架车身相比，由于有骨架支承，蒙皮的形状较简单，要求也较低。

图 3-42　有骨架车身的生产工艺流程

3.3.2 汽车车身的生产制造特点

汽车车身是由大量的薄板经过冲压后通过装配和焊接而形成的一个复杂结构体，因此车身装焊工艺是汽车车身制造工艺的重要部分。

汽车装焊工艺是汽车制造生产过程中的重要组成部分。对于车身装焊而言，车身外部形状由型面或型线组成，零件基本上都是低碳钢薄板冲压件，尺寸大、刚度小的特点使得装焊难度很大。为了保证汽车车身的质量，就必须采用高精度的装焊夹具，采用先进的装焊方法和焊接设备。

在进行车身焊接结构设计时，要尽量保证焊缝在切应力作用下工作，而不是拉应力，这是因为低碳钢焊缝切应力允许的最大值要大于拉应力允许的最大值。另外，还要尽量避免焊缝交汇在一点或密集布置，否则金属会因过热而产生严重的应力集中和变形。对于焊接构件或产品，不管复杂还是简单，都由若干个零件按照产品设计图的尺寸、形状和技术要求进行装配和焊接而成。车门是车身的一部分，但它与车身是采用可拆卸式的铰链结构连接的，在结构上具有完整性，一般将它作为独立的总成进行装配焊接，所以通常将车门装焊从车身装焊中独立出来。下面分别从车身装焊和车门装焊两个方面做简要介绍。

1. 汽车车身装焊结构

对于车身的类型，除了根据有无骨架分为有骨架和无骨架结构外，还可根据车身的承载形式分为非承载式结构和承载式结构两类。不同的车身结构具有不同的特点，应用在不同的车型上。下面以不同的车型为例简要介绍车身的装焊结构特点。

1）轿车车身壳体由若干冲压钣金零件、预先由零件装焊好的组件和部件装焊成车身壳体总成。这种承载式的轿车车身壳体在装焊过程中，既要保证符合设计要求的外形与尺寸，又要保证其结构强度能满足使用中所承受的负载能力。

2）小型厢式货车车身框架由门、窗框架、梁柱及其他零件先装焊成前围、后围和左右侧围框架与地板装焊成车身框架总成，最后焊上蒙皮形成车厢总体。该车身的装焊根据生产批量的大小不同，采用的装焊分散程度和装焊方式也不一样。因为这类车身是非封闭式框架，其部件刚性较差，所以要考虑刚架。这种车身承载能力大。

3）小厢式旅行车车厢壳体车身由窗、门框和梁柱等其他零件与蒙皮装焊成左右侧围、前围、后围和顶盖等部件，然后与车架装焊成车厢壳体总成。这种厢式车身在装焊过程中，预先装焊的部件刚性小，故在搬运和贮存过程中容易产生变形，因此要求装焊部件的装焊胎模与总成装焊胎模的协调性好，以便保证车身外形与尺寸要求。

4）货车车身包括驾驶室和钢制车厢。货车驾驶室无论是平头型、凸头型、单或双排座等，其装焊工艺大体相同。首先由支柱、加强梁和其他受力构件与零件装焊成前围、后围和地板等部件，最后装焊成车厢壳体总成。驾驶室结构属于全金属半骨架式，故组成零件基本上都是薄板冲压件，因此部件的结构刚性较差，易产生变形而影响驾驶室装焊总成的装焊质量，或增加焊后校形工序。货车车厢种类较多，其用途不同所采用的车形形式也不一样，采用最多的是普通栏板式车厢，这种形式的钢结构的栏板、底板和保险架由钢板与冲压凸筋或角钢装焊而成。

5）大型客车骨架车身承载能力大，装焊过程是由型材先装焊成左右侧、前后和上下等骨架部件，再装焊成骨架总成，最后骨架外装焊蒙皮，形成车身焊接总成。该车身骨架结构

第3章 汽车零件常用制造工艺基础知识

刚性大,连接接头多,装焊过程中应力和变形都较大。骨架外装焊蒙皮可分为大张拉蒙皮和小张钢板蒙皮两种。小张钢板蒙皮通常采用铆钉拼接,铆钉点露在车身外表面,影响车身外观,但制造简单。大张拉蒙皮直接焊接于车架上,焊点在蒙皮内,车身外表面平整光洁,但要求焊点分布均匀对称,使张拉力均匀。

6)特种车辆车身。如油罐车、洒水车等运输液体的货车,采用的圆筒状容罐是用较厚的钢板卷压焊接而成;运输食品和百货的冷藏车等,采用厢式车厢,用角钢、加强筋与钢板焊接而成;起重车辆的起重臂用厚钢板焊接或铆焊而成。

2. 车门的装焊

车门的结构形式通常分为框架式车门和整体式车门两种。框架式车门的装焊是先把车门框架、内外加强部分和连接件焊好,最后进行内、外板包边点焊。整体式车门由作为一个整体冲压件的窗框、车门内外板、车门铰链加强板及车门内板加强板等组成,这些组成部分均先由两个以上的薄板冲压件焊成组合件,然后分别与车门内、外板焊接,最后进行内、外板包边点焊。

3. 车身生产制造的特点

与一般机械产品相比,车身生产较明显的特点是:

1)车身的表面处理要求高。因为汽车行驶在野外的各种路况和气候中,所以要求车身表面有很好的耐蚀性和涂膜耐候性;汽车车身本身还要体现一定的艺术效果,所以对车身表面的漆前处理和涂饰工艺要求很高,通常需要很复杂的设备和先进的技术才能实现。

2)冲压件质量要求高,制造难度大。车身(尤其是轿车车身),除了体现它的使用价值外,还要体现它的艺术价值,所以车身的覆盖件多为尺寸大、形状复杂的空间曲面,尤其是表面质量要求很高,表面必须光顺,不允许有任何皱裂和拉痕等缺陷。这些就给覆盖件成形的关键工序(即拉深工序)提出了很高的要求。能否达到这些要求,关键在于拉深模。因此冲模是车身制造技术的难点和关键所在。

3)车身制造投资大、周期长。汽车生产通常是大量生产,因此必须达到一定的经济规模才能产生较好的经济效益。为了实现优质高产的目标,车身制造需要大吨位压力机、大型冲模及先进的冲压生产线、装焊线、漆前处理线和涂漆线等主要生产设施及其配套工程。因此所需投资巨大,一般都需数亿或数十亿元,且建厂周期长,投资回收慢。

在汽车车身焊接中应用最广的是点焊。点焊适于焊接薄钢板,焊好整个轿车车身,通常需要上千个焊点。焊点的强度要求很高,每个焊点可承受 5kN 的拉力,甚至将钢板撕裂都不能将焊点部位分离。

3.3.3 涂饰工艺

作为主要交通运输工具之一的汽车,除意外事故损坏之外,主要损坏是腐蚀和磨损。汽车腐蚀不仅直接影响汽车的质量和使用寿命,且因腐蚀损坏的零件极易引发交通事故,造成人员伤亡和财产损失。汽车腐蚀还给环境带来污染,并造成材料和能源的巨大浪费。

汽车外观的色泽鲜丽且经久不变,不仅是汽车质量的一个标志,也起到装饰美化的作用,同时提高了使用效果和商品价值,故汽车外观是厂家竞争的一个重要方面。防腐蚀和装饰主要都是通过涂饰来实现的,因此涂饰是汽车车身制造的一个重要方面。

1. 汽车车身涂饰的典型工艺

汽车涂饰属于多层涂饰，由于各类汽车使用条件的不同，涂饰工艺也各不相同。通常国内外汽车车身涂饰工艺可分为以下3个基本体系。

（1）涂两层烘两次体系　即只有底漆涂层和面漆涂层，无中间涂层；两层分别烘干。中型、重型载货汽车的车身一般采用这一涂饰体系。

（2）涂3层烘两次体系　即有底漆涂层、中间涂层和面漆涂层；底漆层不烘干，涂中间涂层后一起烘干，采用"湿碰湿"工艺，两面烘干次数由3次减为两次。对于外观装饰性要求不太高的旅行车和大客车车身及轻型载货汽车的车身等一般采用这个涂饰体系。

（3）涂3层烘3次体系　即有底漆涂层、中间涂层和面漆涂层；3层分别烘干。对于外观装饰性要求高的轿车车身、旅行车车身和大客车车身一般采用这个涂饰体系。

例如，我国东风汽车公司的载货汽车车身采用涂两层烘两次体系，其具体的涂饰工艺过程是：白件装挂→预脱油→脱油→水洗（两次）→磷化→水洗→钝化→循环纯水洗→干净纯水洗→热风吹干→冷却→上电极→阴极电泳涂漆→循环超滤水洗→干净超滤水洗→循环纯水洗→干净纯水洗→卸电极→电泳漆烘干→打磨→喷防声胶→擦净→喷一道面漆→闪蒸→喷两道面漆→晾置→面漆烘干→检验→送总装车间。

东风汽车公司的雪铁龙ZX（富康）轿车CKD小批量生产的涂饰工艺属于涂3层烘3次体系，其具体的涂饰工艺过程如下：预清洗→碱液脱油→水洗→表面调整→磷化→水洗（两次）→阴极电泳涂漆→水洗（4次）→烘干→底漆打磨→喷中涂（两道）→晾置→烘干→中涂打磨→喷面漆（两道）→烘干→检查。

上述涂饰工艺流程均为大量生产方式，在小批量生产时，涂饰方式和涂饰设备相差很大，但其基本的工艺体系还是一样的。

2. 涂漆方法及设备

要使涂膜色泽鲜艳、光亮丰满且经久耐用，起到保护和装饰作用，除了涂料本身的质量优良外，涂漆方式的选择是否恰当也有很大关系。涂漆的方式很多，各有优缺点，应该根据具体情况加以正确地选择和使用。

汽车车身制造中常用的涂漆方法有刷涂、浸涂、喷涂、静电喷涂、电泳涂漆和粉末涂饰等。

（1）刷涂　刷涂是一种使用毛刷手工涂漆的方法。除了一些快干和分散性不好的涂料外，几乎所有的涂料都可使用刷涂。常用的涂料有油性漆、酚醛漆和醇酸漆等。特别是油性涂料对金属的表面细孔容易渗透、附着力好，使用得较多。

刷涂的优点是所需设备简单、投资少、施工方便、操作简单、容易掌握和灵活性大；其缺点是手工劳动生产率低，施工的质量在很大程度上取决于手工技巧。漆膜往往有粗粒和刷痕，装饰性差，故只适用于局部维修或小批量生产。

（2）浸涂　浸涂是将被涂零部件浸入盛有涂料的槽中，经过一定的时间后取出，经滴漆、流平和干燥即可。

在采用浸涂法时，涂膜厚度主要取决于漆液的黏度，而浸涂时间一般无多大影响。所以一定要使油漆黏度保持在规定的工艺范围内，一般15~20s为宜（用4号杯黏度计测定）。另外应注意，零件入槽和出槽应保持垂直位置，入槽动作也必须缓慢均匀，防止制件的表面与漆层间带入空气而破坏涂层。制件从漆槽中提出时须缓慢均匀，要保证制件上多余的漆液可以流掉。零件在浸漆、流漆及干燥过程中应处于同样的位置,这样便于漆液更快流尽,涂膜才能均匀无流痕。在大容量的漆槽内,应设有搅拌器,以防止涂料发生沉淀。

浸漆是一种最简单、生产效率较高的涂漆方式。它既不要很高的技术,又不需要复杂的设备。涂漆过程很容易实现机械化或自动化,但也存在着一定的局限性,如对挥发性涂料、含有重质颜料的涂料及双组分涂料等不适用。由于浸涂所形成的漆膜易产生上薄下厚、流挂等现象,故仅适用于外观装饰要求不太高的防蚀性涂层。

(3) 喷涂 一般说的喷涂是指压缩空气喷涂。它是利用压缩空气在喷枪喷嘴处产生的负压将漆流带出并分散为雾状,涂覆在物面上,这是目前使用最普遍的涂饰工艺方法。

喷涂所用装置及设备主要有喷枪、喷漆室、油水分离器和空气压缩机等。喷漆室是一种专用的喷漆设备。由于空气喷涂过程中有大量溶剂、漆雾,会污染空气,危害工人健康,且易造成火灾、有爆炸的危险,因此喷漆室应设置在远离火源的地方,且结构材料上应能防火。室内温度要求在18~30℃,要有排气装置,使空气流通,室内保持负压状态,以防止和减少溶剂、漆雾扩散至全车间。喷漆室的空气要经过过滤,保持室内清洁,无尘土油污,以保证喷漆质量。喷漆室的光线要充足,以便能看清喷涂工件的各部位。

喷涂涂膜光滑平整、薄厚均匀,对于快干和挥发性漆(如硝基漆、过氯乙烯漆等)使用最合适。但油漆的有效利用率低,尤其是在喷涂小型零件时,漆雾损失较大,并易引起火灾和苯中毒,影响人体健康,需要良好的通风除尘设备。

(4) 静电喷涂 静电喷涂是借助于高压电场的作用,使喷枪喷出的漆雾带电,通过静电引力而沉积在带异电的工件表面上而完成喷漆过程。静电喷涂是一种涂饰新工艺。图3-43所示为静电喷漆的示意图。由图可知,负高压接在喷枪上,工件接地,使负电极与工件之间形成一个不均匀的静电场,靠电晕放电现象,首先在负极附近激发出大量电子,被雾化的漆粒子一进入电场就与电子相结合,呈负电荷粒子在电场力作用下奔向工件(正极),使油漆微粒均匀地吸附在工件表面上,经过烘干便形成牢固的涂膜。

图3-43 静电喷漆的示意图
1—高压发生器 2—输漆罐 3—喷枪 4—工件

静电喷涂用高频高压静电发生器产生直流高压电源。电压的高低是影响喷涂质量的重要因素,电压高,涂着率就高。但电压过高时对设备的绝缘性能要求就会很高,通常采用的电压为80~100kV。静电喷枪的结构形式很多,有手提旋杯式、固定旋杯式和旋风式等。其中,固定旋杯式喷枪的生产效率最高,材料利用率可达90%以上。

静电喷涂是一种较先进的涂饰方法,与空气喷涂相比较,有以下主要优点。
1) 涂膜均匀,附着力好,涂膜质量好。
2) 漆雾飞散损失少,比空气喷涂节约涂料10%~50%,涂料利用率最高可达90%。
3) 生产效率高,可实现喷涂过程的连续化和自动化。
4) 大大减轻了劳动强度,且漆雾飞散少,改善了劳动条件。

静电喷涂所用的电压高,故必须要有很好的绝缘设备并采取必要措施,以免发生危险。静电喷涂所需设备和仪器比较复杂,且因工件形状不同,会造成电场强弱不同,故其均匀度就较差,由于漆雾密度小,漆膜流平性和漆膜光泽度也会受到一定的影响。

(5) 电泳涂漆　电泳涂漆首先采用的是阳极电泳法(即阴离子型电泳底漆),会降低涂膜的耐腐蚀性,后来研究发展了工件是阴极的阴极电泳涂漆。电泳涂漆有如下优点。

1) 从根本上消除了漆雾,涂料利用率高,最高可达95%。

2) 电泳涂料用水作溶剂,避免了用有机溶剂易中毒和发生火灾等危险,大大改善了劳动条件。

3) 涂膜均匀,附着力强,涂层质量好。一般涂饰方法不易涂到或涂不好的地方(如工件内腔、凹缘、锐边和焊缝等),都能获得平整、均匀、光滑的涂膜。

4) 施工速度快,可实现机械化和自动化连续操作,减轻劳动强度,提高劳动生产率。

电泳涂漆也存在以下一些缺点:

1) 设备较复杂,投资费用大。

2) 只限于在导电的被涂物表面上涂漆。

3) 烘烤温度较高,耗电量稍大。

4) 不易变换涂料颜色,废水必须进行处理。

(6) 粉末涂饰　粉末涂饰是成膜物质以固体粉末的形式涂覆的,它一次涂覆的涂层厚度可从几十微米到一百微米以上,可代替溶剂型涂料的几道涂层。使用粉末涂饰可以简化施工工艺,大大减轻劳动强度,且提高了生产效率;但工件需经高温烘烤,调色不如溶剂型涂料方便,且需要有一套配套的涂饰设备。粉末涂饰的方法有多种,但目前应用较多的是流化床法和静电喷涂法,装饰性涂层多采用静电喷涂法。

3. 涂膜干燥

涂膜干燥的过程即为漆膜形成的过程,不同的涂料有着不同的特点,其涂膜干燥的机理也不同。挥发性涂料(如纤维漆和乙烯类树脂漆等)是在室温下,由于溶剂的挥发而成膜的,成膜物质的分子结构没有显著的化学变化;氧化型涂料(如油性调合漆和油性磁漆等)漆膜的干燥不仅依靠溶剂的挥发,同时还借助于油脂的氧化-聚合作用,使其干性油脂由单体或线状聚合物转化为体型聚合物,生成具有坚韧耐久的漆膜,其干燥是物理变化和化学变化相互伴随发生的。烘烤聚合型漆(如氨基烘漆和丙烯酸烘漆等)则需经过一个较高的温度烘烤,才能使成膜物分子的功能基发生交联固化。例如环氧树脂漆中的不饱和基在高温和触媒剂的作用下由低聚合体形成多聚体结构,这种干燥是漆膜化学变化的结果。为保证涂层的装饰质量,必须根据涂料的特性正确地选择干燥方法和干燥工艺,同时考虑生产条件和生产纲领等因素。

干燥方式一般可分为自然干燥和人工干燥。自然干燥不需设备,只需要灰尘少和通风良好的较大空间的场地,其消耗成本最低,但干燥时间受气候变化的影响较大,只适用于常温干燥的涂料和小批量生产或大型产品。在现代汽车制造工业中,为了缩短涂装的施工周期、提高涂层质量,广泛采用人工干燥法。根据受热方式划分,人工干燥法主要有对流式热风干燥和热辐射式干燥两种。

(1) 对流式热风干燥　对流式热风干燥是用电、油、煤气或蒸汽首先加热传导介质——空气,再以自然对流或强制对流的方式将热传导给被涂饰的工件,从而使漆膜干燥。这种干燥方式的热量传递是由漆膜表面向内部进行的,漆膜表面首先受热,很快干燥成皮,使漆膜内部的溶剂挥发不易散出而降低了漆膜的干燥速度。因为漆膜内部溶剂的内扩散力克服不了漆膜的阻力时,会引起漆膜鼓泡,当溶剂的内扩散力大于漆膜阻力时,则会使漆膜表面产生针孔。

对流式热风干燥存在设备体积大、占地面积多、升温时间长、热能利用率及干燥的效率都比较低等缺点。但由于其设备简单,目前仍是应用较普遍的方法。对于汽车生产,因其批量大,可设计自动化输送线,在线中设有不同温度的烘烤室,即中间温度高,两端温度较低,符合涂膜干燥规律。工件边移动边烘烤,经过一定的时间和温度范围,最后从烘烤室的另一端出来,即完成干燥过程。

(2) 热辐射式干燥　热辐射式干燥是把热能转变为各种波长的电磁振动辐射能,直接传导给被涂饰的工件,并能透过漆膜被工件所吸收而转变成热能,使涂层从底层向外层干燥。因此具有很高的热传递效率,其热传导不需要任何中间介质。

热辐射式干燥的方法因使用的辐射线不同可分为红外线(包括远红外线)辐射式干燥、紫外线辐射式干燥和电子束辐射式干燥,后两种的干燥效率非常高。在我国应用较多的是红外线辐射式干燥。

热辐射式干燥与对流式热风干燥相比具有以下优点:
1)结构简单,设备成本低,体积小,节省占地面积。
2)干燥质量好。可减少或避免涂膜产生气泡和针孔等缺陷。
3)干燥速度快。由内层向外层干燥,溶剂易于挥发,可缩短干燥时间3~5倍。
4)升温快、热惯性小,可大大缩短烘干设备的预热时间。
5)热传导方向性强,能节约能源30%以上。

热辐射式干燥存在的缺点有:若工件大而复杂,热辐射到的部位很快干燥了,而辐射不到的部位就需较长时间才能干燥,若等这一部分达到干燥程度,那么已干燥部位的涂膜就会达到烤脆的程度。因此设计热辐射式干燥炉时,最好使炉膛的形状尺寸与被烘的车身(如客车)或驾驶室的形状尺寸相似,以使车身或驾驶室的涂膜各处都能被辐射线照得到,保证各处的涂膜能基本同时烘干。热辐射式干燥在产量不大的汽车车身(特别是客车车身)的生产中应用较多。

3.4　汽车制造过程中其他工艺的基本知识

3.4.1　热处理

1. 金属热处理的概念

<u>金属热处理</u>是对固态金属或合金采用适当方式加热、保温和冷却,以获得所需要的组织结构与性能的加工方法。加热温度的高低、保温时间的长短和冷却速度的快慢,可使钢产生不同的组织变化。例如,将高温加热的钢件浸入水中快速冷却(淬火)可提高钢件的硬度。

为使金属工件具有所需要的力学性能、物理性能和化学性能,除合理选用材料和各种成形工艺外,热处理工艺往往是必不可少的。钢铁是机械工业中应用最广的材料,钢铁显微组织复杂,可以通过热处理予以控制,所以钢铁的热处理是金属热处理的主要内容。另外,

铝、铜、镁、钛等及其合金都可以通过热处理改变其力学、物理和化学性能，以获得不同的使用性能。

金属热处理是机械制造中的重要工艺之一，与其他加工工艺相比，热处理一般不改变工件的形状和整体的化学成分，而是通过改变工件内部的显微组织，或改变工件表面的化学成分，赋予或改善工件的使用性能。其特点是改善工件的内在质量，而这一般不是肉眼所能看到的。

2. 热处理工艺的分类

（1）整体热处理　金属热处理工艺大体可分为整体热处理、表面热处理和化学热处理三大类。根据加热介质、加热温度和冷却方法的不同，每一大类可分为若干不同的热处理工艺。同一种金属采用不同的热处理工艺，可获得不同的组织，从而具有不同的性能。钢铁是工业上应用最广的金属，而且钢铁的显微组织最为复杂，因此钢铁热处理工艺种类繁多。

（1）整体热处理　整体热处理是对工件整体加热，然后以适当的速度冷却，获得需要的金相组织，以改变其整体力学性能的金属热处理工艺。钢铁整体热处理大致有退火、正火、淬火和回火4种基本工艺。

退火是将工件加热到适当温度，根据材料和工件尺寸采用不同的保温时间，然后进行缓慢冷却，目的是使金属内部组织达到或接近平衡状态，获得良好的工艺性能和使用性能，或者为进一步淬火作组织准备。

正火是将工件加热到适宜的温度后在空气中冷却，正火的效果与退火相似，只是得到的组织更细，常用于改善材料的切削性能，有时用于对一些要求不高的零件作为最终热处理。

淬火是将工件加热保温后，在水、油或其他无机盐、有机水溶液等淬火冷却介质中快速冷却。淬火后钢件变硬，但同时变脆。

回火是将淬火后的钢件在高于室温而低于650℃的某一适当温度进行长时间的保温，再进行冷却。回火后钢件脆性降低。

退火、正火、淬火和回火是整体热处理中的"四把火"，其中的淬火与回火关系密切，常常配合使用，缺一不可。

"四把火"随着加热温度和冷却方式的不同，演变出不同的热处理工艺。为了获得一定的强度和韧性，把淬火和高温回火结合起来的工艺，称为调质。某些合金淬火形成过饱和固溶体后，将其置于室温或稍高的适当温度下保持较长时间，以提高合金的硬度、强度或导电性、磁性等，这样的热处理工艺称为时效处理。时效处理主要用于消除毛坯制造和机械加工中产生的内应力。

把压力加工形变与热处理有效而紧密地结合起来进行，使工件获得很好的强度、韧性配合的方法称为形变热处理；在负压气氛或真空中进行的热处理称为真空热处理，它不仅能使工件不氧化，不脱碳，保持处理后工件表面光洁，提高工件的性能，还可以通入渗剂进行化学热处理。

（2）表面热处理　表面热处理是只加热工件表层，以改变其表层力学性能的金属热处理工艺。为了只加热工件表层而不使过多的热量传入工件内部，使用的热源需具有高的能量密度，即在单位面积的工件上给予较大的热能，使工件表层或局部在短时或瞬时达到高温。表面热处理的主要方法有火焰淬火和感应加热热处理，常用的热源有氧乙炔或氧丙烷等火焰、感应电流、激光和电子束等。

（3）化学热处理　化学热处理是通过改变工件表层化学成分、组织和性能的金属热处

第3章 汽车零件常用制造工艺基础知识

理工艺。化学热处理与表面热处理不同之处是化学热处理改变了工件表层的化学成分。化学热处理是将工件放在含碳、氮或其他合金元素的介质（气体、液体、固体）中加热，保温较长时间，从而使工件表层渗入碳、氮、硼和铬等元素。渗入元素后，有时还要进行其他热处理工艺如淬火及回火。化学热处理的主要方法有渗碳、渗氮和渗金属。有不少汽车零件，既要保留心部的韧性，又要改变表面的组织以提高硬度，就需要采用表面高频感应淬火或渗碳、氮化等热处理工艺。

渗碳淬火适用于低碳钢和低合金钢，先提高零件表层的含碳量，经淬火后使表层获得高的硬度，而心部仍保持一定的强度和较高的韧性和塑性。渗碳分为整体渗碳和局部渗碳。局部渗碳时对不渗碳部分要采取防渗措施（镀铜或镀防渗材料）。由于渗碳淬火变形大，且渗碳深度一般为 0.5~2mm，所以渗碳工序一般安排在半精加工和精加工之间，其工艺路线一般为：下料—锻造—正火—粗、半精加工—渗碳淬火—精加工。

渗氮是使氮原子渗入金属表面获得一层含氮化合物的处理方法。渗氮层可以提高零件表面的硬度、耐磨性、疲劳强度和耐蚀性。由于渗氮处理温度较低、变形小且渗氮层较薄（一般不超过 0.7mm），渗氮工序应尽量靠后安排，为减小渗氮时的变形，在切削后一般需进行消除应力的高温回火。

热处理是机械零件和工模具制造过程中的重要工序之一。它可以保证和提高工件的各种性能，如耐磨和耐腐蚀等，还可以改善毛坯的组织和应力状态，以利于进行各种冷、热加工。

例如，白口铸铁经过长时间退火处理可以获得可锻铸铁，提高塑性；齿轮采用正确的热处理工艺，使用寿命可以比不经热处理的齿轮成几倍或几十倍地提高；价廉的碳钢通过渗入某些合金元素就具有某些价昂的合金钢性能，可以代替某些耐热钢、不锈钢；工模具则几乎全部需要经过热处理才可使用。

3.4.2 装配

汽车是各种零部件的有机组合体，汽车生产的最后一道工序是装配（包括检测和调整），所以装配在汽车生产中占有重要的地位。

装配是按规定的技术要求，用连接零件（螺栓、螺母、销或卡扣等）把各种零部件、合件和总成连接组合成完整汽车产品的生产过程。装配工艺是使各种零件、合件或总成具有规定的相互位置关系的工艺过程。

无论是把零件组合成部件，或是把部件组合成整车，都必须满足设计图样规定的相互配合关系，以使部件或整车达到预定的性能。例如，将变速器装配到离合器壳上时，必须使变速器输入轴的中心线与发动机曲轴的中心线对准。这种对中心的方式不是在装配时由装配工人（钳工）来调节，而是由设计和加工制造来保证。

整车装配线一般是指由输送设备（空中悬架和地面）和专用设备（如举升、翻转、压装、加热或冷却、检测和螺栓螺母的紧固设备等）构成的有机整体。

整车装配所用的设备主要包括装配线所用输送设备、发动机、前桥、后桥等各大总成上线设备、各种油液加注设备、出厂检测设备以及各种专用装配设备。

（1）输送设备 输送设备主要用于总装配线、各总成分装线以及大总成上线的输送。完成汽车装配生产过程最重要的设备之一是汽车总装线。

输送设备有刚性和柔性两类。刚性输送设备主要有板式输送带、普通悬架输送机等；柔性输送设备分3种：第1种是整车柔性输送设备、积放式悬架输送机和自行葫芦输送机；第2种是发动机、变速器、前桥、后桥等大总成柔性输送设备（中型非同步输送线）；第3种是空气滤清器、减振器和微电机等零部件柔性输送设备（轻型非同步输送线）。

（2）大总成上线设备　大总成上线设备是指发动机、前桥、后桥、驾驶室和车轮等总成在分装、组装后送至总装配线并在相应工位上线所采用的输送、吊装设备。车轮上线一般采用普通悬架输送机和积放式悬架输送机。发动机、前桥、后桥和驾驶室等大总成上线，传统的方式是采用单轨电动葫芦或起重机。

随着汽车装配的机械化、自动化水平的提高，目前各大总成上线普遍采用自行葫芦输送机和积放式悬架输送机，也有少数厂家采用了带有升降装置的电动磁轨小车（AGV）自动上线。

（3）各种油液加注设备　随着轿车技术的发展，燃油、润滑油、清洁剂、冷却液、制动液和制冷剂等各种加注设备的水平有了很大的提高，由过去的手工加注发展到采用设备定量加注，直到自动加注。

尤其是在轿车装配中，普遍采用具有抽真空、自动检漏和自动定量加注等功能的加注机，保证加注的质量。

（4）出厂检测设备　整车出厂试验，渐渐由过去采用室外道路试验发展到现在采用室内检测线。出厂检测线一般由前束试验台、侧滑试验台、转向试验台、前照灯检测仪、制动试验台、车速表试验台和排气分析仪等设备组成。

（5）专用装配设备　随着汽车产量和对质量要求的提高，高效专用的装配设备进入装配线。现已广泛应用于整车装配的主要专用装配设备有车架打号机、底盘翻转机、螺纹紧固设备、车轮装配专用设备、自动涂胶机、板簧衬套压装机和液压桥装小车等。

先进的装配工艺需要先进的工艺装备，工艺装备设计制造水平对保证高效率的生产和高质量的产品至关重要，也是汽车装配技术水平的标志。

3.4.3　汽车试验

由于汽车的使用条件复杂，汽车工业涉及的技术领域极为广泛，致使许多理论问题研究得还不够充分，因此汽车工业特别重视试验研究。汽车的设计和制造过程始终离不开试验，无论是设计思想和理论计算、初步设计、技术设计、汽车定型还是生产过程，都要进行大量的试验。最后，在客户购买了汽车并使用的过程中，车辆交通管理部门还要定期对车况进行测试，以确保行车安全。除了某些研究性试验外，汽车产品试验均应遵循一定的标准和规范，对试验条件、试验方法、测试仪器及其精度、结果评价等进行限定，以确保试验结果的再现性和可对比性。不同国家甚至不同厂家的试验规范可能不同，因此在查看某种产品的试验数据时，必须弄清它们试验所依据的规程或标准。汽车试验分为汽车零部件试验和汽车整车性能试验。

1. 汽车零部件试验

尽管汽车零部件种类繁多，但其试验内容通常都是性能、强度和耐久性等。

发动机是燃油汽车中最重要的总成，其性能试验主要有功率、怠速、空转特性、负荷特性、调速特性、起动、机械效率、多缸工作均匀性、排放和噪声等试验。

对发动机的重要零部件（如曲轴、连杆、活塞等运动件和缸盖、缸体等固定件）应进行强度试验，整机和重要部件常需进行耐久性试验。重要部件的耐久性试验可在专门的试验台上进行，整机的耐久性试验则在发动机台架上进行。

为了缩短试验时间，通常强化试验条件，如在额定工况、全负荷最大转矩工况和超负荷超转速工况下运转。耐久性试验前、后要全面测量尺寸和性能，以便评价磨损情况和动力性、经济性、排放等指标的稳定程度。许多汽车承载系统的工作寿命都与"道路—汽车"系统产生的随机振动特性有关，因此可以按载荷谱提供激振力（或位移）的电子液压振动试验台，它成了许多零部件试验中不可缺少的加载工作台。

2. 汽车整车性能试验

汽车整车性能试验是为了测定汽车的基本性能而进行的试验，主要包括下面几项试验：

（1）动力性能试验　对常用的 3 个动力性能指标，即对汽车的最高车速、加速性能和爬坡性能进行实际试验。

（2）燃料经济性试验　通常做道路试验或做汽车测功器（即转鼓试验台）试验，后者能控制大部分的使用因素，重复性好，能模拟实际行驶的复杂情况，能采用各种测量油耗的方法，还能同时测量废气排放。

（3）制动性能试验　汽车制动性能的优劣直接关系到汽车行驶的安全性，用制动效能和制动效能的稳定性来评价。常进行的制动性能试验有制动距离试验、制动效能试验（测制动踏板力和制动减速度关系曲线）、热衰退和回复试验、浸水后制动效能衰退和回复试验等。

（4）操纵稳定性试验　试验类型较多，如用转弯制动试验评价汽车在弯道行驶制动时的行驶方向稳定性，用转向轻便性试验评价汽车转向力是否适度，用汽车稳态回转试验确定汽车稳态转向特性等。

（5）平顺性试验　平顺性主要是根据乘坐者的舒适程度来评价的，所以也称为乘坐舒适性。其评价方法通常根据人体对振动的生理感受和保持货物的完整程度确定。

（6）通过性试验　一般在汽车试验场和专用路段上进行该试验。

（7）安全性试验　安全性试验项目很多，而且耗资巨大，特别是碰撞安全试验，除正面撞车试验外，还有侧面撞车试验。可以进行实车撞车试验，也可以进行模拟试验或撞车模拟计算；不少国家规定新车型必须经过实车撞车试验，以验证其撞车安全性。

3. 汽车试验场

汽车试验场也称为试车场，是重现汽车使用过程中遇到的各种道路条件和使用条件，进行汽车整车道路试验的场所。为满足汽车的试验要求，汽车试验场将实际存在的各种道路经过集中、浓缩和不失真地强化形成典型化的道路。汽车试验场的主要试验设施是集中修筑的各种试验道路，如高速环形跑道、高速直线跑道、可靠性强化试验路段、耐久性试验跑道、爬坡试验路段以及特殊试验路段。由于汽车试验在汽车开发过程中处于极为重要的地位，许多汽车企业都投入巨额资金修建大型的汽车综合试验场，例如我国海南汽车试验场等。

3.4.4　检验

汽车从毛胚、零件生产、整车装配到外观，有许多检验标准，如 GB 21861—2014《机动车安全技术检验项目和方法》、GA 468—2004《机动车安全检验项目和方法》等。汽车产品强制性标准检验项目主要有：GB 18352.3—2016《轻型汽车污染物排放限值及测量方法（中国第六阶段）》、GB 15235—2007《汽车及挂车倒车灯配光性能》、GB 15083—2019《汽车座椅、座椅固定装置及头枕强度要求和试验方法》和 GB 7258—2017《机动车运行安全技术条件》等。

汽车检验规则主要有以下几点：

1）装配前，操作人员应对零部件进行自检，表面不得有任何的损伤、油漆划伤和胶污现象。

2）装配调整后，操作人员应自检合格后交专职检验人员复检。关键工序质量控制点应重点控制，并作好检查结果的记录。

3）每辆车必须按照规定项目检验合格并有合格印证。

4）整车经检验合格后，在前风窗玻璃表面右上角贴 3C 认证标志。

随着制造技术的发展，汽车大规模生产从刚性自动化流水线逐步发展到半柔性、柔性制造，检具技术随着生产模式的转变而更新与提升，向着柔性化、智能化、系列化、标准化的方向发展。新型检具如图 3-44~图 3-46 所示。

图 3-44　生产线上高速自动测量系统 WLS 400A

图 3-45　关节臂式测量机

图 3-46　激光快速检具

第二篇

汽车零件机械加工和装配工艺的制订

第4章

汽车零件机械加工工艺规程的制订

汽车零件无论生产规模大小，都必须有工艺规程，否则生产调度、技术准备、关键技术研究和器材配置等都无法安排，生产将陷入混乱；同时，工艺规程也是处理生产问题的依据，如产品质量问题，可按工艺规程来明确各生产单位的责任。

工艺规程的制订是一个非常重要又非常复杂的过程，它涉及的内容非常广泛。到目前为止，还没有一套完整而又具有普遍意义的拟订最佳工艺过程的科学的方法，只能根据生产实践经验和理论上的总结，归纳出一般性的原则。在应用这些原则时，要根据具体情况，作具体的分析，切不可生搬硬套。所以工艺规程并不是固定不变的，它可以根据生产实际情况、生产工人和技术人员在生产过程中的实践经验进行修改，使其不断改进和完善，但必须有严格的审批手续。

1. 机械加工工艺规程在生产中的具体作用

按照工艺规程进行生产，便于保证产品质量、获得较高的生产效率和经济效益。工艺规程在生产中的具体作用有以下3方面。

1）工艺规程是生产准备和技术准备的工作基础。

①关键技术的分析与研究。

②机床配备和专用的工、夹、量具设计、制造及采购。

③原材料及毛坯的供应。

④设备改造或新设备的购置或定做。

⑤生产计划和调度计划。

⑥工人和技术人员的配备。

⑦调整、质检设备的设计及配备。

2）工艺规程是组织生产和管理生产的基本依据。

①生产加工的具体过程和操作方法包括零件的投料时间和数量及调整设备负荷。

②调整、检验的具体过程和操作方法。

③生产调度、工时考核。按工时定额有节奏地进行生产，可使整个企业的各科室、车间、工段和工作地紧密配合，保证均衡地完成生产计划。

3）工艺规程是设计新建和扩建车间（工厂）的基础。

①确定生产需要的机床种类和数量。
②确定机床布置和动力配置。
③确定车间面积。
④确定工人的工种、等级及数量。
⑤确定辅助设施。

2. 工艺规程制订的原则

工艺规程制订的原则是优质、高产和低成本，即在保证产品质量稳定的前提下，争取最优的经济效益。在制订工艺规程时还应注意下列问题：

1）技术的先进性。在制订工艺规程时，要了解国内外本行业工艺技术的发展水平，通过必要的工艺试验，积极采用先进的工艺和工艺装备。

2）合理的经济性。在一定的生产条件下，可能会出现几种能保证零件技术要求的工艺方案，此时应通过核算或相互对比，选择经济上最合理的方案，使产品的能源、材料消耗和生产成本最低。

3）良好的适用性。在制订工艺规程时，要注意保证工人操作时有良好而安全的劳动条件。因此，在工艺方案上要注意采用机械化或自动化措施，以减轻工人繁杂的体力劳动。

3. 制订工艺规程的原始资料

为了正确、合理地制订工艺规程，需要准备的原始资料主要有下面几项：

1）产品图样及技术条件，如产品的装配图及零件图。
2）产品的相关资料，如产品验收质量标准、毛坯资料等。
3）车间分工明细表，用来了解产品及企业的管理情况。
4）产品的生产纲领（年产量），用来确定生产类型和工序安排。
5）企业的生产条件，如工人的技术水平，企业现有设备、工艺装备及其制造能力等。
6）相关的工艺标准，如各种工艺手册和图表，本企业标准、国家标准和行业标准。
7）国内外同类产品的有关工艺资料等。

4. 制订工艺规程的步骤

在编制零件机械加工工艺规程前，首先应研究零件的工作图样和产品装配图样，审查零件的结构形状及尺寸精度、相互位置精度、表面粗糙度、材料及热处理等技术要求是否合理，是否便于加工和装配；熟悉该产品的用途、性能及工作条件，明确该零件在产品中的位置和作用；计算零件的生产纲领、确定生产类型；了解并研究各项技术条件制订的依据，找出其主要技术要求和技术关键，以便在拟订工艺规程时采用适当的措施加以保证。制订工艺规程的基本步骤包括下面几步：

1）计算零件的生产纲领、确定生产类型。
2）分析产品装配图样和零件图样，主要包括零件的加工工艺性、装配工艺性、主要加工表面质量及技术要求，了解零件在产品中的功用。
3）计算并确定毛坯的类型、结构形状和制造方法等。
4）拟订工艺路线，包括选择定位基准、确定各表面的加工方法、划分加工阶段、确定工序的集中和分散的程度、合理安排加工顺序等。
5）确定各工序的加工余量，计算工序尺寸及公差。
6）选择设备及工艺装备。

第 4 章　汽车零件机械加工工艺规程的制订

7）确定切削用量及计算时间定额。
8）填写工艺文件。

4.1　毛坯

毛坯种类的选择不仅影响毛坯的制造工艺及费用，而且与零件的机械加工工艺和加工质量密切相关。为此需要毛坯制造和机械加工两方面的工艺人员密切配合，合理地确定毛坯的种类和结构形状，并绘出毛坯图。

4.1.1　常见的毛坯种类

汽车零件在机械加工中，常用的毛坯有铸件、锻件、冲压件、挤压件、焊接件、粉末冶金件及组合毛坯等，详见第 3 章的具体介绍。

铸件、锻件、型材、冲压件或经局部机械加工的半成品焊接成的整体毛坯，称为组合毛坯，这类毛坯适用于形状结构复杂或大型零件的制造中，在现代汽车的生产中应用不多。

4.1.2　毛坯选择的原则

选择毛坯时应该考虑如下几个方面的因素：

（1）零件的生产纲领　大量生产的零件应选择精度和生产率较高的毛坯制造方法，用于毛坯制造的昂贵费用可由材料消耗的减少和机械加工费用的降低来补偿。铸件采用金属型机器造型或精密铸造；锻件采用模锻、精密锻造，选用冷拉和冷轧型材。单件小批生产的零件应选择精度和生产率较低的毛坯制造方法。

（2）零件材料的工艺性　材料为铸铁或青铜等的零件应选择铸造毛坯；钢质零件形状简单、力学性能要求不太高时，可选用型材；重要的钢质零件，为保证其力学性能，应选择锻造件毛坯。

（3）零件的结构形状和尺寸　形状复杂的毛坯一般采用铸造方法制造，薄壁零件不宜用砂型铸造。一般用途的阶梯轴，若各段直径相差不大，可选用圆棒料；若各段直径相差较大，为减少材料消耗和机械加工的劳动量，可采用锻造毛坯，其中尺寸大的零件一般选择自由锻造，中小型零件可考虑选择模锻件。

（4）现有的生产条件　选择毛坯时，需要考虑生产企业的毛坯制造水平、设备条件以及外协的可能性和经济性等因素。

4.1.3　毛坯的形状及尺寸

毛坯的形状和尺寸主要由零件组成表面的形状、结构、尺寸及加工余量等因素确定，应尽量与零件相接近，力求达到少或无屑加工，以减少机械加工的劳动量。

由于现有毛坯制造技术及成本的限制，以及产品零件的加工精度和表面质量要求越来越高，所以，毛坯的某些表面仍需留有一定的加工余量，以便通过机械加工达到零件的技术要求。毛坯尺寸与零件图样上的尺寸之差称为毛坯余量。

铸件公称尺寸所允许的上极限尺寸和下极限尺寸之差称为铸件尺寸公差。毛坯余量与毛坯的尺寸、部位及形状有关。例如，铸造毛坯的加工余量是由铸件上极限尺寸、公称尺寸（两相对加工表面的最大距离或基准面到加工面的距离）、毛坯浇注时的位置（顶面、底面、

83

侧面）和铸孔的尺寸等因素确定的。对于单件小批生产，铸件上直径小于 30mm 和铸钢件上直径小于 60mm 的孔可以不铸出。对于锻件，若用自由锻，当孔径小于 30mm 或长径比大于 3 的孔可以不锻出。对于锻件应考虑锻造圆角和模锻斜度。带孔的模锻件不能直接锻出通孔，应留冲孔连皮等。

毛坯的形状和尺寸的确定，除了将毛坯余量附在零件相应的加工表面上之外，有时还要考虑到毛坯的制造、机械加工及热处理等工艺因素的影响。在这种情况下，毛坯的形状可能与工件的形状有所不同。如图 4-1 所示，为了加工时安装方便，有的铸件毛坯需要铸出必要的工艺凸台，工艺凸台在零件加工后一般应切去。图 4-2 所示为车床开合螺母外壳，它由两个零件合成一个铸件，待加工到一定阶段后再切开，以保证加工质量和加工方便。

图 4-1　工艺凸台　　　　　　　图 4-2　车床开合螺母外壳简图

有时为了提高生产率和加工过程中便于装夹，可以将一些小零件多件合成一个毛坯。如图 4-3 所示的滑键为锻件，可以将若干零件先合成一件毛坯，待两侧面和平面加工后，再切割成单个零件。图 4-4 所示为垫圈类零件，应将若干零件合成一个毛坯，毛坯可取一长管料，其内孔直径要小于垫圈内径。车削时，用卡盘夹住一端外圆，另一端用顶尖顶住，这时可车外圆、车槽，然后用卡盘夹住外圆较长的一部分用 $\phi16\mathrm{mm}$ 的钻头钻孔，这样就可以分割成若干个垫圈零件。

图 4-3　滑键的零件图及毛坯图
a）滑键零件　b）毛坯

第 4 章 汽车零件机械加工工艺规程的制订

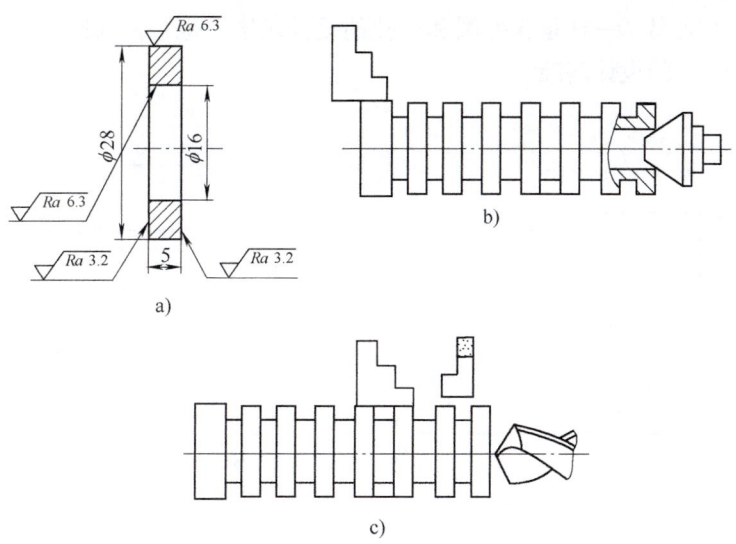

图 4-4 垫圈的整体毛坯及加工
a) 垫圈 b) 半外圆及切槽时的装夹方法 c) 钻内孔

4.2 基准

制订机械加工工艺规程时，工艺基准的选择是否合理直接影响加工零件的尺寸精度和相互位置精度，同时对加工顺序的安排有重要的影响。工艺基准选择不同，工艺过程将随之而异。

4.2.1 基准的概念及分类

机械零件是由若干几何要素（点、线、面）组成的，各几何要素之间都有一定的尺寸和位置公差的要求。**基准**就是用来确定生产对象上几何要素间的几何关系所依据的那些点、线、面。按其功用不同，**基准分为设计基准和工艺基准两大类**，即

1. 设计基准

设计基准是指设计图样上采用的基准，它是标注设计尺寸的起点。设计图样上标注的尺寸均称为**设计尺寸**。

如图 4-5a 所示的零件，平面 2、3 的设计基准是平面 1，平面 5、6 的设计基准是平面 4，孔 7 的设计基准是平面 1 和平面 4，孔 8 的设计基准是孔 7 的中心和平面 4。

零件图上标注的尺寸具有设计基准，标注的位置精度同样具有设计基准。如图 4-5b 所

85

示的钻套零件,中心线 O—O 是各外圆和内孔的设计基准,也是两项跳动误差的设计基准;端面 A 是端面 B、C 的设计基准。

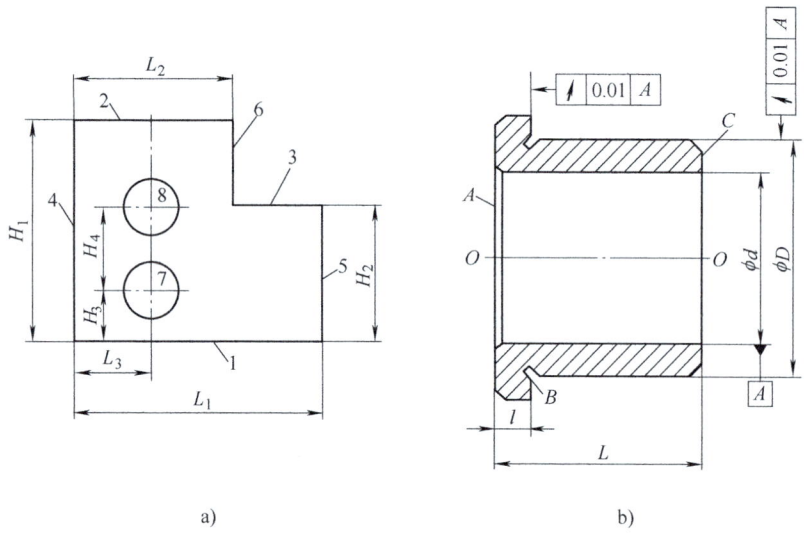

图 4-5 设计基准

如图 4-6a 所示,假想的球心 O 为球外圆 $S\phi100$mm 的设计基准,实际存在的球下点 B 是平面 A 的设计基准。如图 4-6b 所示的汽车变速器拨叉图样中,孔 $\phi19$mm 和螺纹孔 M10 的设计基准分别为假想的孔中心线和螺纹孔中心线。假想的螺纹孔中心线是拨叉平面 F 的设计基准;反之,可以认为实际存在的拨叉平面 F 是螺纹孔的设计基准,即两者互为设计基准。螺纹孔垂直度的设计基准为 $\phi19$mm 孔的中心线和 19mm 槽的对称中心平面组成的公共轴平面 A—B。

图 4-6 设计基准分析

从上述实例分析可知,设计基准是点、线、面,它既可以是实际存在的,也可以是假想的;并且有些设计基准可以是互为基准的。作为设计基准的点、线、面,在工件上有时不一定具体存在,如孔和外圆的中心线、两平面的对称中心面等,它们往往通过某些具体的表面来体现,用以体现基准的这些具体表面称为基面。

2. 工艺基准

工艺基准是在工艺过程中所用的基准。**工艺基准**是在机械加工工艺过程中用来确定本工序的加工表面加工后尺寸、形状和位置的基准。工艺过程是一个复杂的过程，按用途不同，工艺基准可分为工序基准、定位基准、测量基准、装配基准和对刀基准。

（1）工序基准　工序卡上用以表示工件被加工表面加工要求及工件装夹情况的简图，称为**工序图**。在工序图上，用来标定本工序被加工表面尺寸、形状和位置所采用的基准，称为**工序基准**。

图 4-7 所示为某车削工序图，工件外圆表面 5 装夹在自定心卡盘中，端面 6 靠在卡盘平面上，加工端面 F、1、2 和内孔 3 及外圆 4，加工保证轴向尺寸 L_0、L_1、L_2 和外圆直径尺寸 ϕD、内孔直径尺寸 ϕd。端面 6 是端面 F 的工序基准，端面 F 是端面 1 和 2 的工序基准，表面 1、2 通过加工尺寸 L_1、L_2 及平行度公差与工序基准 F 相联系。外圆 ϕD 和内孔 ϕd 的工序基准为其中心线。

被加工表面与工序基准间的加工尺寸是本工序应直接保证的尺寸，称为**工序尺寸**。工序基准是工序图上工序尺寸、位置公差标注的起始点。

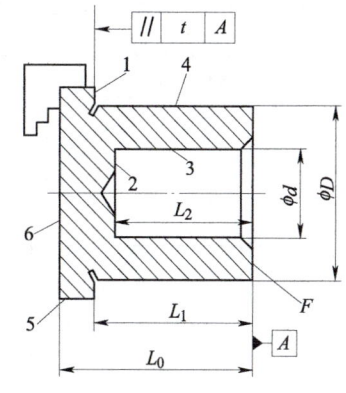

图 4-7　车削工序图

从上述分析可知，工序基准可以是实际存在的，也可以是假想的点、线、面。**工序尺寸以工序基准为起点，指向被加工表面，所以工序尺寸具有方向性**。多数情况下，工序基准应当尽量与设计基准相重合；当考虑定位或加工测量方便时，工序基准可以与定位基准或测量基准相重合。

（2）定位基准　在加工中确定工件在机床上或机床夹具中占有正确位置的基准，称为**定位基准**。它是工件上与夹具定位元件直接接触的点、线或面。有时，作为定位基准的点、线、面在工件上不一定实际存在（如外圆和内孔的中心线、对称面等），而常由某些实际存在的表面来实现，这些体现假想的定位基准的表面称为**定位基面**。

定位基准（基面）分为粗基准、精基准和辅助基准。用未经加工过的毛坯表面作为定位基准（基面）的，称为粗基准；用加工过的表面作为定位基准（基面）的，称为精基准；为方便加工，为满足机加工需要而专门设计的定位基准，称为辅助基准，如轴类零件端面上的中心孔等。

在车削工序图 4-7 中，工件装夹在自定心卡盘中，工件外圆 5 与卡爪接触，端面 6 靠在卡盘平面上，从而实现径向（轴线）和轴向的定位。端面 6 是实际存在的定位基准，它确定了工件的轴向位置；外圆中心线是假想的定位基准，它确定了工件的径向位置；外圆 5 是径向定位的定位基面。

一般情况下，定位基准应与设计基准和工序基准重合，否则将产生基准不重合误差。

（3）测量基准　用来确定被测量尺寸、形状和位置的基准，即测量时采用的基准，称为**测量基准**。测量基准可以是实际存在的，也可以是假想的。体现假想测量基准而实际存在的表面称为**测量基面**。

在车削工序图 4-7 中，以端面 F 为基准，用深度卡尺测量端面 1、2 的尺寸 L_1、L_2，端面 F 就是端面 1、2 的测量基准。用卡尺测量外圆面 4 的直径尺寸，卡尺量爪与外圆面接触的量点就是测量基准。

如图 4-8 所示，阶梯轴放在 V 形块上测量外圆 2 的径向圆跳动，外圆 1 的中心线 3 为测量基准，而外圆 1 的外圆表面为测量基面。

（4）装配基准　装配时用来确定零件或部件在产品中的相对位置采用的基准，称为**装配基准**。装配基准可以是实际存在的，也可以是假想的。体现假想装配基准而实际存在的表面称为**装配基面**。

如图 4-9 所示的倒档齿轮，其零件图样设计时，把装配基准的内孔作为设计基准；在轮齿齿面加工时，将内孔中心线作为工序基准和定位基准；在测量齿圈径向圆跳动时，将内孔中心线作为测量基准，因此该齿轮的内孔中心线既是设计基准、定位基准，又是工序基准、装配基准和测量基准，即**基准重合**。

图 4-8　测量基准与测量基面

图 4-9　汽车倒档齿轮的装配基准

（5）对刀基准　在加工过程中调整刀具与机床夹具相对位置采用的基准称为**对刀基准**。例如车床的主轴轴线就是对（调）刀基准。

基准在加工工艺过程当中是一个很重要的概念，必须真正搞清楚它们的含义，工艺过程中常用的基准之间的关系如图 4-10 所示。

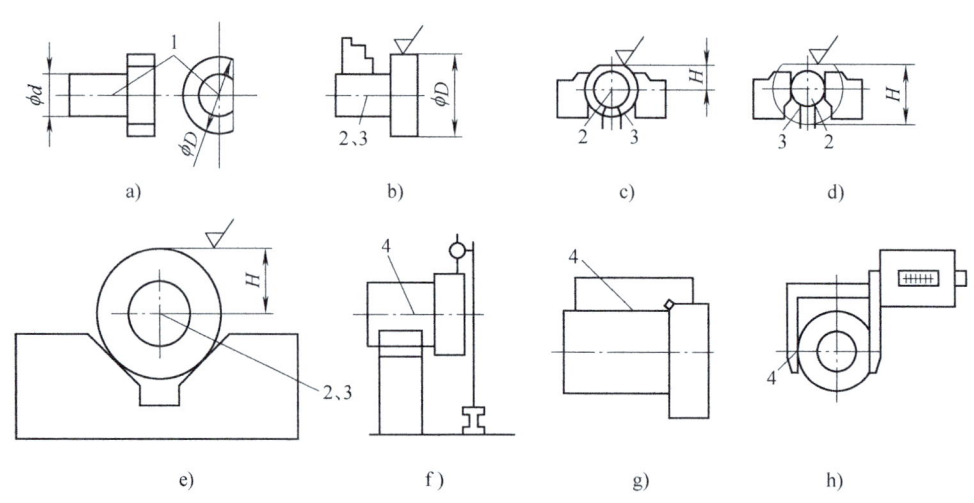

图 4-10　常用的基准之间的关系
a）零件图　b）~e）定位简图　f）~h）测量简图
1—设计基准　2—工序基准　3—定位基准　4—测量基准

第4章　汽车零件机械加工工艺规程的制订

从图 4-10 中可以看出，有些几何要素由于其作用不同而给予了不同的基准名称，这就是工艺学上称为基准重合的情况。

基准重合是产品设计人员和工艺人员都应遵循的基本准则。在产品设计时，应尽量把装配基准作为零件图样上的设计基准，以便直接保证装配精度的要求；在零件加工时，应尽量使工序基准与设计基准重合，以便能直接保证零件的加工精度；同时应使工序基准与定位基准重合，避免进行复杂的尺寸换算，同时避免产生基准不重合误差，提高加工精度。

4.2.2　工件定位基准的选择

合理地选择工件的定位基准是制订机械加工工艺过程时需要解决的一个十分重要的问题。它不仅影响加工顺序的安排，而且影响加工质量、成本乃至生产率。

1. 粗基准的选择

在机械加工工艺过程刚开始时，粗基准的使用是不可避免的。工件上的未加工表面很多，选择其中的哪一个（或哪几个）表面作为粗基面，需要遵循以下几个原则：

（1）保证位置精度的原则　当必须保证工件上的加工表面与某不加工表面之间的位置精度时，应选该不加工表面作为粗基面。如果工件上的不加工表面不止一个，应选择其中与加工表面的位置精度要求最高的不加工表面作为粗基面。

（2）保证余量足够的原则　确定粗基准时，应保证所有加工表面都有足够的加工余量。当毛坯上某表面余量最小且有可能不够时，应选择该表面作为粗基面，以保证其余量够用。

（3）保证余量均匀的原则　当要求保证零件上某重要表面余量均匀时，应该选择该表面作为粗基面，有利于保证其加工精度、表面质量及良好而均匀的耐磨性。

（4）保证金属切除量最小的原则　在确定粗基准时，应力求从相关的加工表面上切除的金属量最小，以便使刀具和动力消耗最少，为此，应选择相关加工表面中加工面积较大的表面作为粗基面。

（5）不重复使用的原则　由于毛坯表面往往比较粗糙，而精度比较低，因此，在同一加工要求方向上，粗基准通常只允许使用一次。如果重复使用相同的粗基准定位，加工相互位置精度要求比较高的几个表面，将使相应的加工表面之间产生较大的位置误差，这样加工出的工件将可能报废。

如果毛坯精度高（如采用精密铸造或精密锻造方法制成的毛坯），或加工要求不高（如粗加工工序或加工次要表面），粗基准也可以重复使用。

在选择粗基准时，除了要遵循上述原则之外，所选的粗基面应平整、光洁。对于铸件应尽量避开分型面和浇、冒口等处；对于模锻件，应尽量避开分型面。作为主要定位面的粗基面，应具有较大的接触面积与分布面积。

上述各项原则，每一条原则只侧重于满足某一方面的要求。实际应用时，往往难于兼顾，甚至可能出现相互矛盾的情况。这时，应该通盘考虑，具体分析，灵活运用，确保最主要的要求。

2. 精基准的选择

已经加工过的定位基面所体现的定位基准，称为精基准（或光基准）。用精基准定位比用粗基准定位有利于保证加工质量。对于中间工序和最终工序，均应采用精基准定位。选择精基准时，要遵循以下的原则：

（1）基准重合的原则　为了避免基准不重合误差，应尽量选用设计基准作为定位基准。特别是在最后精加工时，更应遵循这条原则。例如，加工曲轴的连杆轴颈和曲柄平面时，用最外端的两个主轴颈径向定位，以保证曲柄半径的尺寸精度和连杆轴颈对主轴颈的平行度；用设计基准曲柄侧平面轴向定位，以保证各曲柄平面的轴向尺寸精度。

（2）基准统一的原则　遵循这一原则，就是要在尽量多的工序中选用相同的定位基准。这样，既有利于保证这些工序加工表面的位置精度，又可简化夹具的设计与制造，缩短生产准备时间，降低成本。例如，加工轴类零件时，以两端的中心孔定位，可加工外圆、轴肩、外螺纹、轮齿和花键等。又如，加工气缸体、变速器和离合器壳体等零件时，选用一个平面与该平面上两个相距较远的定位销孔作定位基面，即采用"一面两孔"定位，也是较为典型的实例。

（3）互为基准的原则　对于位置精度要求比较高的两个表面，应相互作为精基准，交替使用，反复加工，以保证这两个表面间的位置精度及加工余量均匀。

（4）自为基准的原则　对于要求加工余量小而均匀的精加工工序，应选择加工表面本身作为定位基准。这样，有利于提高生产率，保证加工质量。例如，在无心外圆磨床上磨削外圆表面、采用圆孔拉刀拉削圆柱形孔、用各种滚挤头对活塞销孔进行滚挤加工等工序中，工件在机床上的位置都是由工件的加工表面本身确定的。

以加工表面本身作为定位基准时，该加工表面的位置精度应由其他工序保证。

在考虑如何合理选择定位基准时，要根据具体情况，灵活运用上述各项原则，以便达到定位准确、夹紧可靠、夹具简单、操作方便和质量可靠的效果。

3. 辅助基准与附加基准的应用

对于某些零件的加工，为确保定位精度、便于安装或实现基准统一，往往采用辅助基准定位。

在加工过程中，当工件上固有的定位基面因加工而消失时，可将带有同样定位基面的零件镶在该工件上。这种附加在工件上的定位基面所体现的定位基准，称为附加基准。例如，轴类工件上固有的中心孔，因加工中心通孔而消失之后，当通孔较大且定位精度要求较高时，可在通孔两端镶锥堵，然后将工件连同两个锥堵一起顶在机床的前、后顶尖之间进行加工。这样，工件装卸比较方便，又利于保证加工精度。

4.3　加工路线及工艺装备的选择

工艺路线的拟订是制订工艺规程的重要内容。拟订工艺路线是指拟订零件加工所经过的有关部门和工序的先后顺序，其主要任务是选择各加工表面的加工方法，确定各表面的加工顺序以及整个工艺过程的工序数目和工序内容，它与零件的加工要求、生产批量及生产条件等多种因素有关。具体拟订工艺路线时，应结合企业生产的实际情况分析比较，确定合理的

第4章 汽车零件机械加工工艺规程的制订

工艺路线。下面主要介绍工艺路线拟订的一些共性问题。

4.3.1 表面加工方法的选择

选择表面加工方法时，一般应先根据表面的加工精度和表面粗糙度要求，选定最终加工方法，然后确定精加工前的准备工序的加工方法，即确定加工方案。由于获得同一精度和同一表面粗糙度的方案有多种，选择时还要考虑生产率和经济性，考虑零件的结构形状、尺寸大小、材料和热处理要求及工厂的生产条件等。选择表面加工方法时主要应考虑以下几个因素。

1. 经济精度与经济表面粗糙度

任何一种加工方法可以获得的加工精度和表面粗糙度均有一个较大的范围。例如，精细的操作、选择低的切削用量，可以获得较高的精度，但会降低生产率，提高成本；反之，若增大切削用量提高生产率，虽然成本降低了，但精度也降低了。所以，对于一种加工方法，只有在一定的精度范围内才是经济的，这一定范围的精度就是指在正常加工条件下（采用符合质量标准的设备、工艺装备和标准技术等级的工人，合理的加工时间）所能达到的精度，这一定范围内的精度称为**经济精度**，相应的表面粗糙度称为**经济表面粗糙度**。

表4-1～表4-3分别为外圆、内孔和平面等典型加工方法和加工方案能达到的经济精度和经济表面粗糙度（经济精度用公差等级表示）。表4-4为各种加工方法加工轴线平行的孔系时的位置精度（用距离误差表示）。各种加工方法所能达到的经济精度和经济表面粗糙度等级，在机械加工的各种手册中均能查到。

表 4-1 外圆柱面加工方法

序号	加工方法	经济精度（用公差等级表示）	经济表面粗糙度值 $Ra/\mu m$	适用范围
1	粗车	IT11～IT13	12.5～50	适用于淬火钢以外的各种金属
2	粗车-半精车	IT8～IT10	3.2～6.3	
3	粗车-半精车-精车	IT7～IT8	0.8～1.6	
4	粗车-半精车-精车-滚压（或抛光）	IT7～IT8	0.025～0.2	
5	粗车-半精车-磨削	IT7～IT8	0.4～0.8	主要用于淬火钢，也可用于未淬火钢，但不宜加工非铁金属材料
6	粗车-半精车-粗磨-精磨	IT6～IT7	0.1～0.4	
7	粗车-半精车-粗磨-精磨-超精加工（或轮式超精磨）	IT5	0.012～0.1（或 Rz0.1）	
8	粗车-半精车-精车-精细车（金刚车）	IT6～IT7	0.025～0.4（或 Rz0.1）	主要用于要求较高的加工
9	粗车-半精车-粗磨-精磨-超精磨（或镜面磨）	IT5 以上	0.006～0.025（或 Rz0.05）	极高精度的外圆加工
10	粗车-半精车-粗磨-精磨-研磨	IT5 以上	0.006～0.1（或 Rz0.05）	

表 4-2 内孔加工方法

序号	加工方法	经济精度（公差等级表示）	经济表面粗糙度值 Ra/μm	适用范围
1	钻	IT11~IT13	12.5	加工未淬火钢及铸铁的实心毛坯，也可用于加工非铁金属材料。孔径小于20mm
2	钻-铰	IT8~IT10	1.6~6.3	
3	钻-粗铰-精铰	IT7~IT8	0.8~1.6	
4	钻-扩	IT10~IT11	6.3~12.5	
5	钻-扩-铰	IT8~IT9	1.6~3.2	
6	钻-扩-粗铰-精铰	IT7	0.8~1.6	
7	钻-扩-机铰-手铰	IT6~IT7	0.2~0.4	
8	钻-扩-拉	IT7~IT9	0.1~1.6	大批大量生产（精度由拉刀的精度而定）
9	粗镗（或扩孔）	IT11~IT13	6.3~12.5	除淬火钢外的各种材料，毛坯有铸出孔或锻出孔
10	粗镗（粗扩）-半精镗（精扩）	IT9~IT10	1.6~3.2	
11	粗镗（粗扩）-半精镗（精扩）-精镗（铰）	IT7~IT8	0.8~1.6	
12	粗镗（粗扩）-半精镗（精扩）-精镗-浮动镗刀精镗	IT6~IT7	0.4~0.8	
13	粗镗（扩）-半精镗-磨孔	IT7~IT8	0.2~0.8	主要用于淬火钢，也可用于未淬火钢，但不宜用于非铁金属材料
14	粗镗（扩）-半精镗-精镗-精磨	IT6~IT7	0.1~0.2	
15	粗镗（扩）-半精镗-精镗-精细镗（金刚镗）	IT6~IT7	0.05~0.4	主要用于精度要求高的非铁金属材料加工
16	钻-(扩)-粗铰-精铰-珩磨；钻-(扩)-拉-珩磨；粗镗-半精镗-精镗-珩磨	IT6~IT7	0.025~0.2	精度要求很高的孔
17	以研磨代替16中的珩磨	IT5~IT6	0.006~0.1	

表 4-3 平面加工方法

序号	加工方法	经济精度（公差等级表示）	经济表面粗糙度值 Ra/μm	适用范围
1	粗车	IT11~IT13	12.5~50	端面
2	粗车-半精车	IT8~IT10	3.2~6.3	
3	粗车-半精车-精车	IT7~IT8	0.8~1.6	
4	粗车-半精车-磨削	IT6~IT8	0.2~0.8	
5	粗刨（或粗铣）	IT11~IT13	6.3~25	一般不淬硬平面（端铣表面粗糙度 Ra 值较小）
6	粗刨（或粗铣）-精刨（或精铣）	IT8~IT10	1.6~6.3	
7	粗刨（或粗铣）-精刨（或精铣）-刮研	IT6~IT7	0.1~0.8	精度要求较高的不淬硬平面，批量较大时宜采用宽刃精刨方案
8	以宽刃精刨代替7中的刮研	IT7	0.2~0.8	

第4章 汽车零件机械加工工艺规程的制订

（续）

序号	加工方法	经济精度（公差等级表示）	经济表面粗糙度值 $Ra/\mu m$	适用范围
9	粗刨（或粗铣）-精刨（或精铣）-磨削	IT7	0.2~0.8	精度要求高的淬硬平面或不淬硬平面
10	粗刨（或粗铣）-精刨（或精铣）-粗磨-精磨	IT6~IT7	0.025~0.4	
11	粗铣-拉	IT7~IT9	0.2~0.8	大量生产，较小的平面（精度视拉刀精度而定）
12	粗铣-精铣-磨削-研磨	IT5 以上	0.006~0.1（或 Rz = 0.05）	高精度平面

表4-4 轴线平行的孔的位置精度（经济精度）

加工方法	工具的定位	两孔轴线间的距离误差或从孔轴线到平面的距离误差	加工方法	工具的定位	两孔轴线间的距离误差或从孔轴线到平面的距离误差
立钻或摇臂钻上钻孔	用钻模	0.1~0.2	卧式镗床上镗孔	用镗模	0.05~0.08
	按划线	1.0~3.0		按定位样板	0.08~0.2
立钻或摇臂钻上镗孔	用镗模	0.03~0.05		按定位器的指示读数	0.04~0.06
车床上镗孔	按划线	1.0~2.0		用量块	0.05~0.1
	用带有滑磨的角尺	0.1~0.3		用内径规或用塞尺	0.05~0.25
坐标镗床上镗孔	用光学仪器	0.004~0.015		用程度控制的坐标装置	0.04~0.05
金刚镗床上镗孔	—	0.008~0.02		用游标尺	0.2~0.4
多轴组合机床上镗孔	用镗模	0.03~0.05		按划线	0.4~0.6

2. 零件形状和尺寸

零件的形状和尺寸影响加工方法的选择。小孔一般用铰削加工，较大的孔用镗削加工；箱体上的孔一般难于拉削而采用镗削或铰削；对于非圆的通孔，应优先考虑用拉削或在批量较小时用插削加工；对于难磨削的小孔，则可采用研磨加工。

3. 零件的材料及热处理要求

经淬火后的表面，一般应采用磨削加工；材料未淬硬的精密零件的配合表面，可采用刮研加工；对硬度低而韧性较大的金属，如铜、铝和镁铝合金等非铁金属材料，为避免磨削时砂轮的嵌塞，一般不采用磨削加工，而采用高速精车、精镗和精铣等加工方法。

4. 生产率和经济性

对于较大的平面，铣削加工生产率较高，而窄长的工件宜用刨削加工；对于大量生产的低精度孔系，宜采用多轴钻；对批量较大的曲面加工，可采用机械靠模加工、数控加工和特种加工等加工方法。

4.3.2 加工阶段的划分

当零件表面精度和表面粗糙度要求比较高时，往往不可能在一个工序中加工完成，而划分为几个阶段来进行加工。

1. 工艺过程的4个加工阶段

（1）粗加工阶段　主要切除各表面上的大部分加工余量，使毛坯形状和尺寸接近于成品，该加工阶段应使用大功率机床、选用较大的切削用量等，应尽可能地提高生产率和降低刀具磨损等。

（2）半精加工阶段　该加工阶段是为主要表面的精加工做好准备，使其达到一定的加工精度，并保证适当的精加工余量；同时需完成一些次要表面的加工，如钻孔、攻螺纹和铣键槽等。

（3）精加工阶段　在精加工阶段，对于加工质量要求不太高的零件，要求达到图样上全部质量要求；对于加工质量要求极高的零件，在此加工阶段通常要达到其形状精度与位置精度的要求。

（4）光整加工阶段　对于加工质量（表面粗糙度及加工精度）要求极高的零件，应该安排进行光整加工。这个加工阶段的主要任务是在精加工的基础上，进一步提高主要表面的尺寸精度、减小表面粗糙度值，该加工阶段一般不用于提高零件的形状和位置精度。

当毛坯表面非常粗糙、加工余量极大且不均匀时，在粗加工阶段之前需安排荒加工（去皮加工）阶段。荒加工一般安排在毛坯准备车间内进行，以便及时发现毛坯的缺陷。

2. 划分加工阶段的原因

（1）及时发现毛坯的缺陷　毛坯经荒加工和粗加工阶段后，缺陷（余量不足、浇不足、冷隔、气孔和裂纹等）即已暴露，可以及时发现、修补或决定报废，避免继续加工造成更大的浪费。同时，精加工工序放在最后可以避免加工好的表面在搬运和夹紧中受到损伤。

（2）保证加工质量　粗加工阶段，由于加工余量较大，工件所受的切削力、夹紧力也较大，工件在粗加工后将会引起较大的变形及内应力重新分布。由于各加工阶段间有一定的时间间隔，能对工件起到自然时效的作用，便于消除内应力及其产生的变形。通过划分加工阶段，粗加工后，半精加工和精加工的加工余量逐渐减小，切削力及切削热等影响因素越来越小，能逐步回复和修正变形，不断提高加工质量，确保加工零件的技术要求。

（3）合理使用设备　机械加工分阶段进行，粗加工要安排刚性好、效率高而精度较低的机床以获得较高的生产率；精加工可以安排精度高、功率小的机床，来保证加工精度。划分加工阶段，可以充分发挥机床的性能，延长机床使用寿命，获得更好的经济效益。

（4）便于安排热处理工序和检验工序　划分机械加工阶段，便于在各加工阶段之间按需安插热处理工序，既能保证零件的力学性能要求，又能逐步消除工件内应力与变形，保证加工质量。例如，粗加工后，安排去应力热处理，以消除内应力，稳定尺寸；零件精加工后，安排光整加工，进一步提高加工质量。

（5）避免损伤已加工表面　重要的加工表面都会在最后安排精加工或光整加工，可以避免工件在装卸或运输过程中受到损伤。

拟订零件的工艺路线时，应遵循划分加工阶段这一原则。工艺路线中加工阶段的划分是对零件的整个机械加工过程来说的,不能简单地以某一表面的加工特点或某一工序的性质来确定其所属的加工阶段种类;在具体应用时,也不可以绝对化,对有些重型零件或余量小、精度不高的零件,完全可以在一次装夹后完成表面的粗、精加工。例如,某些要求较高的定位基面,往往在粗加工阶段就必须加工得很精确,而倒角、钻小孔和切槽等粗加工工序,常会安排在半精加工阶段甚至会在精加工阶段完成。对于精密锻造毛坯,对零件刚性好且加工精度要求较低的零件,可不必划分加工阶段;对于一些刚性较好的重型零件,由于吊装较困难,往往不划分加工阶段而在一次装夹后完成粗、精加工。

4.3.3　加工顺序的安排

加工顺序安排总的原则是前面的工序为后续工序创造条件,作为基准的准备。

1. 切削加工顺序安排的原则

(1) 基面先行　用作精基准的表面要首先加工出来,使其达到必要的精度和表面粗糙度,然后以精基面定位加工其他表面,以保证后续工序的定位精确。轴类零件要先加工中心孔;盘形齿轮应先加工孔和端面。

(2) 先粗后精　按照荒加工—粗加工—半精加工—精加工—光整加工的顺序,分阶段安排工件的加工。

(3) 先主后次　先考虑主要表面的加工,后考虑次要表面的加工。因为主要表面加工容易出废品,应放在前阶段进行,以减少工时的浪费。次要表面一般加工量较小,加工比较方便,因此把次要表面加工穿插在各加工阶段中进行,就能使加工阶段更明显、顺利地进行,同时能增加加工阶段的时间间隔,可以有足够的时间让残留应力重新分布并使其引起的变形充分消失,以便在后续工序中修正。

(4) 先面后孔　先加工平面,后加工孔。因为平面一般面积较大,轮廓平整,先加工好平面,便于加工孔时的定位安装,便于保证孔与平面的位置精度,同时便于孔的加工。另外,由于平面已加工好,在平面上进行孔加工时,可使刀具的初始工作条件得到改善。

2. 热处理工序的安排

热处理的目的是提高材料的力学性能、消除残留应力和改善金属的切削加工性能。机械零件常用的热处理有退火、正火、时效、调质、淬火-回火和渗氮等,详见第3章的具体介绍。

3. 辅助工序的安排

辅助工序一般包括去飞边、倒棱、清洗、防锈、退磁、划线、校直、平衡、称重、检验和打印等。其中,检验工序是主要的辅助工序,它对产品的质量有着极重要的作用,检验工序一般安排在关键工序后;零件换车间后,特别是进行热处理工艺后;粗加工后、精加工前;零件全部加工完毕;特种检验,如无损探伤、密封性和强度试验等。

4.3.4　工序集中和工序分散

在划分了加工阶段以及各表面加工顺序后,就可以把这些内容组成为各个工序。在组成工序时,应根据生产类型、现有生产条件、企业能力、工件结构特点和技术要求等进行综合分析,择优选用工序集中或工序分散。

4.3.5 设备及工艺装备的选择

设备和工艺装备是保证工件加工质量和达到一定生产率的基础条件,设备和工艺装备的选择是工艺规程制订中的重要环节之一。为了合理地选择设备和工艺装备,必须对各种设备的规格、性能和工艺装备(尤其是刀具、量具和检具)的种类、规格等有较详细的了解,并准备好必要的技术资料。

1. 设备的选择

选择设备时,要遵循以下原则:

1) 设备的工作区域尺寸应该与工件的轮廓尺寸相适应。加工较小的工件时,选用较小规格的设备;加工较大工件时,选用较大规格的设备,避免盲目增大机床规格。

2) 设备的加工精度、功率、刚度及切削用量范围应该与工件工序的加工性质相适应。粗加工工序选择刚度大、有一定功率储备的普通精度设备;精加工工序选择主轴转速较高的高精度或精密设备。

3) 设备的生产率应该与加工零件的生产类型相适应。单件小批生产时,选择通用设备,大批大量生产时,选择高生产率的专用设备。

4) 要充分利用现有的设备。如果需要改装设备或设计专用机床,则应该提出设计任务书,说明与加工工序内容有关的参数和生产率要求,保证零件加工质量的技术要求等。

5) 合理选用数控机床、加工中心等先进制造设备和成组加工。设备确定后,有时还需根据其负荷率对工艺路线进行修订,对工序的内容进行相应的调整。

2. 工艺装备的选择

工艺装备包括机床、夹具、切削工具和检量具等,工艺装备的选用不仅影响工件的加工质量和生产效率,而且会影响工序的经济效益。

(1) 夹具的选择 夹具的选择主要考虑工件的生产类型。由于汽车的生产属于成批、大量生产,各工序所使用的机床夹具,除车床、外圆磨床等少数机床常使用通用机床夹具外,多数为高效的专用机床夹具。在多品种、小批量生产的情况下,可采用可调机床夹具或成组夹具。

(2) 刀具的选择(种类、规格、材料和精度) 刀具的选择主要取决于工件表面的加工方法、加工表面的尺寸、工件材料、切削用量及工序的加工要求等。在选择时,应尽量采用标准刀具。在组合机床及其自动线上加工时,由于需要工序集中,可采用专用的复合刀具,如相同工艺的复合刀具(复合扩孔钻等)和不同工艺的复合刀具(钻—扩—铰复合刀具等)。合理选用刀具不仅能提高工件的加工精度和生产率,而且加工的经济效果也十分明显。

(3) 检、量具的选择 检、量具的选择主要是根据生产类型和要求的检验项目及其精度而定。在单件小批生产中,广泛采用通用量具(游标卡尺、千分尺等);大批大量生产时,多采用极限量规和高生产率的主动检查仪,表面间的位置误差的检测多采用检验夹具等专用量具。

如果需要设计专用的工艺装备,应提出设计任务书。现以夹具为例,简要说明设计任务书的内容:

1) 产品和零件的名称和图号。

2) 零件的生产纲领。

第4章　汽车零件机械加工工艺规程的制订

3）工序简图，图中应标明工件的安装方式、加工表面及加工要求。
4）所有机床、刀具和辅助工具的规格及联系尺寸。
5）切削条件。
6）夹具的名称、类型和数量。
7）必要的技术说明。

4.4 加工余量的确定

零件加工工艺路线确定后，在进一步安排各个工序的具体内容时，应正确地确定工序的工序尺寸。为确定工序尺寸，首先应确定加工余量。

4.4.1 加工余量的概念

由于毛坯不能达到零件所要求的精度和表面粗糙度，因此要留有加工余量，以便经过机械加工来达到规定的精度和表面粗糙度。

加工余量是指加工过程中从加工表面切除的金属层厚度。**加工余量分为工序余量和总余量**。

1. 工序余量

工序余量是指某一表面在一道工序中切除的金属层厚度。

（1）工序余量的计算　工序余量等于相邻两工序的工序尺寸之差。

对于外表面（图4-11a），其工序余量为

$$Z = a - b$$

对于内表面（图4-11b），其工序余量为

$$Z = b - a$$

式中　Z——本工序的工序余量（mm）；
　　　a——前工序的工序尺寸（mm）；
　　　b——本工序的工序尺寸（mm）。

上述加工余量均为非对称的单边余量，旋转表面的加工余量为双边对称余量。

对于轴（图4-11c），其工序余量为

$$Z = d_a - d_b$$

对于孔（图4-11d），其工序余量为

$$Z = d_b - d_a$$

图4-11　加工余量

式中　Z——直径上的加工余量（mm）；
　　　d_a——前工序的加工直径（mm）；
　　　d_b——本工序的加工直径（mm）。

当加工某个表面的工序是分几个工步时，相邻两工步尺寸之差就是工步余量，它是某工步在加工表面上切除的金属层厚度。

（2）工序基本余量、最大余量、最小余量及余量公差　由于毛坯制造和各个工序尺寸都存在着误差，因此加工余量是个变动值。当工序尺寸用公称尺寸计算时，所得到的加工余量称为基本余量或公称余量。

最小余量 Z_{min} 是保证该工序加工表面的精度和质量所需切除的金属层最小厚度。最大余量 Z_{max} 是该工序余量的最大值。图 4-12 所示为工序尺寸公差与加工余量的关系。余量公差 T_Z 是加工余量的变动范围，即

$$T_Z = Z_{max} - Z_{min} = (a_{max} - a_{min}) + (b_{max} - b_{min}) = T_a + T_b$$

式中　T_Z——本工序余量公差（mm）；

　　　T_a——前工序的工序尺寸公差（mm）；

　　　T_b——本工序的工序尺寸公差（mm）。

所以，余量公差为前工序与本工序的工序尺寸公差之和。

图 4-12　工序尺寸公差与加工余量的关系

工序尺寸公差带的分布一般采用"单向入体原则"。单向入体原则是指标注工件尺寸公差时应向材料实体方向单向标注。对于磨损后无变化的尺寸，一般标注双向偏差。

1）若工序尺寸为包容尺寸（孔、槽）标注正偏差，下极限偏差为零。

2）若工序尺寸为被包容尺寸（轴、键）标注负偏差，上极限偏差为零。

3）若工序尺寸为中心距或其他尺寸，则可标注双向偏差。

2. 加工总余量

毛坯尺寸与零件图样的设计尺寸之差称为加工总余量。它是某一表面从毛坯到成品时切除的金属层总厚度，等于该表面各工序余量之和，即

$$Z_{总} = \sum_{i=1}^{n} Z_i$$

式中　Z_i——第 i 道工序的工序余量（mm）；

　　　n——该表面总加工的工序数。

加工总余量是个变动值，其值及公差一般可从有关手册中查得或凭经验确定。图 4-13

图 4-13　加工余量和加工尺寸分布图

第4章　汽车零件机械加工工艺规程的制订

所示为内孔和外圆表面经多次加工时，加工总余量、工序余量与加工尺寸的分布图。

4.4.2　影响加工余量的因素

影响加工余量的因素有以下几项：
1) 前工序的表面质量（包括表面粗糙度 Ra 和表面破坏层深度 Sa）。
2) 前工序的工序尺寸公差 T_a。
3) 前工序的位置误差 ρ_a，如工件表面在空间的弯曲、偏斜以及空间误差等。
4) 本工序的安装误差 ε_b。

所以本工序的加工余量必须满足：
1) 用于对称余量时，$Z \geq 2(Ha+Sa)+T_a+2|\rho_a+\varepsilon_b|$。
2) 用于单边余量时，$Z \geq Ha+Sa+T_a+|\rho_a+\varepsilon_b|$。

4.4.3　确定加工余量的方法

加工余量的大小直接影响着零件的加工质量和生产率。若加工余量过大，不仅增加机械加工劳动量，降低生产率，而且增加材料、工具和电力的消耗，增加成本；若加工余量过小，不能消除前工序的各种误差和表面缺陷，甚至产生废品。因此，必须合理地确定加工余量。合理确定加工余量有以下3种方法。

1. 分析计算法

分析计算法是对影响加工余量的各种因素进行分析后，根据一定的计算公式来计算加工余量的方法。此法确定的加工余量较合理，但需要全面、可靠的原始资料，计算也较复杂，故很少应用。

2. 经验估算法

经验估算法是根据工艺人员的经验来粗略估计零件各表面的总余量和各工序的加工余量。为避免估量不足产生报废，所估计的加工余量一般偏大，此法多适于单件小批生产。

3. 查表修正法

查表修正法根据相关手册（《金属切削手册》《机械加工工艺手册》等）查得加工余量的数值，再结合企业的实际加工情况进行适当修正。此法比分析计算法简便，而且比较可靠，所以在工厂中应用广泛。

4.5　工序尺寸的确定（工艺尺寸链的计算）

工序尺寸是指某一工序加工应达到的尺寸。其公差即为工序尺寸公差，各工序的加工余量确定后，即可确定工序尺寸及其公差。

零件从毛坯逐步加工至成品的过程中，无论在一个工序内、各个工序间，还是加工表面本身、各表面之间，其尺寸都在变化并存在相应的内在联系。运用尺寸链的知识去分析这些关系，是合理确定工序尺寸及其公差的基础。

4.5.1　工艺尺寸链的概念和组成

1. 工艺尺寸链及尺寸链图

在一个零件或一台机器的结构中，总有一些相互联系的尺寸，这些相互联系的尺寸按一定顺序连接成一个封闭的尺寸组，称为尺寸链。

图4-14a 所示为汽车变速器倒档装置尺寸链图。图中所示轴向间隙为 A_0，其取决于壳体内壁间轴向尺寸 A_1、止动垫片厚度尺寸 A_2、A_4 和倒档中间齿轮轮毂间宽度尺寸 A_3，尺寸 A_0、A_1、A_2、A_3 和 A_4 按一定尺寸顺序形成了一个封闭尺寸组，即为尺寸链，如图4-14b 所示。

图4-15a 所示为内燃机活塞尺寸链图。尺寸 A_1 和 A_2 为活塞轴向设计尺寸，未标注的尺寸 A_0 由尺寸 A_1 和 A_2 决定，尺寸 A_1、A_2 和尺寸 A_0 构成的封闭尺寸组，即为尺寸链，如图4-15b 所示。尺寸 A_1' 和 A_3' 是零件制造中的工序尺寸，A_0' 是由 A_1' 和 A_3' 直接保证后而间接获得的尺寸，A_1'、A_3' 和 A_0' 组成一尺寸链，如图4-15c 所示。

图4-14　汽车变速器倒档装置尺寸链图
1—变速器壳体　2、4—止动垫片
3—倒档中间齿轮

图4-15　内燃机活塞尺寸链图

尺寸链一般都用尺寸链图表示。尺寸链图是将尺寸链中各相应的环，用尺寸及符号标注在示意图上的图形。尺寸链图与工程图标注的尺寸不同，它是封闭的，用于示意性表示尺寸间的关系。

2. 工艺尺寸链的组成及其特征

（1）尺寸链的组成　组成尺寸链的各个尺寸称为尺寸链的环。环分为封闭环和组成环。长度环用大写斜体拉丁字母 A、B、C 等表示；角度环用小写斜体希腊字母 α、β 等表示。

$$\text{尺寸链}\begin{cases}\text{封闭环 } A_0\\ \text{组成环 }(A_1,A_2,\cdots,A_{n-1})\end{cases}\begin{cases}\text{增环 } \vec{A}\ (+)：\text{与封闭环同向变动的组成环}\\ \text{减环 } \overleftarrow{A}\ (-)：\text{与封闭环反向变动的组成环}\end{cases}$$

1）封闭环。在加工、测量或装配过程中，最后被间接保证精度（最后自然形成）的尺寸称为封闭环，其余尺寸称为组成环。每个尺寸链必须有且仅有一个封闭环，尺寸链图中封闭环要加下角标"0"，如用 A_0 来表示。

对于零件的加工，封闭环通常为零件设计图上的未注尺寸，即最不重要的尺寸；对于零件的装配，封闭环通常是装配的技术要求，如间隙或过盈、距离精度和位置精度（如垂直度、平行度）等。由于封闭环是尺寸链中最后自然形成的，其尺寸大小和精度受直接得到的尺寸大小和精度的影响，故封闭环的尺寸精度必然低于任何一个直接得到的组成环的尺寸精度。

2）组成环。在加工、测量或装配过程中直接得到的环称为组成环。在尺寸链中，除封闭环以外的各环皆为组成环。尺寸链图中组成环要加下角标，用阿拉伯数字表示。国家标准规定，在同一尺寸链中，全部组成环都用同一符号，如用 A_1、A_2、A_{n-1}（n 为尺寸链中的总环数）表示。

在尺寸链中预先选定某一组成环，可以通过改变其大小或位置，使封闭环达到规定的要求，该组成环为补偿环。

在尺寸链中，任意一个组成环的大小发生变化，都会使封闭环发生变化。按组成环变化对封闭环的影响，组成环分为增环和减环。

增环是指在尺寸链中，在其余组成环保持不变的条件下，该环的变动引起封闭环同向变动的组成环。同向变动是指该环增大时封闭环增大，该环减小时封闭环减小。增环用符号 A（+）表示，如图 4-14 所示的 A_1。

减环是指在尺寸链中，在其余组成环保持不变的条件下，该环的变动引起封闭环反向变动的组成环。反向变动是指该环增大时封闭环减小，该环减小时封闭环增大。减环用符号 A（-）表示。

3）增、减环的简易判别法（按箭头方向判断）。建立工艺尺寸链时，应首先对工艺过程和工艺尺寸进行分析，确定间接保证精度的尺寸，并将其定为封闭环；然后从封闭环出发，按照零件表面尺寸间的联系，用首尾相接的单向箭头顺序表示各组成环，这种尺寸图就是尺寸链图，利用尺寸链图即可迅速判断组成环的性质。如图 4-16 所示，在封闭环 A_0 上面按任意指向画一箭头，沿 A_0 已定的箭头方向在每个组成环符号 A_1、A_2、A_3、A_4 和 A_5 上各画一箭头，使所画各箭头依次彼此首尾相连，凡与封闭环箭头方向相同的环即为减环，而凡与封闭环箭头方向相反的环即为增环。按此方法可以判定，图 4-16 中 A_2、A_4、A_5 为增环，A_1 和 A_3 为减环。

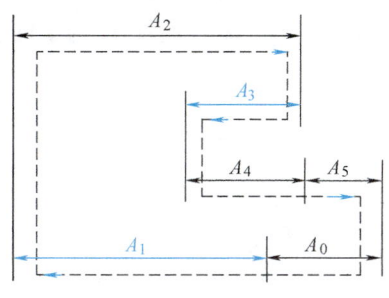

图 4-16 增、减环的简易判别

（2）尺寸链的特征 通过上述分析可以看出，尺寸链具有以下 3 个特征：

1）封闭性。尺寸链是由相互有关的尺寸按一定顺序首尾相接而形成的。

2）关联制约性。尺寸链中某一尺寸的变化，将引起其他尺寸发生变化，这些尺寸彼此关联，相互制约。

3）尺寸链至少由 3 个尺寸或位置公差构成。

4.5.2 尺寸链的分类

为方便分析与计算尺寸链，通常按尺寸链的几何特征、功能要求、误差性质及环的相互关系与相互位置等对尺寸链加以分类，得出尺寸链的不同形式，见表 4-5。

1. 按尺寸链各环的几何特征和所处空间位置的不同分类

（1）线性尺寸链 直线尺寸链是指全部组成环平行于封闭环的尺寸链。它是尺寸链中最基本的、最常见的一种尺寸链，因为它的几何量是线性尺寸，故也称为线性尺寸链。

表 4-5 尺寸链的分类

按各环所处空间位置	按各环相互关系	按尺寸链的应用范围
线性尺寸链、角度尺寸链	独立尺寸链、并联尺寸链	零件尺寸链、装配尺寸链
平面尺寸链、空间尺寸链		工艺尺寸链、工序尺寸链

图 4-14 和图 4-15 所示尺寸链均为线性尺寸链。长度尺寸链用双向箭头的直线段表示。

（2）角度尺寸链 角度尺寸链是指全部环的几何量均为角度尺寸的尺寸链。图 4-17 所示尺寸链为具有公共角顶的由纯角度几何量形成的角度尺寸链。

角度尺寸链用带箭头的弧线段表示。

（3）平面尺寸链 平面尺寸链是指全部组成环位于一个或几个平行平面内，但某些组成环不平行于封闭环的尺寸链。

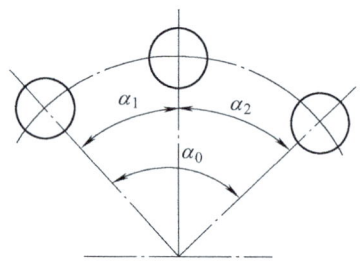

图 4-17 角度尺寸链

图 4-18a 所示为由上、下两箱体组成的组件图，B 和 C 代表相啮合齿轮的两个轴承座孔中心，B 与 C 间的中心距为 A_0，B 孔与 C 孔中心坐标尺寸分别为 A_1、A_2 与 A_3、A_4，它们与 A_0 构成平面尺寸链（图 4-18b）。

平面尺寸链可用投影的方法将各组成环向封闭环所在方向投影，转换成直线尺寸链，即由 A_1'、A_2'、A_3'、A_4' 及 A_0 构成的直线尺寸链。在汽车箱体类零件中经常遇到平面尺寸链。

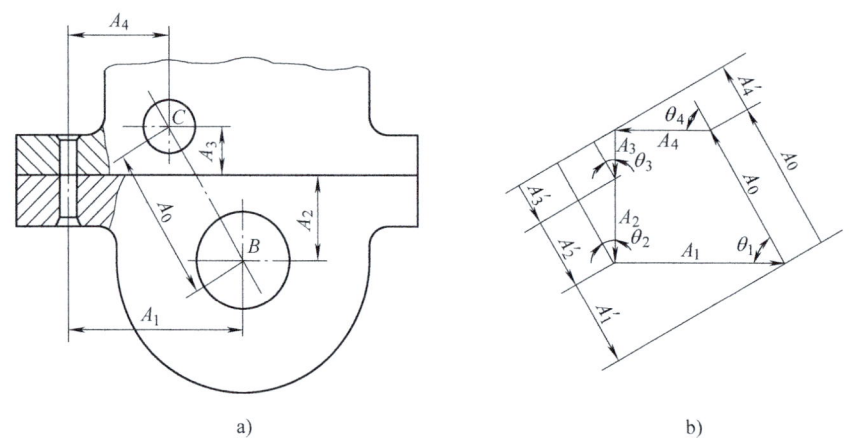

图 4-18 平面尺寸链

（4）空间尺寸链 空间尺寸链是指组成环位于几个不平行平面内的尺寸链。可通过投影的方法，先将空间尺寸链转换成平面尺寸链，然后转换成直线尺寸链求解。

2. 按尺寸链相互关系分类

（1）独立尺寸链 独立尺寸链是指所有组成环和封闭环只属于该尺寸链，不参与其他尺寸链的组成。

（2）并联尺寸链 并联尺寸链是指由若干个尺寸链联结在一起，尺寸链间互相有影响的尺寸链。若干尺寸链构成并联尺寸链时，其中一个或几个环共属于两个或两个以上的尺寸链，这些环称为公共环。公共环可以是某一尺寸链的组成环，也可以是另一尺寸链的封闭环。

如图 4-19 所示，3 个尺寸链并联，A 尺寸链中的组成环 A_4 又是 B 尺寸链的组成环 B_1，即通过公共环 $A_4=B_1$ 将两个尺寸链并联；B 尺寸链中的封闭环 B_0 又是 C 尺寸链的组成环 C_2，即这两个尺寸链通过公共环 $B_0=C_2$ 相联系。在研究并联尺寸链时，可将一个较复杂的尺寸链转换成两个或数个较简单的尺寸链，也可以将

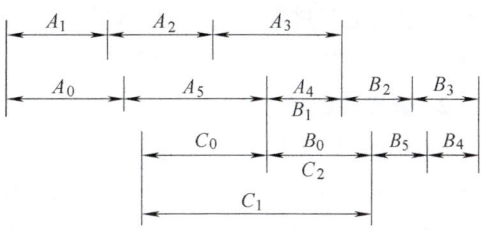

图 4-19　并联尺寸链

几个简单的尺寸链转换成一个较复杂的尺寸链。以图 4-19 为例，将 B、C 尺寸链转换成一个较复杂尺寸链时，尺寸链变为 B_1、B_2、B_3、B_4、B_5、C_1、C_0。

3. 按尺寸链的应用范围分类

（1）装配尺寸链　**装配尺寸链**是指全部组成环为不同零件设计尺寸所形成的尺寸链。装配尺寸链的特点为封闭环是不同零件表面间的尺寸，该尺寸在装配后间接（或自然）得到，也称为装配精度要求。

如图 4-14 所示的装配尺寸链，封闭环 A_0 是变速器壳体与止动垫片间的轴向间隙，是装配后间接（或自然）形成的尺寸，也称为装配精度要求；组成环 A_1、A_2、A_3、A_4 分别为不同零件的设计尺寸。

（2）零件尺寸链　**零件尺寸链**是指全部组成环为同一零件设计尺寸所形成的尺寸链。

如图 4-15 所示的内燃机活塞左侧所画出的尺寸链，零件图样上标注的设计尺寸 A_1 和 A_2 是尺寸链的组成环，未标注的尺寸 A_0 是封闭环。

装配尺寸链与零件尺寸链统称为设计尺寸链。

（3）工艺尺寸链　**工艺尺寸链**是指全部组成环为同一零件工艺尺寸所形成的尺寸链。工艺尺寸指工序尺寸、定位尺寸与基准尺寸等。

如图 4-15 所示的内燃机活塞右侧所画的尺寸链就是工艺尺寸链。工艺尺寸链的特点为封闭环是在零件加工后间接（或自然）得到的，加工制造中直接获得的尺寸是组成环。

（4）工序尺寸链　零件在各个加工工序（包括检验工序）中，先后获得的各工序尺寸所构成的封闭尺寸组合，称为**工序尺寸链**。

正确地绘制、分析和计算工艺过程尺寸链是编制工艺规程的重要手段。通过上述分析可知，无论何种尺寸链都可转换为线性尺寸链，故本节重点讨论线性尺寸链中的长度尺寸链。

4.5.3　尺寸链的建立与分析

建立尺寸链时，应遵守"**最短尺寸链原则**"，即对于某一封闭环，若存在多个尺寸链，应选择组成环数最少的尺寸链进行分析计算。尺寸链建立与分析的步骤如下。

1. 确定封闭环

一个尺寸链中有且只有一个封闭环。

1）在装配尺寸链中，封闭环就是产品上有装配精度要求的尺寸，是指同一部件中各零件之间相互位置要求的尺寸或保证相互配合零件配合性能要求的间隙或过盈量。

2）零件尺寸链的封闭环应为公差等级要求最低的环，一般在零件图上不进行标注，以免引起加工中的混乱。

3）工艺尺寸链的封闭环是在加工中最后自然形成的环，一般为被加工零件要求达到的设计尺寸或工艺过程中需要的余量尺寸。加工顺序不同，封闭环也不同。所以工艺尺寸链的封闭环必须在加工顺序确定之后才能判断。

2. 查找组成环

在确定封闭环之后，应确定对封闭环有影响的各个组成环，使之与封闭环形成一个封闭的尺寸回路。组成环是对封闭环有直接影响的那些尺寸，与此无关的尺寸要排除在外。一个尺寸链的环数应尽量少。查找组成环时，先从封闭环的任意一端开始，找相邻零件的尺寸，然后找与第一个零件相邻的第二个零件的尺寸，这样一环接一环，直到封闭环的另一端为止，从而形成封闭的尺寸组。

4.5.4 工艺尺寸链的基本计算公式

工艺尺寸链的计算方法有两种：极值法和统计法。

1. 极值法

极值法是按误差综合后的两个最不利的情况，即各增环均为下极限尺寸而各减环均为上极限尺寸的情况；或各增环均为上极限尺寸而各减环均为下极限尺寸的情况，来计算封闭环极限尺寸的方法。

由于各组成环同时出现极限值的情况很少，因此，这种计算方法比较保守。但该计算方法比较简单，故在生产中被广泛应用。表4-6列出了尺寸链计算中所用的符号。

表4-6 尺寸链计算中所用的符号

环名	符号名称							
	基本尺寸	上极限尺寸	下极限尺寸	上极限偏差	下极限偏差	公差	平均尺寸	中间偏差
封闭环	A_0	A_{0max}	A_{0min}	ES_{A_0}	EI_{A_0}	T_{A_0}	$\overline{A_0}$	Δ_{A_0}
增环	A_Z	A_{Zmax}	A_{Zmin}	ES_{A_Z}	EI_{A_Z}	T_{A_Z}	$\overline{A_Z}$	Δ_{A_Z}
减环	A_J	A_{Jmax}	A_{Jmin}	ES_{A_J}	EI_{A_J}	T_{A_J}	$\overline{A_J}$	ΔA_J

（1）封闭环基本尺寸

$$A_0 = \sum_{i=1}^{m} A_Z - \sum_{i=m+1}^{n} A_J \tag{4-1}$$

式中　A_0——封闭环基本尺寸；
　　　A_Z——增环基本尺寸；
　　　A_J——减环基本尺寸；
　　　n——增环数目；
　　　m——组成环数目。

第4章 汽车零件机械加工工艺规程的制订

封闭环基本尺寸等于所有增环基本尺寸之和减去所有减环基本尺寸之和。

（2）封闭环极限偏差

上极限偏差为

$$\mathrm{ES}_{A_0} = \sum_{i=1}^{m} \mathrm{ES}_{A_Z} - \sum_{i=m+1}^{n} \mathrm{EI}_{A_J} \tag{4-2}$$

下极限偏差为

$$\mathrm{EI}_{A_0} = \sum_{i=1}^{m} \mathrm{EI}_{A_Z} - \sum_{i=m+1}^{n} \mathrm{ES}_{A_J} \tag{4-3}$$

即**封闭环的上偏差**等于各增环上偏差之和减去各减环下偏差之和；**封闭环的下偏差**等于各增环下偏差之和减去各减环上偏差之和。

（3）封闭环公差

$$T_0 = |\mathrm{ES}_{A_0} - \mathrm{EI}_{A_0}| = A_{0\max} - A_{0\min} \tag{4-4}$$

即**封闭环公差**等于封闭环最大值减去封闭环的最小值。

$$T_{A_0} = \sum_{i=1}^{m} T_{A_Z} + \sum_{i=m+1}^{n} T_{A_J} = \sum_{i=1}^{n-1} T_{A_i} \tag{4-5}$$

即**封闭环公差**等于各组成环公差之和。该式可作为极值法计算各环尺寸后的验算式。

2. 统计法

统计法是应用概率论原理进行尺寸链计算的方法。在大批大量生产工件时，在正常生产条件下，工序尺寸获得极限尺寸的可能性是很小的，被加工零件的工序尺寸将按一定规律分布（如正态分布）。

根据概率乘法定理可知，多环极限尺寸重合的概率等于各组成环出现极限尺寸概率的乘积。组成环环数越多，组成环极限尺寸相遇的概率越小。因此，在大批大量生产时，在组成环环数较多的条件下，应用极值法计算尺寸链显然是不合理的。此时应该使用统计法计算尺寸链。

应用统计法计算尺寸链，封闭环与组成环公称尺寸的关系仍然应用式（4-1）进行计算。

从概率统计可知，在正常生产条件下，大批大量生产时，零件工序尺寸或加工误差一般都按正态分布，如图4-20所示。正态分布曲线有两个特征参数，即平均尺寸（算术平均尺寸）$\bar{A}_i$（$\bar{A}_0$）和均方根偏差（标准差）σ_i（σ_0）。如果工序尺寸 A_i 基本都在 $A_i \pm 3\sigma_i$ 范围内，则超出此范围的工序尺寸只有0.27%的概率。当加工误差 $\Delta_{A_i} = T_{A_i}$ 时，则 $T_{A_i} = 6\sigma_i$。

当加工中某些因素起主导影响时，零件工序尺寸或加工误差就不按正态分布。表4-7列出了几种常见的尺寸

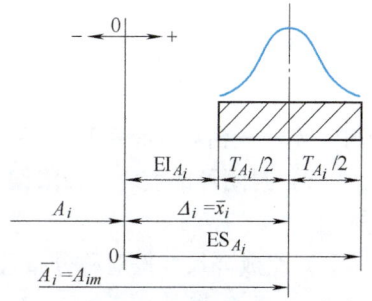

图4-20 组成环为正态分布时的公差带

分布曲线。

表 4-7 不同分布曲线的相对分布系数 k_i 和相对不对称系数 e_i

分布特征	正态分布	三角分布	均匀分布	平顶分布	瑞利分布	偏态分布	
						外尺寸	内尺寸
分布曲线							
k_i	1	1.22	1.73	1.1~1.5	1.14	1.17	1.17
e_i	0	0	0	0	-0.28	0.26	-0.26

图 4-21 所示为一种偏态分布——非对称分布，图中表示出公称尺寸、平均尺寸和中间尺寸之间的关系。

（1）封闭环的公差

1）组成环尺寸按正态分布时，封闭环公差的计算。从概率论可知，当多环组成环尺寸均为正态分布时，封闭环尺寸也为正态分布。从概率论可以推导出，封闭环公差等于组成环公差平方和的平方根，即

$$T_{A_0} = \sqrt{\sum_{i=1}^{n-1} T_{A_i}^2} \quad (4-6)$$

2）组成环尺寸不符合正态分布时，封闭环公差的计算。如果组成环尺寸不符合正态分布时，根据概率论可知，只要组成环数目足够大，如组成环数 $(n-1) \geq 6$，且各组成环尺寸分布范围相差不大时，封闭环尺寸分布仍接近于正态分布。此时，封闭环公差

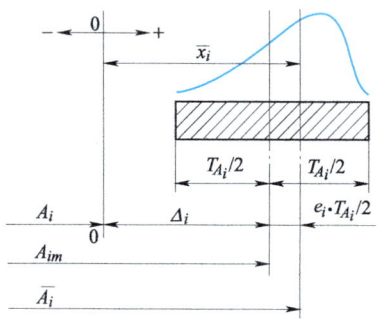

图 4-21 组成环为非对称分布式的公差带

$$T_{A_0} = \sqrt{\sum_{i=1}^{n-1} k_i^2 T_{A_i}^2} \quad (4-7)$$

式中 k_i——相对分布系数（参见表 4-7）。

（2）封闭环的上、下极限偏差 封闭环的上、下极限偏差计算，需要通过中间偏差来进行。

1）组成环尺寸按对称分布且中间偏差与平均偏差重合的情况。如图 4-20 所示，组成环尺寸为对称分布，并且中间偏差 Δ_i 与平均偏差 $\bar{x}_i$ 相等时，对应的中间尺寸 A_{im} 与平均尺寸 $\bar{A}_i$ 也相等。封闭环平均尺寸

第4章 汽车零件机械加工工艺规程的制订

$$\overline{A}_0 = A_{0m} = A_0 + \Delta_0 = \sum_{z=1}^{k}(A_z + \Delta_{A_Z}) - \sum_{j=k+1}^{n-1}(A_J + \Delta_{A_J})$$

整理后得

$$\Delta_0 = \sum_{z=1}^{k}\Delta_{A_Z} - \sum_{j=k+1}^{n-1}\Delta_{A_J}$$

封闭环的上、下极限偏差按式（4-8）和式（4-9）计算：

$$ES_{A_0} = \Delta_{A_0} + \frac{T_{A_0}}{2} \tag{4-8}$$

$$EI_{A_0} = \Delta_{A_0} - \frac{T_{A_0}}{2} \tag{4-9}$$

2）组成环尺寸为不对称分布的情况。当组成环尺寸为不对称分布时，从图4-21可以看到，平均偏差 $\overline{x}_i$ 与中间偏差 Δ_i 产生偏离，其偏移量为 $e_i \cdot T_{A_i}/2$，e_i 为相对不对称系数。相对应的平均尺寸 $\overline{A}_i$ 与中间尺寸 A_{im} 将偏移。当组成环环数（$n-1$）≥6时，封闭环仍接近于正态分布，即对称分布。此时，封闭环的中间偏差

$$\Delta_{A_0} = \sum_{z=1}^{k}\left(\Delta_{A_Z} + e_z \frac{T_{A_z}}{2}\right) - \sum_{j=k+1}^{n-1}\left(\Delta_{A_J} + e_J \frac{T_{A_J}}{2}\right)$$

封闭环上、下极限偏差可按式（4-8）和式（4-9）计算，即

$$ES_{A_0} = \Delta_{A_0} + \frac{T_{A_0}}{2}$$

$$EI_{A_0} = \Delta_{A_0} - \frac{T_{A_0}}{2}$$

通过上述应用统计法进行尺寸链的计算可知，在大批大量生产时，尺寸链为多环（如 $n-1 \geq 6$）条件下，统计法计算的合理性很高；在公差设计计算时，可以获得比极值法计算确定的更大的组成环平均公差。例如，有一尺寸链环数 $n-1=6$，封闭环设计要求的公差为 $T_{A_0} = 0.12$mm，分别用两种计算方法求出组成环平均公差。应用极值法求出组成环平均极值公差：

$$\overline{T}_{A_i} = \frac{T_{A_0}}{n-1} = 0.02\text{mm}$$

应用统计法求出组成环平均平方公差：

$$\overline{T}_{A_i} = \frac{T_{A_0}}{\sqrt{n-1}} \approx 0.049\text{mm}$$

反之，如果进行公差校核计算，即已知各组成环公差，求解封闭环公差，统计法计算得到的封闭环公差值比极值法计算的小，即封闭环精度高。统计法计算尺寸链的缺点是计算较为复杂，并且必须已知组成环尺寸的分布规律。

汽车零件生产都属于大批大量生产，并且零件加工中影响尺寸分布的随机因素较为稳定，可以认为零件尺寸分布为正态分布，可取 $k_i=1$、$e_i=0$。这给统计法计算带来很大的方便。

统计法计算尺寸链适合于在大批大量生产中解算多环（$n \geq 7$）尺寸链时应用。

统计法是利用概率论原理来进行尺寸链计算的一种方法。该方法根据正态分布曲线的规律，考虑到在大多数情况下各组成环不会同时出现极值；同时，根据统计概率乘法定理，各组成环极值出现重合的概率等于各组成环出现极值概率的乘积，因此环数较多时各环极值相遇的可能性更小。所以，统计法可以扩大各组成环的公差，给加工带来方便，但在加工或装配后封闭环有可能会出现不合格尺寸。

在工艺尺寸链中很少采用统计法进行计算；对于装配尺寸链而言，因为封闭环不合格率较小，而且在装配时可以有选择地搭配被装配件，不合格率对装配工作没有很大影响，所以在尺寸链环数较多、封闭环精度要求较高的装配尺寸链中可用统计法进行计算。

4.5.5 尺寸链的计算类型及基本步骤

1. 计算类型

（1）正计算法 已知各组成环的极限尺寸，求封闭环的极限尺寸。这类计算主要用来验算设计的正确性，故又称为校核计算。

（2）反计算法 已知封闭环的极限尺寸和各组成环的公称尺寸，求各组成环的极限偏差。这类计算主要用在设计上，即根据机器的使用要求来分配各零件的公差。

（3）中间计算法 已知封闭环和部分组成环的极限尺寸，求某一组成环的极限尺寸，这类计算常用在工艺上。

无论哪一种情况，其解算方法都有两种，即极值法和统计法。

2. 尺寸链的计算步骤

解算工艺尺寸链与解算装配尺寸链的方法和步骤基本相同：

1）确定尺寸链计算的类型（设计计算、校核计算）。

2）画尺寸链图。从某加工或装配的基准开始画，所有尺寸都画上，包括公称尺寸为零的尺寸，尺寸不能重叠，最后尺寸要形成封闭图形。

3）确定封闭环。封闭环是装配或加工后自然形成的，所以要知道装配过程和零件加工工艺过程。

4）确定组成环的增环、减环。

5）选择公式进行计算。

6）校核。

工艺尺寸链的建立并不复杂，但在尺寸链的建立中，封闭环的判定和组成环的查找应引起初学者的重视。若封闭环的判定错误，整个尺寸链的解算将得出错误的结果；若组成环查

第 4 章 汽车零件机械加工工艺规程的制订

找不对,将得不到最少链环的尺寸链,解算的结果也是错误的。

(1) 封闭环的判定　在工艺尺寸链中,封闭环是加工过程中自然形成的尺寸,因此封闭环是随着零件加工方案的变化而变化的。如图 4-22 所示的零件,以表面 3 定位加工表面 1 而获得尺寸 A_1,然后以表面 1 为测量基准加工表面 2 而直接获得尺寸 A_2,则自然形成的尺寸 A_0 为封闭环;但以加工过的表面 1 为测量基准加工表面 2,直接获得尺寸 A_2,再以表面 2 为定位基准加工表面 3,直接获得尺寸 A_0,此时尺寸 A_1 即为自然形成而成为封闭环。

所以封闭环的判定必须根据零件加工的具体方案,紧紧抓住"自然形成"这一要领。

(2) 组成环的查找　从构成封闭环的两表面开始,同步地按照工艺过程的顺序,分别向前查找各表面最后一次加工的尺寸,之后进一步查找此加工尺寸的工序基准的最后一次加工时的尺寸,如此继续向前查找,直到两条路线最后得到的加工尺寸的工序基准重合(即两者的工序基准为同一表面),至此上述尺寸系统即形成封闭尺寸组,从而构成了工艺尺寸链。

查找组成环必须掌握的基本特点为组成环是加工过程中"直接获得"的,而且对封闭环有影响。下面以图 4-23 为例,说明尺寸链建立的具体过程。图 4-23 为套类零件,为便于讨论问题,图中只标出轴向设计尺寸,轴向尺寸加工顺序安排如下。

图 4-22　封闭环的判别

图 4-23　工艺尺寸链建立过程实例

1) 以大端面 A 定位,车端面 D 获得尺寸 A_1;车小外圆至 B 面,保证长度 $40_{-0.2}^{\ 0}$ mm (图 4-23b)。

2）以端面 D 定位，精车大端面 A 获得尺寸 A_2，在车大孔时车端面 C，获得孔深尺寸 A_3（图 4-23c）。

3）以端面 D 定位，磨大端面 A 保证全长尺寸 $50_{-0.5}^{0}$ mm，同时保证孔深尺寸为 $36_{0}^{+0.5}$ mm（图 4-23d）。

由以上工艺过程可知，孔深设计尺寸 $36_{0}^{+0.5}$ mm 是自然形成的，应为封闭环。从构成封闭环的两界面 A 和 C 开始查找组成环，A 面的最近一次加工是磨削，工艺基准是 D 面，直接获得的尺寸是 $50_{-0.5}^{0}$ mm；C 面最近的一次加工是车孔时的车削，测量基准是 A 面，直接获得的尺寸是 A_3。显然上述两尺寸的变化都会引起封闭环的变化，是要查找的组成环。但此两环的工序基准各为 D 面与 A 面，不重合。为此要进一步查找最近一次加工 D 面和 A 面的加工尺寸。A 面的最近一次加工是精车 A 面，直接获得的尺寸是 A_2，工序基准为 D 面，正好与加工尺寸 $50_{-0.5}^{0}$ mm 的工序基准重合，而且 A_2 的变化会引起封闭环的变化，应为组成环。至此，找出 A_2、A_3、$50_{-0.5}^{0}$ mm 为组成环，$36_{0}^{+0.5}$ mm 为封闭环，它们组成了一个封闭的尺寸链（图 4-23e）。

工艺尺寸链要根据零件加工工艺过程来建立，间接保证的尺寸为封闭环。**工艺尺寸链的封闭环有两种基本形式**，一是以工序尺寸为组成环，间接保证零件某一设计尺寸，此时封闭环就是要间接保证的设计尺寸；二是以工序尺寸为组成环，分析确定加工余量，此时加工余量为封闭环。在任何一个零件的加工过程中，都会同时存在这两种类型的工艺尺寸链，并且通常会形成由某些工序尺寸或加工余量作为公共环的并联尺寸链。

4.5.6 工序尺寸及其公差的计算

工序尺寸及其公差的确定与加工余量大小、工序尺寸的标注方法及定位基准的选择和变换有密切的关系。下面是几种常见的工序尺寸及其公差的确定方法。

1. 从同一基准对同一表面多次加工时工序尺寸及其公差的确定

属于这种情况的有内、外圆柱面和某些平面的加工，计算时只需考虑各工序的余量和该种加工方法所能达到的经济精度，其计算顺序是从最后一道工序开始向前推算，计算步骤如下：

1）确定各工序余量和毛坯总余量。

2）确定各工序尺寸公差及表面粗糙度。最终工序尺寸公差等于设计公差，表面粗糙度为设计表面粗糙度。其他工序尺寸公差和表面粗糙度按此工序加工方法的经济精度和经济粗糙度确定。

3）求工序公称尺寸。从零件图的设计尺寸开始，一直往前推算到毛坯尺寸，某工序公称尺寸等于后道工序公称尺寸加上或减去后道工序余量。

4）标注工序尺寸公差。最后一道工序按设计尺寸公差标注，其余工序尺寸按"单向入体"原则标注。

【例 4-1】 如图 4-24 所示，某法兰盘零件上有一个孔，孔径为 $\phi 60_{0}^{+0.03}$ mm，表面粗糙度值 $Ra = 0.8$ μm，毛坯为铸钢件，需淬火处理。其工艺路线见表 4-8。

第4章 汽车零件机械加工工艺规程的制订

图 4-24 内孔尺寸及基本公差的计算

表 4-8 工序尺寸及其公差的计算 （单位：mm）

工序名称	工序余量	工序所能达到的精度	工序尺寸（最小工序尺寸）	工序尺寸及其上、下极限偏差
磨孔	0.4	H7 ($^{+0.030}_{0}$)	60	$60^{+0.030}_{0}$
半精镗孔	1.6	H9 ($^{+0.074}_{0}$)	59.6	$59.6^{+0.074}_{0}$
粗镗孔	7	H12 ($^{+0.300}_{0}$)	58	$58^{+0.300}_{0}$
毛坯孔	—	±2	51	51±2

解：1）根据各工序的加工性质，查表得它们的工序余量（表4-8中的第2列）。

2）确定各工序的尺寸公差及表面粗糙度。由各工序的加工性质查有关经济加工精度和经济表面粗糙度（表4-8中的第3列）。

3）根据查得的余量计算各工序尺寸（表4-8中的第4列）。

4）确定各工序尺寸的上、下极限偏差。按"单向入体"原则，对于孔，公称尺寸值为公差带的下极限偏差，上极限偏差取正值；对于毛坯尺寸偏差应取双向对称偏差（表4-8中的第5列）。

2. 基准变换后，工序尺寸及其公差的确定

在零件的加工过程中，为了便于工件的定位或测量，有时难于采用零件的设计基准作为定位基准或测量基准，这时就需要应用工艺尺寸链的原则进行工序尺寸及其公差的计算。

（1）测量基准与设计基准不重合 在零件加工时会遇到一些表面加工后设计尺寸不便于直接测量的情况，因此需要在零件上选一个易于测量的表面作为测量基准进行测量，以间接检验设计尺寸。

【例 4-2】 如图 4-25 所示的套筒类零件，两端面已加工完毕，加工孔底 C 时，要保证尺寸 $16^{0}_{-0.35}$mm，因该尺寸不便于测量，试标出测量尺寸。

解：1）画出尺寸链图，如图 4-25b 所示。

2）由于孔的深度可以用深度游标卡尺测量，因此尺寸 $16^{0}_{-0.35}$ mm 可以通过 $A = 60^{0}_{-0.17}$mm 和孔深 x 间接计算出来，尺寸 $16^{0}_{-0.35}$mm 是封闭环。

图 4-25 测量尺寸的换算

3) 判断增、减环。按增、减环的定义确定 A 为增环、x 为减环。
4) 列出尺寸链表。

尺寸标示	公称尺寸	上极限偏差 ES	下极限偏差 EI
A_0	16	0	-0.35
A_Z	60	0	-0.17
$A_J(x)$	$A_J(x)$	$ES_{A_J(x)}$	$EI_{A_J(x)}$

5) 计算。由公式 $A_0 = \sum_{i=1}^{m} A_Z - \sum_{i=m+1}^{n} A_J$，带入尺寸链表中的相关尺寸 16mm = 60mm - $A_J(x)$，计算得 $A_J(x) = 44$mm。

由公式 $ES_{A_0} = \sum_{i=1}^{m} ES_{A_Z} - \sum_{i=m+1}^{n} EI_{A_J}$，带入尺寸链表中的相关尺寸 $0_{mm} = 0_{mm} - EI_{A_J(x)}$，计算得 $EI_{A_J(x)} = 0$mm。

由公式 $EI_{A_0} = \sum_{i=1}^{m} EI_{A_Z} - \sum_{i=m+1}^{n} ES_{A_J}$，带入尺寸链表中的相关尺寸 -0.35mm $= -0.17$mm $- ES_{A_J(x)}$，计算得 $ES_{A_J(x)} = 0.18$mm。

因此，$x = 44_{0}^{0.18}$mm。

6) 校核。$T_{A_0} = T_{A_Z} + T_{A_J} = 0.17$mm + 0.18mm = 0.35mm，封闭环的公差等于各组成环公差之和，故而以上分析计算正确，校核完毕。

通过以上的计算，可以发现，由于基准不重合而进行尺寸换算将带来两个问题：

1) 换算结果明显提高了测量尺寸精度的要求。如果按原设计尺寸进行测量，其公差值为 0.35mm，换算后的测量尺寸公差为 0.18mm，公差值减小了 0.17mm，此值恰好为另一组成环的公差值。

2) 假废品现象。按照工序图上测量尺寸 x，当其上极限尺寸为 44.18mm、下极限尺寸为 44mm 时，零件为合格。假如 x 的实测尺寸偏大或偏小 0.17mm，即 x 的尺寸为 44.35mm 或 43.83mm，零件似乎是"废品"。但只要 A 的实际尺寸相应为最大 60mm 和最小 59.83mm，此时算得 A_0 的相应尺寸分别为（60 - 44.35）mm = 15.65mm 和（59.83 - 43.83）mm = 16mm，此尺寸符合零件图上的设计尺寸，此零件应为合格件。这就是假废品现象。

（2）定位基准与设计基准不重合 采用调整法加工零件时，若所选的定位基准与设计基准不重合，那么该加工表面的设计尺寸就不能由加工直接得到，这时就需要进行工艺尺寸的换算，以保证设计尺寸的精度要求，并将计算的工序尺寸标注在工序图上。

【例4-3】 加工如图 4-26 所示的某零件，定位基准与设计基准不重合时工序尺寸计算。图中所示为某零件的镗孔工序图，定位基准是底面 N，M、N 是已加工表面，图中 L_0 为 $100_{-0.15}^{+0.15}$mm，L_2 为 $200_{0}^{+0.10}$mm，试求镗孔调整时的工序尺寸 L_1。

解：1) 画出尺寸链图，如图 4-27 所示。

2) 由于加工时先面后孔，所以 M 面和 N 面先加工，得到尺寸 L_2，然后镗孔。加工时，以 N 面为定位基准，得到尺寸 L_1；位置尺寸 L_0 通过工序尺寸 L_1 和已加工尺寸 L_2 间接获得，从尺寸链图中分析 L_0 为封闭环。

图 4-26 镗孔零件

图 4-27 镗孔尺寸链图

3）判断增、减环。按增、减环的定义确定 L_1 为增环、L_2 为减环。

4）列尺寸链表。

尺寸标示	公称尺寸	上极限偏差 ES	下极限偏差 EI
$A_0(L_0)$	100	+ 0.15	− 0.15
$A_Z(L_1)$	$A_Z(L_1)$	$ES_{A_Z(L_1)}$	$EI_{A_Z(L_1)}$
$A_J(L_2)$	200	+ 0.10	0

5）计算。由公式 $A_0 = \sum_{i=1}^{m} A_Z - \sum_{i=m+1}^{n} A_J$、$ES_{A_0} = \sum_{i=1}^{m} ES_{A_Z} - \sum_{i=m+1}^{n} EI_{A_J}$、$EI_{A_0} = \sum_{i=1}^{m} EI_{A_Z} - \sum_{i=m+1}^{n} ES_{A_J}$，带入尺寸链表中的相关尺寸计算得：

$A_Z = 300\text{mm}$、$ES_{A_Z} = 0.15\text{mm}$、$EI_{A_Z} = -0.05\text{mm}$

因此，$L_1 = 300_{-0.05}^{+0.15}\text{mm}$。

6）校核。$T_{L_0} = T_{L_1} + T_{L_2} = 0.2\text{mm} + 0.1\text{mm} = 0.3\text{mm}$，封闭环的公差等于各组成环公差之和，故而以上分析计算正确，校核完毕。

零件加工中定位基准与设计基准不重合时，就要通过尺寸链换算来计算工序尺寸。

【例 4-4】 如图 4-28 所示零件，尺寸 $60_{-0.12}^{0}$ mm 已经保证，现以 1 面定位加工 2 面，试计算工序尺寸 A_2。

解： 1）画出尺寸链图，如图 4-28b 所示。

2）当以 1 面定位时加工 3 面，得到尺寸 $60_{-0.12}^{0}$ mm，加工 2 面时，得到尺寸 A_2，设计尺寸 $A_0 = 25_{0}^{+0.22}$ mm 是本工序间接保证的尺寸（最后自动生成的尺寸），应为封闭环。

3）判断增、减环。按增、减环的定义，确定 $A_1(60_{-0.12}^{0})$ 为增环、A_2 为减环。

图 4-28 定位基准与设计基准不重合的尺寸换算

4）列尺寸链表。

尺寸标示	公称尺寸	上极限偏差 ES	下极限偏差 EI
A_0	25	+0.22	0
$A_Z(A_1)$	60	0	-0.12
$A_J(A_2)$	$A_J(A_2)$	$ES_{A_J(A_2)}$	$EI_{A_J(A_2)}$

5）计算。由公式 $A_0 = \sum_{i=1}^{m} A_Z - \sum_{i=m+1}^{n} A_J$，带入尺寸链表中的相关尺寸 25mm = 60mm - A_J，计算得 A_J = 35mm。

由公式 $ES_{A_0} = \sum_{i=1}^{m} ES_{A_Z} - \sum_{i=m+1}^{n} EI_{A_J}$，带入尺寸链表中的相关尺寸 0.22mm = 0mm - EI_{A_J}，计算得 EI_{A_J} = -0.22mm。

由公式 $EI_{A_0} = \sum_{i=1}^{m} EI_{A_Z} - \sum_{i=m+1}^{n} ES_{A_J}$，带入尺寸链表中的相关尺寸 0mm = -0.12mm - ES_{A_J}，计算得 ES_{A_J} = -0.12mm。

因此，$A_2 = 35_{-0.22}^{-0.12}$mm。

6）校核。$T_{A_0} = T_{A_1} + T_{A_2} = 0.12\text{mm} + 0.1\text{mm} = 0.22\text{mm}$，封闭环的公差等于各组成环公差之和，故而以上分析计算正确，校核完毕。

在进行工艺尺寸链计算时，有时可能出现计算出的工序尺寸公差过小，还可能出现零公差或负公差的情况。遇到这种情况一般可采取两种措施：一是压缩各组成环的公差值，二是改变定位基准和加工方法。如图 4-28 可用 3 面定位，使定位基准与设计基准重合，也可用复合铣刀同时加工 2 面和 3 面，以保证设计尺寸。

（3）在尚需继续加工的表面上标注的工序尺寸

【例 4-5】 图 4-29a 所示为一齿轮内孔的简图。内孔尺寸为 $\phi 85_{0}^{+0.035}$mm，键槽的深度尺寸为 $90.4_{0}^{+0.20}$mm，内孔及键槽的加工顺序如下：

1）精镗孔至 $\phi 84.8_{0}^{+0.07}$mm。

2）插键槽深至尺寸 A_3（通过尺寸换算求得）。

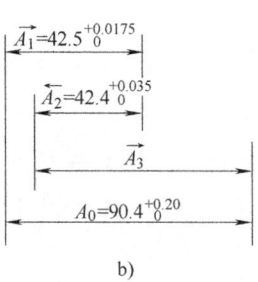

图 4-29 内孔与键槽加工尺寸换算

3) 热处理。

4) 磨内孔至尺寸 $\phi 85_{0}^{+0.035}$mm，同时保证键槽深度尺寸 $90.4_{0}^{+0.20}$mm。

解：1) 画出尺寸链图，如图 4-29b 所示。

2) 根据以上加工顺序，先精镗孔至尺寸 $A_1(84.8_{0}^{+0.07})$，然后插键槽至尺寸 A_2，热处理，磨孔至尺寸 $A_3(85_{0}^{+0.035})$，磨孔后所得的键槽深度尺寸 $A_0 = 90.4_{0}^{+0.2}$mm 是间接得到的，即为封闭环。

3) 判断增、减环。按增、减环的定义，确定 A_2、$A_3(85_{0}^{+0.35})$ 为增环，$A_1(84.8_{0}^{+0.07})$ 为减环。

4) 列尺寸链表。

尺寸标示	公称尺寸	上极限偏差 ES	下极限偏差 EI
A_0	90.4	+0.20	0
$A_{Z_1}(A_2)$	$A_{Z_1}(A_2)$	$ES_{A_{Z_1}(A_2)}$	$EI_{A_{Z_1}(A_2)}$
$A_{Z_2}(A_3)$	85	+0.35	0
$A_J(A_1)$	84.8	+0.07	0

5) 计算。由公式 $A_0 = \sum_{i=1}^{m} A_Z - \sum_{i=m+1}^{n} A_J$，带入尺寸链表中的相关尺 90.4mm = 42.5mm + $A_{Z_1}(A_2)$ − 42.4mm，计算得 $A_{Z_1}(A_2) = 90.3$mm。

由公式 $ES_{A_0} = \sum_{i=1}^{m} ES_{A_Z} - \sum_{i=m+1}^{n} EI_{A_J}$，带入尺寸链表中的相关尺寸 0.20mm = 0.0175mm + $ES_{A_{Z_1}(A_2)}$ − 0mm，计算得 $ES_{A_{Z_1}(A_2)} = 0.183$mm。

由公式 $EI_{A_0} = \sum_{i=1}^{m} EI_{A_Z} - \sum_{i=m+1}^{n} ES_{A_J}$，带入尺寸链表中的相关尺寸 0mm = 0mm + $EI_{A_{Z_1}(A_2)}$ − 0.035mm，计算得 $EI_{A_{Z_1}(A_2)} = 0.035$mm。

因此，$A_{Z_1}(A_2) = 90.3_{+0.035}^{+0.183}$mm。

6) 校核。$T_0 = T_1 + T_2 + T_3 = 0.0175$mm + 0.035mm + 0.1475mm = 0.2mm，封闭环的公差等于各组成环公差之和，故而以上分析计算正确，校核完毕。

(4) 保证渗碳层、渗氮层深度的工序尺寸计算　有些零件的表面需要进行渗碳、渗氮处理，而且在精加工后还要保证规定的渗层深度。为此必须正确确定精加工前的渗层深度尺寸。

【例 4-6】 图 4-30 所示为一套筒类零件，孔径为 $\phi 145_{0}^{+0.04}$mm 的表面要求渗氮，精加工后要求渗氮层深度为 0.3~0.5mm，即单边深度为 $0.3_{0}^{+0.2}$mm，双边深度为 $0.6_{0}^{+0.4}$mm，试求精磨前渗氮层的深度 t_1。

该表面的加工顺序为：磨内孔至尺寸 $\phi 144.76_{0}^{+0.04}$mm；渗氮处理；精磨孔至尺寸 $\phi 145_{0}^{+0.04}$mm，并保证渗层深度为 t_0。

解：1) 画出尺寸链图，如图 4-30d 所示。

2）由图 4-30d 所示可知，尺寸 A_1、A_2、t_1、t_0 组成了一个工艺尺寸链。先磨内孔至尺寸 $A_1(144.76_0^{+0.04})$，然后渗氮处理，至渗氮层深度为 t_1，精磨孔，保证尺寸 $A_2(145_0^{+0.04})$，最后自动生成 $t_0(0.6_0^{+0.4})$。因此，t_0 为封闭环。

3）判断增、减环。根据增、减环的定义，确定 A_1、t_1 为增环，A_2 为减环。

4）列尺寸链表。

尺寸标示	公称尺寸	上极限偏差 ES	下极限偏差 EI
$A_0(t_0)$	0.6	+0.40	0
$A_{Z_1}(A_1)$	144.76	+0.04	0
$A_{Z_2}(t_1)$	$A_{Z_2}(t_1)$	$ES_{A_{Z_2}(t_1)}$	$EI_{A_{Z_2}(t_1)}$
$A_J(A_2)$	145	+0.04	0

5）计算。由公式 $A_0 = \sum_{i=1}^{m} A_Z - \sum_{i=m+1}^{n} A_J$，带入尺寸链表中的相关尺寸 $0.6\text{mm} = 144.76\text{mm} + A_{Z_2}(t_1) - 145\text{mm}$，计算得 $A_{Z_2}(t_1) = 0.84\text{mm}$。

由公式 $ES_{A_0} = \sum_{i=1}^{m} ES_{A_Z} - \sum_{i=m+1}^{n} EI_{A_J}$，带入尺寸链表中的相关尺寸 $0.4\text{mm} = 0.04\text{mm} + ES_{A_{Z_2}(t_1)} - 0\text{mm}$，计算得 $ES_{A_{Z_2}(t_1)} = 0.36\text{mm}$。

由公式 $EI_{A_0} = \sum_{i=1}^{m} EI_{A_Z} - \sum_{i=m+1}^{n} ES_{A_J}$，带入尺寸链表中的相关尺寸 $0\text{mm} = 0\text{mm} + EI_{A_{Z_2}(t_1)} - 0.04\text{mm}$，计算得 $EI_{A_{Z_2}(t_1)} = 0.04\text{mm}$。

因此，$t_1 = 0.84_{+0.04}^{+0.36}\text{mm}$（双边），$\dfrac{t_1}{2} = 0.42_{+0.02}^{+0.18}\text{mm}$（单边）。

图 4-30 保证渗碳深度的尺寸计算

6）校核。$T_0 = \sum T_Z + \sum T_J = 0.32\text{mm} + 0.8\text{mm} = 0.4\text{mm}$，封闭环的公差等于各组成环公差之和，故而以上分析计算正确，校核完毕。

(5) 零件电镀时工序尺寸的计算　有些零件的表面需要电镀，电镀后有两种情况，一种是为了美观和防锈，对电镀表面无精度要求；另一种对电镀表面有精度要求，既要保证图样上的设计尺寸，又要保证一定的镀层厚度。保证电镀表面精度的方法有两种，一种是对镀前控制表面加工尺寸并控制镀层厚度，另一种是镀后进行磨削加工来保证尺寸精度。这两种方法在进行尺寸链计算时，其封闭环是不同的。

第4章 汽车零件机械加工工艺规程的制订

【例 4-7】 图 4-31a 所示为圆环体，其表面镀铬后直径为 $\phi28_{-0.045}^{0}$mm，镀层厚度（双边厚度）为 $0.05 \sim 0.08$mm，外圆表面加工工艺是：车—磨—镀铬。试计算磨削前的工序尺寸 A_2。

解： 1）画出尺寸链图，如图 4-31b 所示。

图 4-31 圆环镀层厚度工序尺寸的计算

2）根据加工顺序，先车外圆至尺寸 A_2，然后镀铬并保证镀层厚度 $A_1 = 0.05 \sim 0.08$mm，镀铬后的直径 $\phi28_{-0.045}^{0}$mm 是由控制镀铬前的尺寸 A_2 和镀层厚度间接保证的，故封闭环应是设计尺寸 $\phi28_{-0.045}^{0}$mm。

3）确定增、减环。根据增、减环的定义，确定 A_1、A_2 为增环。

4）列尺寸链表。

尺寸标示	公称尺寸	上极限偏差 ES	下极限偏差 EI
A_0	28	0	-0.045
$A_{Z_1}(A_1)$	0.08	0	-0.03
$A_{Z_2}(A_2)$	$A_{Z_2}(A_2)$	$ES_{A_{Z_2}(A_2)}$	$EI_{A_{Z_2}(A_2)}$

5）计算。由公式 $A_0 = \sum_{i=1}^{m} A_Z - \sum_{i=m+1}^{n} A_J$，带入尺寸链表中的相关尺寸 28mm = 0.08mm + $A_{Z_2}(A_2)$，计算得 $A_{Z_2}(A_2) = 27.92$mm。

由公式 $ES_{A_0} = \sum_{i=1}^{m} ES_{A_Z} - \sum_{i=m+1}^{n} EI_{A_J}$，带入尺寸链表中的相关尺寸 0mm = 0mm + $ES_{A_{Z_2}(A_2)}$，计算得 $ES_{A_{Z_2}(A_2)} = 0$mm。

由公式 $EI_{A_0} = \sum_{i=1}^{m} EI_{A_Z} - \sum_{i=m+1}^{n} ES_{A_J}$，带入尺寸链表中的相关尺寸 -0.045mm = -0.03mm + $EI_{A_{Z_2}}$，计算得 $EI_{A_{Z_2}(A_2)} = -0.015$mm。

因此，$A_2 = \phi 27.92_{-0.015}^{0}$mm。

6）校核。$T_0 = T_1 + T_2 = 0.03$mm + 0.015mm = 0.045mm，封闭环的公差等于各组成环公差之和，故而以上分析计算正确，校核完毕。

【例 4-8】 以图 4-31a 圆环工件表面镀铬为例。其外圆直径改为 $\phi 28_{-0.015}^{0}$ mm，加工工艺采用车→粗磨→镀铬→精磨。精磨后镀层厚度在直径上为 0.05~0.08mm。求镀前粗磨时的工序尺寸 A_2。

解：1）画出尺寸链图，如图 4-31c 所示。

2）根据加工顺序，先车外圆保证尺寸 A_2，之后粗磨+镀铬+加精磨，保证尺寸 $\phi 28_{-0.015}^{0}$ mm，最后间接保证的尺寸是镀层厚度尺寸 A_0（0.05~0.08mm），故 A_0 为封闭环。

3）确定增、减环。根据增、减环的定义，确定 A_1 为增环，A_2 为减环。

4）列尺寸链表。

尺寸标示	公称尺寸	上极限偏差 ES	下极限偏差 EI
A_0	0.08	0	-0.03
$A_Z(A_1)$	28	0	-0.15
$A_J(A_2)$	$A_J(A_2)$	$\text{ES}_{A_J(A_2)}$	$\text{EI}_{A_J(A_2)}$

5）计算。由公式 $A_0 = \sum_{i=1}^{m} A_Z - \sum_{i=m+1}^{n} A_J$，带入尺寸链表中的相关尺寸 0.08mm = 28mm - A_J，计算得 A_J = 27.92mm。

由公式 $\text{ES}_{A_0} = \sum_{i=1}^{m} \text{ES}_{A_Z} - \sum_{i=m+1}^{n} \text{EI}_{A_J}$，带入尺寸链表中的相关尺寸 0mm = 0mm - EI_{A_J}，计算得 EI_{A_J} = 0mm。

由公式 $\text{EI}_{A_0} = \sum_{i=1}^{m} \text{EI}_{A_Z} - \sum_{i=m+1}^{n} \text{ES}_{A_J}$，带入尺寸链表中的相关尺寸 -0.015mm = -0.03mm - ES_{A_J}，计算得 ES_{A_J} = 0.015mm。

因此，$A_2 = \phi 27.92_{0}^{0.015}$ mm。

6）校核。$T_0 = T_1 + T_2 = 0.015\text{mm} + 0.015\text{mm} = 0.03\text{mm}$，封闭环的公差等于各组成环公差之和，故而以上分析计算正确，校核完毕。

（6）孔系坐标尺寸的计算 箱体类零件上的轴承座孔之间的中心距尺寸精度要求较高，在零件设计图样上，设计人员根据齿轮传动精度的要求，往往直接标注孔间中心距尺寸及其极限偏差，再标注一个角度量或一个坐标尺寸。零件制造时，需要直接根据坐标尺寸（工序尺寸）进行孔系加工，从而间接保证孔间中心距尺寸及公差。因此，工艺上要求将孔间中心距尺寸换算成坐标尺寸。这种孔系坐标尺寸的计算属于解算平面尺寸链的问题。

【例 4-9】 图 4-32 所示为某汽车发动机缸体孔系坐标尺寸链，两坐标尺寸 A_x 和 A_y 之间的夹角为 90°。工艺人员在制订工艺规程时，需要计算 A_x 和 A_y 的公称尺寸及其极限偏差，并标注在工序图上。已知两孔间中心距尺寸 $A_0 = (135 \pm 0.05)$ mm，A_x 的公称尺寸为 100mm。解算坐标尺寸 A_y 的公称尺寸和 A_x、A_y 的极限偏差。

解：1）工艺尺寸链的建立。将坐标尺寸 A_x、A_y 向 A_0 方向投影，使平面尺寸链转换为以孔间中心距尺寸 A_0 为封闭环的直线尺寸链，如图 4-33 所示。计算其公称尺寸：

$$A_0 = \sum_{Z=1}^{k} \xi_Z A_Z + \sum_{J=k+1}^{n-1} \xi_J A_J = A_x \cos\alpha + A_y \sin\alpha$$

$$= \frac{A_x^2}{A_0} + \frac{A_y^2}{A_0}$$

图 4-32　孔系坐标尺寸链

图 4-33　转换成直线尺寸链

2）坐标尺寸 A_x、A_y 公称尺寸的确定。坐标尺寸 A_x、A_y 与孔间中心距尺寸 A_0 的关系为

$$A_x = A_0 \cos\alpha = \sqrt{A_0^2 - A_y^2}$$

$$A_y = A_0 \sin\alpha = \sqrt{A_0^2 - A_x^2}$$

本例中给出了坐标尺寸 A_x 的公称尺寸，据此可求出另一坐标尺寸 A_y 的公称尺寸：

$$A_y = \sqrt{135^2 - 100^2}\text{ mm} \approx 90.692\text{mm}$$

3）坐标尺寸 A_x、A_y 的极限偏差计算。封闭环公差 T_{A_0} 与组成环公差 T_{A_x}、T_{A_y} 之间的关系为

$$T_{A_0} = \left|\frac{\partial A_0}{\partial A_x}\right| T_{A_x} + \left|\frac{\partial A_0}{\partial A_y}\right| T_{A_y} = T_{A_x}\cos\alpha + T_{A_y}\sin\alpha = T_{A_x}\frac{A_x}{A_0} + T_{A_y}\frac{A_y}{A_0}$$

在确定坐标尺寸的公差时，可按两种不同情况做出不同的处理。

①若坐标尺寸 A_x 与 A_y 的值相差不大（在同一尺寸段内），或孔系采用数控机床加工（数控机床的定位精度与工作台或主轴移动距离的大小无关）时，可采用相等公差法确定坐标尺寸的公差大小，即

$$T_{A_x} = T_{A_y} = \frac{T_{A_0}}{\cos\alpha + \sin\alpha} = T_{A_0}\frac{A_0}{A_x + A_y}$$

本例即属于这种情况。将数值代入上式得

$$T_{A_x} = T_{A_y} = \left(0.1 \times \frac{135}{100 + 90.692}\right)\text{mm} \approx 0.0708\text{mm}$$

将孔间中心距尺寸的极限偏差按对称分布标注，得到两个坐标尺寸分别为

$$A_x \approx (100 \pm 0.035)\text{mm}$$

$$A_y \approx (90.692 \pm 0.035)\text{mm}$$

最后，验算封闭环极限尺寸 $A_{0\max}$ 和 $A_{0\min}$：

$$A_{0\max} = \sqrt{A_{x\max}^2 + A_{y\max}^2} = \sqrt{100.035^2 + 90.727^2}\,\text{mm} \approx 135.050\,\text{mm}$$

$$A_{0\min} = \sqrt{A_{x\min}^2 + A_{y\min}^2} = \sqrt{99.965^2 + 90.657^2}\,\text{mm} \approx 134.951\,\text{mm}$$

验算结果表明，上述计算结果符合封闭环 $A_0 = (135 \pm 0.05)\,\text{mm}$ 的设计要求。

②若坐标尺寸值相差较大（不在同一尺寸段内），且采用组合镗床或坐标镗床等机床加工时，为使加工难易程度相当，应采用等公差等级法确定各坐标尺寸的公差。在此情况下，首先以相等公差法计算出的极值平均公差作为参考值，然后将两坐标尺寸之一的公差值确定为某适当公差等级的标准公差值，然后计算出另一坐标尺寸的公差值，使之满足封闭环公差的要求。必要时对所确定的公差值进行调整，使两坐标尺寸的公差等级相当。

4.6 定位方案与夹具设计

4.6.1 工件的装夹

只有将工件安装在机床的正确位置才能保证其加工精度。**工件的装夹**是指工件加工前，在机床或夹具中占据某一正确加工位置，然后予以压紧工件的过程，**即定位和夹紧的过程**。

（1）**定位**　使工件在机床（或机床夹具）中获得正确的加工位置的过程。

（2）**夹紧**　工件定位后，为了避免在加工中因受到切削力、重力等力的作用而受到破坏，用一定的机构或装置将工件固定，使其在加工过程中保持固位位置不变的操作。

$$\text{工件的装夹} \begin{cases} \text{装——定位：工件占据正确加工位置} \\ \text{夹——夹紧：保证正确加工位置不变} \end{cases}$$

工件装夹时，一般先定位，后夹紧；特殊情况下定位、夹紧同时实现，如自定心卡盘装夹工件。工件在机床或夹具中占据某一正确加工位置的**装夹方法主要包括找正装夹和采用夹具装夹两种方法**。

$$\text{工件的装夹方法} \begin{cases} \text{找正装夹} \begin{cases} \text{直接找正装夹} \\ \text{划线找正装夹} \end{cases} \\ \text{夹具装夹} \end{cases}$$

1. 找正装夹

找正法装夹工件有两种方式，即直接找正装夹和划线找正装夹。

（1）**直接找正装夹**　如图 4-34 所示，在磨床上磨削零件内孔，对零件的外圆与内孔有很高的同轴度要求。此时，采用单动卡盘装夹工件，采用千分表通过控制外圆的径向圆跳动，对工件外圆进行找正，确保外圆轴线与磨床主轴轴线的同轴度，从而使工件在磨床上占有正确位置，用单动卡盘将找正获得的正确位置固定下来。此时，定位基准为外圆轴线，定位基面为需找正的外圆。

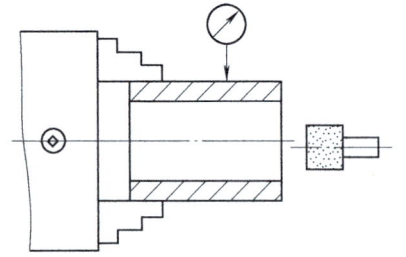

图 4-34　直接找正装夹

根据工件已有表面，用划针、千分表等找正工具直接在机床上找正工件位置并夹紧的方法称为**直接找正装夹法**。

直接找正法装夹工件的主要过程：工件预夹紧→工件找正调整获得正确的加工位置→完全夹紧。工件是通过找正获得正确加工位置的，工件的夹紧往往是通过单动卡盘、台虎钳等通用机床夹具或压板夹紧来实现的，夹具只起到夹紧工件的作用。

直接找正法方便、简单，生产率低、劳动强度大，定位精度和找正的快慢取决于找正方法、找正工具和工人的技术水平等。直接找正法适用于单件、小批生产且加工质量要求不高的工件生产；不适用于成批大量的汽车零件的机械加工生产。

（2）划线找正装夹　图 4-35 所示为在汽车变速器拨叉上加工螺纹孔的找正装夹。首先将拨叉安装在划线平台的方箱上，在螺纹孔处涂上颜色，按要求找出螺纹孔中心位置，并在孔中心处划出十字线痕和底孔圆线痕。然后将待加工拨叉装在图 4-35 中的台虎钳上，用划针找正拨叉的正确位置。加工时，将钻头对准已划出孔中心线痕的位置进行钻孔和攻螺纹。

通过划线，在工件上划出待加工表面的位置，以划线线痕作为定位依据，以工件上事先划好的线痕找正工件在机床上正确位置的装夹方法，称为划线找正装夹。

图 4-35　汽车变速器拨叉上加工螺纹孔的找正装夹

划线找正装夹生产率低，定位精度受划线精度和找正精度的限制，对工人的技术水平要求较高。划线找正法适用于单件小批量，毛坯精度低，加工复杂的大型零件等不便于使用夹具进行加工的粗加工；不适用于成批大量的汽车零件的机械加工生产。

2. 夹具装夹

机床夹具是能对同一批工件在加工前迅速进行装夹，使工件相对于机床、刀具具有确定的位置，且在整个加工过程中保持此位置关系不变的一种工艺装备。**夹具装夹**是直接利用夹具上的定位元件使工件获得机械加工正确位置并夹紧的方法。

由于夹具的定位元件与机床和刀具的相对位置均已预先调整好，因此工件定位时不必再逐个调整，定位迅速、可靠，定位精度较高，但设计与制造的周期较长，费用较高。夹具装夹主要适用于产品相对稳定而产量较大的成批和大量的机械零件加工生产。机床夹具在汽车零件机械加工过程中应用十分广泛。

工件装夹是否正确、迅速、方便和可靠，将直接影响工件的加工质量、生产效率、制造成本和操作安全等。因此，根据工件的加工要求和具体的生产条件，合理选择工件的装夹方法是工艺研究的重要问题之一。

4.6.2　机床夹具的基础知识

1. 机床夹具的概念

在机械加工过程中，为了保证零件的加工精度，固定工件、使之占有确定位置以接受加工或检测的工艺装备统称为**机床夹具，简称夹具**（工艺装备是产品制造时所使用的刀具、夹具、量检具、辅具和模具等各种工具的总称）。

为保证产品的生产纲领,在经济性和产品质量稳定性等众多因素的要求下,汽车零件的机械加工多为批量生产,故汽车工件的装夹是通过机床夹具实现的。

2. 机床夹具的作用

1)工件装夹迅速,减少了辅助时间,生产高效稳定。

2)保证加工精度。机床夹具可准确确定工件、刀具和机床之间的相对位置,从而保证被加工表面的工序尺寸和位置公差要求,加工精度的稳定性好。

3)加工成批工件时生产效率高,减轻了工人的劳动强度,平衡工序时间,生产节拍稳定,便于生产过程自动化。

4)扩大了机床的工艺范围。例如,在卧式车床刀架处安装一专用镗孔夹具,车床就可对箱体轴承座孔进行加工。

3. 夹具的组成

在汽车零件生产中使用的专用机床夹具种类繁多,虽然结构千变万化,但它们都是由下列元件和装置组成的。

(1)定位元件 **定位元件**是保证工件在夹具中处于正确位置的元件。常用工件的定位基准或定位基面与机床夹具的定位元件相接触或配合来实现工件的定位。如图4-36所示,专用钻床夹具中的定位销和支承钉均为定位元件,它们的作用是确定工件相对于机床的正确位置。

图4-36 拨叉在专用钻床夹具上的装夹

1—钻模板 2—钻套 3—定位销A_1 4—夹具体 5—支承钉
6—钩形压板 7—星形手柄 8—定位销A_2

第4章 汽车零件机械加工工艺规程的制订

(2) 夹紧装置　夹紧装置是在工件定位后将工件压紧夹牢在定位位置的装置。夹紧装置能够保证工件在加工过程中受到外力（切削力等）作用时不离开已经占据的正确加工位置。如图4-36a所示钻床夹具中，星形手柄（螺母）、钩形压板、螺杆、弹簧和紧固螺钉等组成了螺旋压板夹紧机构。

定位元件和夹紧装置都是与保证工件加工精度直接有关的重要部件。

(3) 对刀、导向元件　为便于快速、准确调整刀具的正确位置，根据不同加工情况，可在夹具上设置确定刀具位置或引导刀具方向的对刀、导向元件。对刀、导向元件是用于引导或确定刀具相对于夹具定位元件的正确位置的元件，如钻套、镗套和铣床夹具的对刀元件等。

(4) 夹具连接元件　夹具连接元件是用于确定夹具本身在机床上的正确位置的连接元件。例如，铣床、刨床夹具底面上装的定位键等，就是夹具与机床工作台保持一定位置关系的连接元件。

(5) 其他元件及装置　其他元件及装置指夹具中因特殊需要而设置的装置或元件。根据工件加工要求，有些机床夹具设置了其他的元件或装置，如进行多工位加工时用的分度转位装置、靠模装置和工件抬起装置等；加工按一定规律分布的多个表面时，常设置分度装置；为了能方便、准确地定位，常设置预定位装置；对于大型夹具，常设置吊装元件等。

(6) 夹具体　夹具体是机床夹具的基础件，用于将夹具上的各种元件和装置连接成一个有机整体，即夹具体保证了夹具各组成元件之间的相对位置。夹具体既要有足够的刚度，也要有足够的强度，还要有高的加工精度。

不是每个夹具都必须全部配备上述各组成部分的。一般来说，定位元件、夹紧装置和夹具体是机床夹具的基本组成部分。这些元件和装置与工件、机床、刀具之间的关系如图4-37所示，其他部分则需根据机床夹具所属的机床类型、工件加工表面的特殊要求等而设置。

图4-37　专用机床夹具的组成及其与工件、机床、刀具之间的关系

4. 夹具的分类

按夹具的应用范围不同，夹具的分类有几种情况，见表4-9。

表 4-9 机床夹具的分类

分类方式	按生产的专业化程度或夹具的通用程度分类	按工艺过程分类	按夹具的动力源分类	按使用机床分类
具体名称	通用夹具 专用夹具 成组（可调）夹具 组合夹具 随行夹具	机床夹具 检验夹具 装配夹具 焊接夹具 其他工种夹具	电动夹具 手动夹具 液动夹具 气动夹具 磁力夹具 真空夹具 离心力夹具	车床夹具 铣床夹具 钻床夹具 刨床夹具 镗床夹具 齿轮机床夹具 其他机床夹具

4.6.3 工件在夹具中的定位

1. 工件的六点定位原理

一个尚未定位的工件类似于空间自由刚体，其空间位置是不确定的，如图 4-38 所示，在空间直角坐标系中有 6 个方向活动的可能性，即会有沿 3 个坐标轴方向移动（分别用符号 $\vec{X}$、$\vec{Y}$、$\vec{Z}$ 表示）和绕 3 个坐标轴方向转动（分别用符号 $\hat{X}$、$\hat{Y}$、$\hat{Z}$ 表示）到不同的位置的可能性。工件在空间不同位置的变化就是这 6 个方向变动的结果。一般来说，其中一个方向活动的可能性称为空间自由刚体（工件）的一个自由度。

用以描述一个空间自由刚体（工件）位置不确定性的 $\vec{X}$、$\vec{Y}$、$\vec{Z}$、$\hat{X}$、$\hat{Y}$、$\hat{Z}$ 合称为**工件的 6 个自由度**。其中，$\vec{X}$、$\vec{Y}$、$\vec{Z}$ 分别为工件沿 X、Y、Z 轴的移动自由度，$\hat{X}$、$\hat{Y}$、$\hat{Z}$ 分别为工件绕 X、Y、Z 轴的转动自由度。

注：为方便分析，本书中所建立的坐标系，若不特殊指明，以主视图为准，即主视图为 XOZ 平面，以左右方向为 X 轴方向（右向为其正方向）；上下方向为 Z 轴方向（竖直向上为其正方向）；进出纸面方向为 Y 轴方向（从纸中穿出为其正方向）。

图 4-38 空间刚体的六个自由度

没有定位的工件，在空间具有 6 个可活动的自由度。要使工件在某个方向有确定的位置，就必须限制该方向的自由度。

定位，就是限制自由度。如图 4-39 所示的长方体工件，欲使其完全定位，即在空间占有唯一确定的位置，可以设置 6 个固定点，工件的 3 个面分别与这些点保持接触。在工件底面设置 3 个不共线的点 1、2、3（构成一个面），限制工件的 3 个自由度 $\vec{Z}$、$\hat{X}$ 和 $\hat{Y}$；侧面设置两个点 4、5（构成一条线），限制了工件的两个自由度 $\vec{X}$ 和 $\hat{Z}$；端面设置一个点 6（一个点），限制工件的一个自由度 $\vec{Y}$。如此，工件的 6 个自由度都被限制了，从而确定了工件在空间的唯一确定位置。

第4章 汽车零件机械加工工艺规程的制订

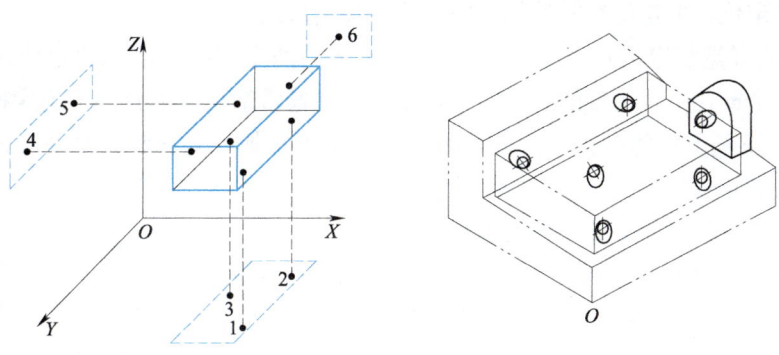

图4-39 工件在空间的六点定位

这些用来限制工件自由度的固定点称为**定位支承点**,简称支承点。用合理分布的6个支承点限制工件的6个自由度,从而确定工件在空间的唯一确定位置的法则,称为**工件的六点定位原理**。

(1) 工件定位的几种情况　为保证某一工序的加工要求,工件必须正确定位。

正确定位可以通过对工件工序基准限制一定的自由度来达到,但是并不一定将6个自由度全部限制住;只将对加工要求有影响的自由度加以限制,而由刀具直接保证的加工要求和不影响加工要求的自由度,都不必加以限制。

如果某些自由度对加工要求有影响,则该自由度就必须加以限制。**为保证加工精度,工件正确定位应限制的自由度,称为第一类自由度**;与加工要求无关的自由度,称为**第二类自由度**。工件实际定位时,可根据工件所承受切削力、夹紧力、重力等情况和刀具在工件加工表面上运行的工作行程范围,考虑是否对第二类自由度加以限制。按照工件加工要求确定工件必须限制的自由度是工件定位中应解决的首要问题。

1) 完全定位。图4-40所示为加工压板导向槽的示例。由于要求保证槽深方向的尺寸A_2,故要求限制Z方向的移动自由度$\vec{Z}$;由于要求保证槽底面与C面平行,故要限制绕X轴的转动自由度$\hat{X}$和绕Y轴的转动自由度$\hat{Y}$;由于要保证槽长尺寸A_1,故要限制X方向的移动自由度$\vec{X}$;由于导向槽要保证压板的中心与长圆孔一致,故要限制Y方向的移动自由度$\vec{Y}$和绕Z轴的转动自由度$\hat{Z}$。这样,在加工导向槽时,6个自由度都应限制。这种6个自由度都被限制的定位方式称为完全定位。

图4-40 零件加工定位分析

2) 不完全定位(第一类自由度限制)。如图4-40所示的导板,在平面磨床上磨平面,要求保证板厚B,同时保证加工面与底面平行。这时,根据加工要求只需限制$\vec{Z}$、$\hat{X}$、$\hat{Y}$共3个自由度就可以。这种根据零件的加工要求,实际限制的自由度少于6个的定位方法称为不完全定位。

3) 欠定位。工件在某工序加工时,根据零件加工要求应限制的自由度而未被限制的定

125

位方法称为欠定位。欠定位在零件加工中是不允许出现的。

4）过定位（重复定位）。工件定位时，夹具上的两个或两个以上的定位元件，重复限制工件的同一个或几个自由度的定位称为过定位。在通常情况下不允许出现这种定位方式。

（2）工件正确定位的分析　工件正确定位完全由其加工要求和工序基准的形式决定。工件的正确定位就是工序基准的正确定位。工序基准的正确定位，可以转化为在直角坐标系中用限制工件工序基准的自由度来分析和保证。

为简化分析自由度，可将对工件工序各项加工要求应限制的自由度分析转化成对各项加工要求的工序基准的自由度分析。常见的工序基准有点、线、平面3种，它们在直角坐标系中的位置分别由点——1个移动自由度，线——1个移动和1个转动自由度，平面——1个移动和两个转动自由度决定。下面结合实例分析加工要求应限制的自由度。

【例 4-10】　如图 4-41 所示，在一个球体上铣平面 B，保证工序尺寸 H。试分析为保证加工要求应限制的自由度。

解：1）直角坐标系如图 4-41 所示，坐标轴应与工件工序基准重合或平行。

2）凡是对加工要求有影响的自由度必须加以限制，分析表明：工序尺寸 H（工序基准为圆球下点 A）应限制的自由度为 $\vec{Z}$。

综上分析知，该工序应限制 $\vec{Z}$ 这 1 个自由度。

【例 4-11】　如图 4-42 所示，在一个圆柱体上铣平面，保证工序尺寸 H。试分析为保证加工要求应限制的自由度。

图 4-41　分析球体上铣平面应限制的自由度

图 4-42　分析圆柱体上铣平面应限制的自由度

解：1）直角坐标系如图 4-42 所示，坐标轴应与工件工序基准重合或平行。

2）凡是对加工要求有影响的自由度必须加以限制，分析表明：工序尺寸 H（工序基准为圆柱体下素线 A）应限制的自由度为 $\vec{Z}$、$\widehat{X}$。

综上分析知，该工序应限制 $\vec{Z}$、$\widehat{X}$ 两个自由度。

【例 4-12】　如图 4-43 所示，在圆柱体上扩孔，要保证工序尺寸 ϕa 及内孔对外圆的同轴度公差 ϕt 的加工要求。试分析工件正确定位应限制的自由度。

解：1）直角坐标系如图 4-43 所示，坐标轴应与工件工序基准重合或平行。

2）凡是对加工要求有影响的自由度必须加以限制，分析表明：工序尺寸 ϕd 由定尺寸刀具（扩孔钻）直接保证，不需要限制自由度；同轴度（工序基准为外圆 ϕd 的轴线）应限制的自由度为 $\vec{X}$、$\vec{Y}$、$\widehat{X}$、$\widehat{Y}$。

综上分析知，该工序应限制 $\vec{X}$、$\vec{Y}$、$\widehat{X}$、$\widehat{Y}$ 共4个自由度。

【例 4-13】 如图 4-44 所示，在长方形铁块上铣一个通槽，要保证工序尺寸 A、B、C。试分析工件正确定位应限制的自由度。

解：1）直角坐标系如图 4-44 所示，坐标轴应与工件工序基准重合或平行。

2）凡是对加工要求有影响的自由度必须加以限制，分析表明：工序尺寸 B 由定尺寸刀具直接保证，不需要限制自由度；工序尺寸 A（工序基准为侧平面）应限制自由度 $\vec{X}$、$\widehat{Y}$、$\widehat{Z}$；工序尺寸 C（工序基准为底平面）应限制自由度 $\vec{Z}$、$\widehat{X}$、$\widehat{Y}$。

图 4-43 分析扩孔应限制的自由度

综合分析知，该工序应限制 $\vec{X}$、$\vec{Z}$、$\widehat{X}$、$\widehat{Y}$、$\widehat{Z}$ 共5个自由度。

【例 4-14】 如图 4-45 所示，在圆柱体上铣一个槽，要保证：①槽宽尺寸 b；②槽深尺寸 H；③槽对圆柱体轴线的对称度公差 t。试分析工件正确定位应限制的自由度。

图 4-44 分析长方形铁块上铣槽应限制的自由度

图 4-45 分析圆柱体上铣槽应限制的自由度

解：1）直角坐标系如图 4-45 所示，坐标轴应与工件工序基准重合或相平行。

2）凡是对加工要求有影响的自由度必须加以限制，分析表明：槽宽尺寸 b 由定尺寸刀具直接保证，不需要限制自由度；槽深尺寸 H（工序基准为下素线 C）应限制自由度 $\vec{Z}$、$\widehat{X}$；槽的对称度（工序基准为圆柱体轴线）应限制自由度 $\vec{X}$、$\widehat{Z}$。

综上分析知，该工序应限制 $\vec{X}$、$\vec{Z}$、$\widehat{X}$、$\widehat{Z}$ 共4个自由度。

【例 4-15】 如图 4-46 所示，在拨叉上钻螺纹孔底孔。要保证：①钻孔 $\phi 8.9 \mathrm{mm}$；②螺纹孔位置尺寸（31.7±0.15）mm；③孔 $\phi 8.9 \mathrm{mm}$ 对孔 $\phi 19 \mathrm{mm}$ 的对称度；④孔 $\phi 8.9 \mathrm{mm}$ 对孔

φ19mm 及槽 19mm 的对称中心平面 A—B 的垂直度。试分析为保证加工要求应限制的自由度。

解： 1) 直角坐标系如图 4-46 所示，坐标轴应与工件工序基准重合或平行。

2) 凡是对加工要求有影响的自由度必须加以限制，分析表明：钻底孔 φ8.9mm 由刀具直接保证，不需要限制自由度；工序尺寸 31.7mm（工序基准为 F 平面）应限制自由度 $\vec{X}$、$\vec{Y}$、$\vec{Z}$；保证垂直度（工序基准为 A—B 平面）应限制自由度 $\hat{X}$、$\hat{Y}$；保证对称度（工序基准为 φ19mm 孔的轴线）应限制自由度 $\vec{Y}$、$\vec{Z}$。

综上分析知，该工序应限制 $\vec{X}$、$\vec{Z}$、$\hat{X}$、$\hat{Y}$、$\vec{Z}$ 共 5 个自由度。

图 4-46 分析在拔叉上钻螺纹孔底孔应限制的自由度

在应用"六点定位原理"分析工件的定位时，应注意以下几点：

1) 支承点限制工件自由度的作用，应理解为定位支承点与工件定位基准面始终保持接触。若两者脱离，则意味着失去定位作用。

2) 1 个定位支承点仅限制 1 个自由度，1 个工件仅有 6 个自由度，因此所设置的定位支承点数目原则上不应超过 6 个。

3) 分析定位支承点的定位作用时，不考虑力的影响。工件的某一自由度被限制，并非指工件在受到使其脱离定位支承点的外力时不能运动；要使其在外力作用下不能运动，是夹紧的任务。反之，工件在外力作用下不能运动，即被夹紧，也并非工件的所有自由度都被限制了。

定位和夹紧是两个概念，绝不能混淆。定位是解决工件在夹紧前位置是否正确的问题；夹紧是解决工件在加工过程中，受到重力、切削力等外力作用时，是否稳固地保持在定位位置的问题。换言之，定位是解决工件位置定不定的问题，夹紧是解决工件在加工过程中动不动的问题。

4) 工件定位时，对于影响加工精度要求的自由度必须限制；不影响加工精度要求的自由度可以限制也可以不限制，视具体情况而定。

常见加工形式中，为保证加工要求必须限制的自由度（第一类自由度）见表 4-10。

第4章 汽车零件机械加工工艺规程的制订

表 4-10 常见的加工形式中，为保证加工要求必须限制的自由度（第一类自由度）

序号	加工形式	第一类自由度	序号	加工形式	第一类自由度
1		$\vec{Z}$	7		$\vec{X}\ \vec{Y}\ \vec{Z}$ $\hat{X}\ \hat{Y}$
2		$\vec{Z}$ $\hat{Y}$	8		$\vec{X}\ \vec{Z}$ $\hat{X}\ \hat{Y}\ \hat{Z}$
3		$\vec{X}\ \vec{Y}$ $\hat{X}\ \hat{Y}$	9		$\vec{X}\ \vec{Y}$ $\hat{X}\ \hat{Y}\ \hat{Z}$
4		$\vec{Z}$ $\hat{X}\ \hat{Y}$	10		$\vec{X}\ \vec{Z}$ $\hat{X}\ \hat{Y}\ \hat{Z}$
5		$\vec{X}\ \vec{Z}$ $\hat{X}\ \hat{Z}$	11		$\vec{X}\ \vec{Y}$ $\hat{X}\ \hat{Y}\ \hat{Z}$
6		$\vec{Y}\ \vec{Z}$ $\hat{X}\ \hat{Z}$	12		$\vec{X}\ \vec{Y}\ \vec{Z}$ $\hat{X}\ \hat{Y}\ \hat{Z}$

2. 工件的定位方式与定位元件

在实际生产中,为了保证同一批工件在夹具中占据一个正确的位置,必须选择合理的定位方式并设计相应的定位元件。在实际应用中,工件正确定位时,对工件第一类自由度的限制,一般不允许将工件的定位基面直接与夹具体接触,而是通过工件定位基准(或基面)与机床夹具定位元件的配合或接触来实现的。工件定位基面与定位元件的工作表面合称为定位副。

工件在机床夹具中定位时,根据工件的结构特点和工序的加工要求不同,选择的定位基准(基面)有各种形式(如平面、内孔、外圆、圆锥面和型面等),不同的定位基准(基面)选择不同类型的定位元件。通常工件的定位方式有:平面定位、内孔定位、外圆定位和组合表面定位。

对于工件不同的定位基准(基面)的形式,定位元件的结构、形状、尺寸和布置方式也不同。

下面介绍不同的定位基准所用的定位元件的结构形式。

(1) 工件以平面定位　在机械加工中,将工件上的一个或几个平面作为定位基准来定位工件的方式,称为平面定位。例如箱体、支架类零件等,常以工件的平面作为定位基准。平面定位常用的定位元件有固定支承、可调支承、自位支承和辅助支承。

1) 固定支承。固定支承是指高度尺寸固定,不能调整的支承,包括支承钉和支承板两类。在使用过程中它们都是固定不动的。支承钉、支承板均已标准化,其公差配合、材料和热处理等可查国家标准《机床夹具零件及部件》。

① 支承钉。常用支承钉的结构形式如图 4-47 所示。A 型平头支承钉用于支承精基准,当工件以加工过的平面定位时,可采用平头支承钉(A 型);B 型球头支承钉用于支承粗基准,当工件以粗糙不平的毛坯面定位时,采用球头支承钉(B 型),使其与毛坯良好接触;C 型网纹平面支承钉常用于要求摩擦力大的工件侧面的支承,能增大摩擦因数,防止工件滑动。

1 个支承钉相当于 1 个支承点,限制 1 个自由度;在 1 个平面内,两个支承钉限制两个自由度;不在同一条直线上的 3 个支承钉限制 3 个自由度。需要经常更换的支承钉应加衬套,如图 4-48 所示。

图 4-47　常用支承钉的结构形式
a) A 型平头支承钉　b) B 型球头支承钉　c) C 型齿纹平面支承钉

图 4-48　衬套

② 支承板。常用支承板的结构形式如图 4-49 所示。当工件以加工过的平面定位时,可采用图 4-49a 所示的平头支承板。该支承板结构简单,制造方便,由于埋头螺钉孔处落入的

第4章 汽车零件机械加工工艺规程的制订

切屑不易清除,因此适用于工件侧面和顶面的定位。图4-49b所示为带斜槽型支承板,该支承板易保证工作表面清洁,便于清除槽内落入的切屑,适用于工件底面的定位。当支承的定位基准平面较大时,常用几块支承板组合成一个大的支承平面,各支承板组装到夹具体上后,应在平面磨床上将其支承平面一起磨平,以保证等高。

限制3个自由度的支承称为**主要支承**;1个支承板相当于两个支承点,限制两个自由度,称为**导向支承**,如图4-50所示。一般将限制1个自由度的支承称为**止推支承**。

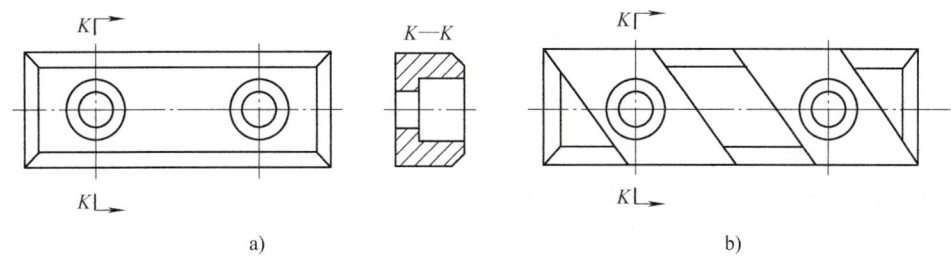

图4-49 支承板的结构形式

a)平头支承板 b)带斜槽型支承板

2)可调支承。**可调支承**是指顶端位置能够在一定高度范围内调整的支承。常用的可调支承结构如图4-51所示。可调支承多用于支承工件的粗基准面,支承高度可根据需要进行调整,调整到位后用螺母锁紧。1个可调支承限制1个自由度。

如图4-52a所示,工件为砂型铸件,先以 A 面定位铣 B 面,再以 B 面定位镗双孔。铣 B 面时若用固定支承,由于定位基面 A 的尺寸和形状误差较大,铣完后的 B 面与两毛坯孔(图中的双点画线)的距离 H_1、H_2 变化也较大,致使镗孔时余量很不均匀,甚至可能使余量不够。因此,图4-52中可采用可调支承,定位时适当调整支承钉的高度即可避免出现上述情况。

图4-50 支承板定位简图

图4-51 可调支承的结构及其应用

对于中小型零件,一般每批调整1次,调整好后用锁紧螺母拧紧固定,此时其作用与固定支承完全相同。若工件较大且毛坯精度要求较低时,也可能每件都要调整。

131

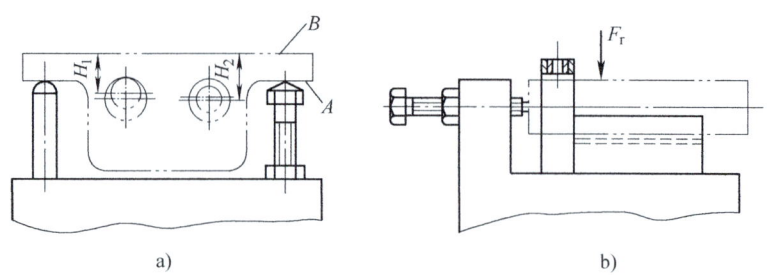

图 4-52 可调支承的应用

3）自位支承（浮动支承）。自位支承是指支承本身的位置在定位过程中能自动适应工件定位基准面位置变化的一类支承。自位支承能增加与工作定位面的接触点数目，使单位面积压力减小，自位支承适用于工件以毛坯面定位或定位刚性较差的场合。

自位支承常用的结构形式如图 4-53 所示。由于自位支承是摆动的或浮动的结构，所以结构以两点或 3 点与工件支承表面接触，其实质只起支承点的作用，限制 1 个自由度。自位支承用以增加工件表面的支承点，以减小工件的变形或减小接触应力。

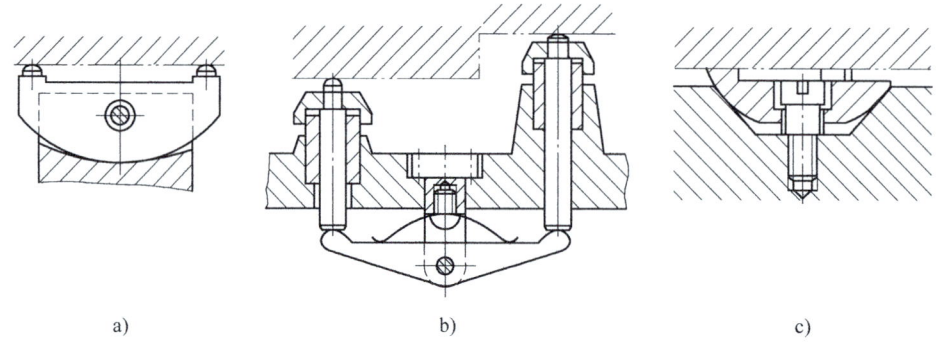

图 4-53 自位支承常用的结构形式

图 4-54 所示的叉形零件，以加工过的孔 D 及端面定位，铣平面 C 和 E。用心轴及端面限制 $\overset{\leftrightarrow}{X}$、$\overset{\leftrightarrow}{Z}$、$\overset{\frown}{X}$、$\overset{\frown}{Z}$ 和 $\overset{\frown}{Y}$ 5 个自由度，为了限制自由度 $\overset{\leftrightarrow}{Y}$ 需设防转支承。此支承如单独设在 A 处或 B 处，都会因工件刚性差而无法加工，若在 A、B 两处均设防转支承则属过定位，夹紧后会使工件产生较大的变形，将影响加工精度，此时应采用自位支承。

4）辅助支承。在生产中有时为了提高工件的刚度和定位稳定性，常采用辅助支承。辅助支承用来提高装夹刚度和稳定性，不起定位作用。辅助支承不是定位元件，只是用以增加工件在加工中的支承刚度，不能限制工件的自由度。

图 4-54 自位支承的应用

如图 4-55 所示，工件以内孔及端面定位钻右端小孔。若右端不设支承，工件装夹后，右臂为悬臂，刚性较差。若在 A 点设置固定支承则属过定位，有可能破坏左端定位。在这种

第4章 汽车零件机械加工工艺规程的制订

情况下，应在右端设置辅助支承。工件定位时，辅助支承是浮动的（或可调的），待工件夹紧后把辅助支承固定下来，以承受切削力。

如图4-56所示，工件以两个相互垂直的平面定位在支承上，并在上部夹紧，加工表面（以粗实线表示）远离定位支承面和夹紧点。由于悬伸较大，刚性较差，加工时工件容易发生变形和产生振动。因此，在悬伸部位设置辅助支承并在辅助支承对面处施加夹紧力F_{c2}，这样，缩短了力臂，提高了工件在加工中的刚性和稳定性。

图4-55 辅助支承的应用　　　　图4-56 辅助支承的应用示例
　　　　　　　　　　　　　　　　1—加工面　2—辅助支承

图4-57所示为辅助支承的典型结构。图4-57a所示结构简单，但调节支承钉转动会破坏

图4-57 辅助支承的典型结构
1—螺母　2、4—支承钉　3—弹簧　5—斜面顶销　6—锁紧螺杆　7、11—回转手柄
8—推杆　9—支承滑柱　10—半圆键　12—钢球

工件的定位；图 4-57b 所示结构调节螺母 l 旋转时，支承钉上下移动；图 4-57c 所示结构为弹性辅助支承，支承钉受下端弹簧的作用而与工件底平面接触。当工件夹紧后，回转手柄通过锁紧螺杆，推动斜面顶销，将支承钉的圆柱销锁紧；图 4-57d 所示为推力辅助支承，工作时通过推杆的斜面将支承滑柱上移与工件底平面接触，然后回转手柄使与之相连接的螺杆左移，通过钢球使上、下半圆键胀紧在孔壁上而被锁紧。

值得注意的是：无论采用哪种形式的辅助支承，都不起定位作用，因此不限制工件的自由度。

（2）工件以圆孔定位（工件以内孔为定位基面）**有些工件（如套筒、法兰盘等类工件）常以内孔作为定位基准，常用的定位元件有定位销和定位心轴两类。**

1）定位销。常用的固定式定位销的典型结构如图 4-58 所示。当工件的内孔直径较小时，可选用图 4-58a 所示的结构；当内孔直径较大时，可选用图 4-58b 所示的结构；当工件同时以内孔及其端面组合定位时，则选用图 4-58c 所示的带有支承环的结构，该结构为非标准结构；图 4-58d 所示为圆锥形定位销。

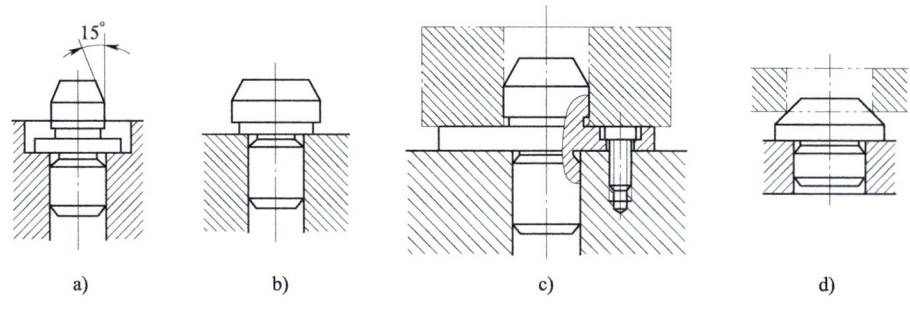

图 4-58 固定式定位销的典型结构

根据与工件内孔配合的长径比，圆柱定位销分为长圆柱销和短圆柱销。**长圆柱销可限制 4 个自由度，短圆柱销可限制两个自由度。**图 4-58d 所示的圆锥销可限制 $\vec{X}$、$\vec{Y}$、$\vec{Z}$ 3 个移动自由度。

工件在单个圆锥销上定位容易倾斜，所以圆锥销一般与其他定位元件组合定位，常用于工件以底面作为主要定位基面的情况，采用活动圆锥销，只限制 $\vec{X}$、$\vec{Y}$ 两个移动自由度，即使工件的孔径变化较大，也能准确定位。

2）定位心轴。定位心轴主要用于套筒类和空心盘类工件的车、铣、磨及齿轮加工。常见的定位心轴有圆柱心轴和圆锥心轴等。

①圆柱心轴。**短圆柱心轴限制工件的两个自由度，长圆柱心轴限制工件的 4 个自由度。**

锥形心轴的锥度如图 4-59a 所示，一般为 1/5000～1/1000。定位时，依靠心轴的锥体定心和胀紧，可限制 5 个自由度。

过盈配合的圆柱心轴如图 4-59b 所示，心轴的定位部分与工件定位基面内孔为过盈配合。为了使工件易于迅速而准确地套入，在心轴的前端设置导向部分。这种心轴的定心精度较高，利用过盈产生的摩擦力矩传递一定的转矩，常用于盘套类零件的精车外圆和端面等。过盈配合心轴限制 4 个自由度。

第4章 汽车零件机械加工工艺规程的制订

间隙配合心轴如图 4-59c 所示，心轴的定位部分与工件定位基面内孔为间隙配合，图示心轴左端轴肩作轴向定位，依靠心轴右端的螺母进行夹紧。间隙配合心轴装卸工件较为方便，但因存在配合间隙，定位精度较低。带轴肩的间隙配合心轴可限制 5 个自由度，其中心轴定位部分限制 4 个自由度。

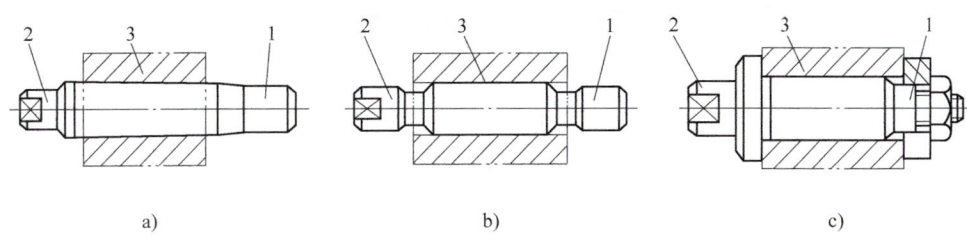

图 4-59 刚性心轴的结构
a）锥形心轴 b）过盈配合的圆柱心轴 c）间隙配合心轴
1—导向部分 2—传动部分 3—定位部分

② 圆锥心轴。这类定位方式是圆锥面与圆锥面接触，要求锥孔和圆锥心轴的锥度相同，接触良好，因此定心精度与角向定位精度均较高，而轴向定位精度取决于工件孔和心轴的尺寸精度。圆锥心轴限制工件的 5 个自由度，即除绕轴线转动的自由度没限制外均已限制。

（3）工件以外圆柱面定位 工件以外圆柱面作为定位基准时，根据外圆柱面的完整程度、加工要求和安装方式，常用的定位元件有 V 形块、半圆定位块、定位套及定心夹紧机构等，其中最常用的是 V 形块。

1) V 形块。V 形块定位的优点是：对中性好，即能使工件的定位基准轴线对中在 V 形块两斜面的对称平面上，在左右方向上不会发生偏移，且安装方便；应用范围较广，无论定位基准是否经过加工，无论是完整的圆柱面还是局部圆弧面，都可采用 V 形块定位。当工件以外圆柱面定位时，V 形块是应用得最多的定位元件。

V 形块结构尺寸如图 4-60 所示，V 形块主要参数有下面几项：

图 4-60 V 形块结构尺寸

d——V 形块的设计心轴直径，是工件定位基面的平均尺寸，其轴线是定位基准；
α——V 形块两工作面间的夹角，有 60°、90°、120° 3 种，其中 90° 应用最广；
H——V 形块的高度；
T——V 形块的定位高度，即 V 形块的定位基准至 V 形块底面的距离；

N——V形块的开口尺寸。

V形块已标准化，H、N等参数均可从国家标准《机床夹具零件及部件》中查得，但T必须通过计算得到。

由图4-60可知

$$T = H + OC = H + (OE - CE)$$

因

$$OE = \frac{d}{2\sin\frac{\alpha}{2}}$$

$$CE = \frac{N}{2\tan\frac{\alpha}{2}}$$

所以

$$T = H + \frac{1}{2}\left(\frac{d}{\sin\frac{\alpha}{2}} - \frac{N}{\tan\frac{\alpha}{2}}\right)$$

当$\alpha = 90°$时，$T = H + 0.707d - 0.5N$。

V形块的材料一般为20钢，渗碳深度为0.8~1.2mm，淬火硬度为60~64HRC。V形块有活动式和固定式之分。

①固定式V形块。图4-61所示为常用V形块的结构。图4-61a用于短的精定位基面，图4-61b用于粗基面和阶梯定位面，图4-61c用于较长的精基面和相距较远的两个定位基准面。V形块不一定采用整体结构的钢体，可在铸铁底座上镶淬硬支承板或硬质合金板，如图4-61d所示。上述V形块用于粗基准或阶梯外圆柱面的定位时，V形块工作面的长度一般应减为2~5mm，以提高定位的稳定性。根据工件与V形块的接触素线长度不同，**固定式V形块可以分为短V形块和长V形块，前者限制工件的两个自由度，后者限制工件的4个自由度。**

a)　　　　　　b)　　　　　　c)　　　　　　d)

图4-61　常用V形块的结构

②活动式V形块。活动V形块的应用如图4-62所示，其中图4-62a所示为加工轴承座孔的定位方式，活动V形块除限制1个自由度外，还有夹紧作用。图4-62b中的V形块只起定位作用，限制工件的1个自由度。

2）定位套。定位套的结构形式如图4-63所示。图4-63a所示结构用于以工件端面为主

第4章 汽车零件机械加工工艺规程的制订

图 4-62 活动 V 形块的应用

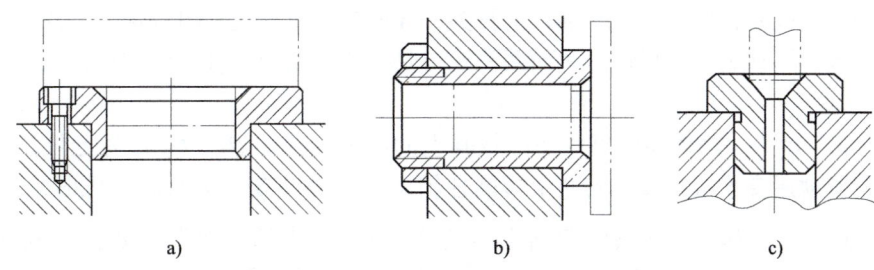

图 4-63 定位套的结构形式

要定位基准的情况，工件短圆柱面定位于夹具定位套孔内，定位套孔限制两个自由度。图 4-63b 所示结构用于以工件外圆柱面为主要定位基面定位在长定位套孔内的情况，长定位套孔限制 4 个自由度。图 4-63c 所示结构用于以工件圆柱端面外缘为定位基面定位于锥孔内的情况，定位元件锥孔限制 3 个自由度。

定位套结构简单，制造容易，但定心精度不高，常用于小型或形状简单零件的定位。

3）半圆套。如图 4-64 所示，下面的半圆套是定位元件，上面的半圆套起夹紧作用。这种定位方式主要用于大型轴类零件及不便于轴向装夹的零件。定位基面的精度不低于 IT8～IT9，半圆套的最小内径应取工件定位基面的最大值。

图 4-64 半圆套定位装置

4）圆锥套。图 4-65 所示为常用的反顶尖，由顶尖体、螺钉和圆锥套组成。工件以圆柱面的端部在圆锥孔中定位，锥孔中有网纹，以带动工件旋转。顶尖体的锥柄部分插入机床主轴孔中，螺钉用来传递转矩。

（4）工件以组合表面定位　在实际生产中，工件往往不是采用单一表面定位，而是以组合表面定位。为满足工序的加工要求，一般都采用几个定位基准（基面）的组合方式进行定位，即组合定位。常用的组合定位基准（基面）有：前后顶尖孔、一孔一端面、一端

137

图 4-65 工件在圆锥套中定位
1—顶尖体 2—螺钉 3—圆锥套

面—外圆、两阶梯外圆及一端面、一长孔—外圆和一面两孔等。组合定位所采用的定位元件有前后顶尖、定位销（或心轴）与支承钉（或小支承环）组合、V形块与支承钉（或小支承环）组合、长定位销与V形块组合和支承板与双销组合等。常使用几个定位元件共同限制第一类自由度，以保证工件的正确定位。

在加工汽车箱体类零件（如变速器壳体、气缸体和离合器壳体等）时，常以一平面及其上的两个工艺孔组合作为定位基准，简称为一面两孔定位。这种组合定位方式采用的定位元件为支承板、圆柱销和菱形销。一面两孔定位是一个典型的组合定位方式，是基准统一的具体应用。

图 4-66a 所示为一箱体零件以底平面及其上的两个工艺孔 D_1、D_2 作为定位基准，在机床夹具上相应地用支承板及其上的两个短圆柱销 d_1、d_2 作为定位元件。定位时，短销 d_1 与孔 D_1、短销 d_2 与孔 D_2 的最小配合间隙分别为 X_1 和 X_2。支承平面限制 $\vec{Z}$、$\widehat{X}$ 和 $\widehat{Y}$ 3 个自由度，短销 d_1 限制 $\vec{X}$ 和 $\vec{Y}$ 两个自由度，短销 d_2 限制 $\vec{X}$ 和 $\widehat{Z}$ 两个自由度。这样，$\vec{X}$ 自由度同时被短销 d_1 和 d_2 限制，出现了过定位。如果两孔和两销间的中心距都存在较大的误差（图 4-66b），当销 d_1 与孔 D_1 配合且两中心重合时，销 d_1 与销 d_2 中心距为 $L_X - T_{L_X}/2$，孔 D_1 与孔 D_2 中心距为 $L_g + T_{L_g}/2$，$(T_{L_X} + T_{L_g})/2 > X_{min}$，销 d_2 与孔 D_2 将发生干涉而套不进去。为解决这一矛盾，可在垂直于两销中心连线的方向将销 d_2 削边，形成削边销。削边销只限制 $\widehat{Z}$ 1 个转动自由度。

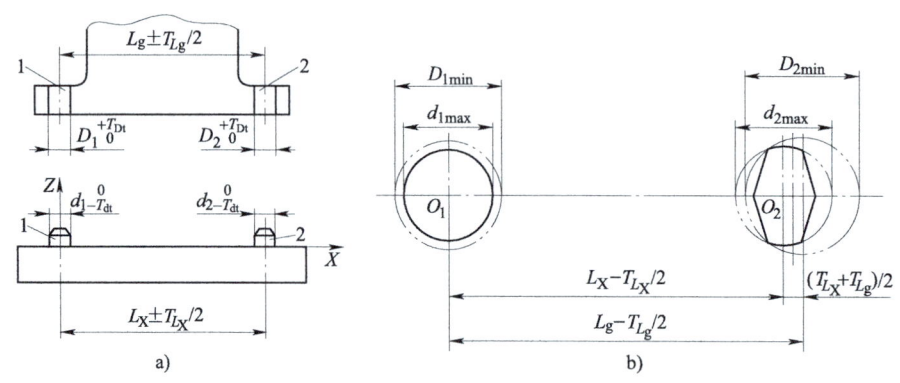

图 4-66 工件以一面两孔定位

工件以平面作为主要定位基准，限制 3 个自由度，圆柱销限制两个自由度，削边销限制 1 个自由度。削边销作为防转支承，其长轴方向应与两销中心连线垂直，并应正确地选择削

第4章 汽车零件机械加工工艺规程的制订

边销直径的公称尺寸和经削边后圆柱部分的宽度。

工件常用的定位方式、定位元件及所能限制的自由度，见表4-11。

表4-11 工件常用的定位方法、定位元件及所能限制的自由度

工件定位基准	夹具定位基准	定位方式简图	限制的自由度
平面	小平面Ⅲ（1个支承钉）		$\vec{Y}$
	支承板Ⅱ（2个支承钉）		$\vec{X}$ $\widehat{Z}$
	大平面Ⅰ（支承板组合 支承钉组合）		$\vec{Z}$ $\widehat{X}$ $\widehat{Y}$
	3点自位支承		$\vec{Z}$
	两点自位支承		$\vec{Z}$
内孔	短心轴	较短	$\vec{X}$ $\vec{Z}$
	长心轴		$\vec{X}$ $\vec{Z}$ $\widehat{X}$ $\widehat{Z}$

（续）

工件定位基准	夹具定位基准	定位方式简图	限制的自由度
内孔	短圆柱销		$\vec{X}\ \vec{Y}$
	长圆柱销		$\vec{X}\ \vec{Y}$ $\overset{\frown}{X}\ \overset{\frown}{Y}$
	短削边销（短菱形销）		$\vec{X}$
	短锥销		$\vec{X}\ \vec{Y}\ \vec{Z}$
外圆柱面	支承板		$\vec{Z}$ $\overset{\frown}{X}$

第4章 汽车零件机械加工工艺规程的制订

（续）

工件定位基准	夹具定位基准	定位方式简图	限制的自由度
外圆柱面	短V形块		$\vec{X}\ \vec{Z}$
	长V形块		$\vec{X}\ \vec{Z}$ $\overset{\frown}{X}\ \overset{\frown}{Z}$
	两个短V形块		
	浮动短V形块		$\vec{X}$
	短定位套		$\vec{Y}\ \vec{Z}$
	长定位套		$\vec{Y}\ \vec{Z}$ $\overset{\frown}{Y}\ \overset{\frown}{Z}$
	短锥套		$\vec{X}\ \vec{Y}\ \vec{Z}$

工件定位基准	夹具定位基准	定位方式简图	限制的自由度
圆锥孔	固定顶尖（前） 浮动顶尖（后）		$\vec{X}\ \vec{Y}\ \vec{Z}$ $\hat{Y}\ \hat{Z}$
	锥心轴		$\vec{X}\ \vec{Y}\ \vec{Z}$ $\hat{Y}\ \hat{Z}$

【例 4-16】 如图 4-67a 所示，用前、后顶尖对轴进行定位，前顶尖 1 为固定顶尖，后顶尖 2 为回转顶尖。试分析定位元件所限制的自由度。

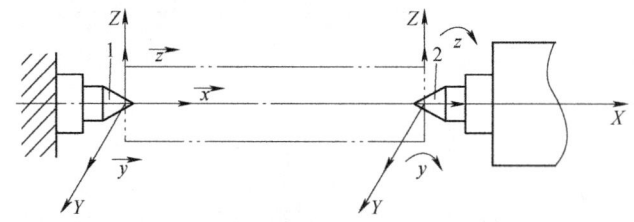

图 4-67 轴在前、后顶尖上的定位
1—固定顶尖 2—回转顶尖

解： 1）建立直角坐标系，如图 4-67 所示。

2）定位方式：内孔定位方式。分析定位元件所限制的自由度，定位元件前顶尖限制 3 个自由度 $\vec{X}$、$\vec{Y}$、$\vec{Z}$，定位元件后顶尖限制两个自由度 $\hat{Y}$、$\hat{Z}$。

综上分析，组合定位元件共限制 $\vec{X}$、$\vec{Y}$、$\vec{Z}$、$\hat{Y}$、$\hat{Z}$ 5 个自由度。

【例 4-17】 如图 4-68a 所示，将单缸曲轴定位在图示的定位元件上。试分析定位元件及所限制的自由度。

图 4-68 曲轴在定位元件上的定位
1、2—固定式短 V 形块 3—浮动 V 形块 4—支承钉

解: 1) 建立直角坐标系,如图 4-68 所示。

2) 定位方式:外圆柱面定位方式。分析定位元件及其所限制的自由度,两个短 V 形块 1、2 组合限制 4 个自由度 $\vec{Y}$、$\vec{Z}$、$\hat{Y}$、$\hat{Z}$,浮动 V 形块限制 1 个自由度 $\hat{X}$,支承钉限制 1 个自由度 $\vec{X}$。

综上分析,组合定位元件共限制 $\vec{X}$、$\vec{Y}$、$\vec{Z}$、$\hat{X}$、$\hat{Y}$、$\hat{Z}$ 6 个自由度。

【**例 4-18**】 如图 4-69 所示,将杠杆零件定位在组合定位元件上,试分析定位元件及所限制的自由度。

解: 1) 直角坐标系建立在定位元件上,或平行于定位元件的方向上,如图 4-69 所示。

2) 定位方式:外圆柱面定位方式与平面定位方式。分析定位元件及其所限制的自由度,两个支承环组成的支承平面限制 3 个自由度 $\vec{Z}$、$\hat{X}$、$\hat{Y}$,固定短 V 形块限制两个自由度 $\vec{X}$、$\vec{Y}$,移动式 V 形块限制 1 个自由度 $\hat{Z}$。

图 4-69 杠杆零件在组合定位元件上的定位
1—短 V 形块 2—支承环 3—移动式 V 形块 4—螺杆

综上分析,组合定位元件共限制 $\vec{X}$、$\vec{Y}$、$\vec{Z}$、$\hat{X}$、$\hat{Y}$、$\hat{Z}$ 6 个自由度。

3. 定位误差的分析与计算

为保证工件的加工精度,工件加工前必须保证正确的定位。所谓正确的定位,除应限制必要的自由度、正确地选择定位基准和定位元件之外,还应使选择的定位方式所产生的误差在工件允许的误差范围之内。通过定量地分析计算定位方式所产生的定位误差,可以判断所选择的定位方式是否合理。

通常,使用夹具时造成工件加工误差的因素包括以下 4 个方面:

1) 与工件在夹具上定位有关的误差,称为定位误差 Δ_D。
2) 与夹具在机床上安装有关的误差,称为安装误差 Δ_A。
3) 与刀具和夹具定位元件有关的误差,称为调整误差 Δ_T。
4) 与加工过程有关的误差,称为过程误差 Δ_G,包括机床和刀具误差、变形误差和测量误差等。

为了保证工件的加工要求,上述误差合成后不应超出工件的加工公差 T_K,即

$$\Delta_D + \Delta_A + \Delta_T + \Delta_G \leq T_K$$

由定位引起的同一批工件的设计基准在加工尺寸方向上的最大变动量,称为**定位误差**。当定位误差 $\Delta_D \leq T_K/3$ 时,一般认为选定的定位方式可行。

造成定位误差 Δ_D 的原因有两个:一个是定位基准与设计基准不重合,由此产生的误差称为**基准不重合误差**(基准不符误差 Δ_B);另一个是定位副制造误差引起的定位基准的位移,由此产生的误差称为**基准位移误差**(Δ_Y)。

(1) 基准不重合误差及其计算　由于定位基准与设计基准不重合而造成的定位误差称为**基准不重合误差**，用 Δ_B 表示。

如图 4-70a 所示的零件简图，在工件上铣缺口，加工尺寸为 A、B。图 4-70b 所示为加工示意图，工件以底面和 E 面定位，C 为确定刀具与夹具相互位置的对刀尺寸，在一批工件的加工过程中，尺寸 C 是不变的。

加工尺寸 A 的设计基准是 F，定位基准是 E，两者不重合。当一批工件逐个在夹具上定位时，受尺寸 $S \pm T_S/2$ 的影响，设计基准 F 的位置是变动的，F 的变动将影响 A 的大小，给 A 带来误差，这个误差就是基准不重合误差。

图 4-70　基准不重合误差

显然，基准不重合误差的大小应等于定位基准与设计基准不重合而造成的加工尺寸的变动范围。由图 4-70b 可知

$$\Delta_B = A_{max} - A_{min} = S_{max} - S_{min} = T_S$$

S 是定位基准 E 与设计基准 F 间的距离尺寸。当设计基准的变动方向与加工尺寸的方向相同时，基准不重合误差等于定位基准与设计基准间尺寸的公差，如图 4-70 所示。当 S 的公差为 T_S 时，即

$$\Delta_B = T_S \tag{4-10}$$

当设计基准的变动方向与加工尺寸方向有夹角（其夹角为 β）时，基准不重合误差等于定位基准与设计基准间距离尺寸公差在加工尺寸方向上的投影，即

$$\Delta_B = T_S \cos\beta \tag{4-11}$$

当定位基准与设计基准之间有几个相关尺寸的组合时，应将各相关联的尺寸公差在加工尺寸方向上的投影取和，即

$$\Delta_B = \sum_{i=1}^{n} T_i \cos\beta_i \tag{4-12}$$

式中　T_i——定位基准与设计基准之间各相关联尺寸的公差（mm）；

β_i——T_i 的方向与加工尺寸方向之间的夹角（°）。

式（4-20）是基准不重合误差 Δ_B 的一般计算式。

(2) 基准位移误差及其计算　由于定位副的制造误差而造成定位基准位置的变动，由此对工件加工尺寸造成的误差称为**基准位移误差**，用 Δ_Y 表示。显然不同的定位方式和不同的定位副结构，其定位基准移动量的计算方法是不同的。下面分析几种常见的定位方式产生的基准位移误差的计算方法。

1) 工件以平面定位。工件以平面定位时的基准位移误差计算较方便。如图 4-70 所示的工件以平面定位，定位基面的位置可以看成是不变动的，因此基准位移误差为零，即工件以平面定位时，$\Delta_Y = 0$。

2) 工件以圆孔在圆柱销、圆柱心轴上定位。工件以圆孔在圆柱销、圆柱心轴上定位，

其定位基准为孔的中心线,定位基面为内孔表面。

如图 4-71 所示,由于定位副配合间隙的影响,使工件上圆孔中心线(定位基准)的位置发生偏移,其中心偏移量在加工尺寸方向上的投影即为基准位移误差 Δ_Y。定位基准偏移的方向有两种可能:一种是可以在任意方向上偏移,另一种是只能在某一方向上偏移。

当定位基准在任意方向上偏移时,其最大偏移量即为定位副直径方向的最大间隙,即

$$\Delta_Y = X_{max} = D_{max} - d_{0min} = T_D + T_{d_0} + X_{min} \qquad (4\text{-}13)$$

式中　X_{max}——定位副最大配合间隙(mm);
　　　D_{max}——工件定位孔最大直径(mm);
　　　d_{0min}——圆柱销或圆柱心轴的最小直径(mm);
　　　T_D——工件定位孔的直径公差(mm);
　　　T_{d_0}——圆柱销或圆柱心轴的直径公差(mm);
　　　X_{min}——定位所需最小间隙(mm),在设计时确定。

图 4-71　X_{max} 对工件位置公差的影响

当基准偏移为单方向时,在其移动方向最大偏移量为半径方向的最大间隙,即

$$\Delta_Y = (1/2)X_{max} = (1/2)(D_{max} - d_{0min}) = (1/2)(T_D + T_d + X_{min}) \qquad (4\text{-}14)$$

如果基准偏移的方向与工件加工尺寸的方向不一致,应将基准的偏移量向加工尺寸方向上投影,投影后的值才是此加工尺寸的基准位移误差。

当工件用圆柱心轴定位时,定位副的配合间隙会使工件孔的中心线发生歪斜,并影响工件的位置精度,如图 4-72 所示。工件除了孔距公差还有平行度误差,即

$$\Delta_Y = (T_D + T_{d_0} + X_{min})\frac{L_1}{L_2} \qquad (4\text{-}15)$$

式中　L_1——加工面长度(mm);
　　　L_2——定位孔长度(mm)。

3)工件以外圆柱面在 V 形块上定位。工件以外圆柱面在 V 形块上定位时,其定位基准为工件外圆柱面的轴心线,定位基面为外圆柱面。

图 4-72　X_{max} 对工件位置公差的影响

若不计 V 形块的误差而仅有工件基准面的形状和尺寸误差时,工件的定位基准会产生偏移,如图 4-73 所示。从图 4-73b 可知,仅由于工件的尺寸公差 T_d 的影响,使工件中心沿 Z 向从 O_1 移至 O_2,即在 Z 向的基准位移量可由下式计算:

$$O_1O_2 = \frac{T_d}{2\sin(\alpha/2)} \qquad (4\text{-}16)$$

式中　T_d——工件定位基面的直径公差(mm);
　　　$\alpha/2$——V 形块的半角(°)。

位移量的大小与外圆柱面直径公差有关，因此对于较精密的定位，需适当提高外圆柱面直径的精度。V 形块的对中性好，所以沿其 X 方向的位移量为零。

当使用 $\alpha = 90°$ 的 V 形块时，定位基准在 Z 向的位移量可由下式计算：

$$O_1O_2 = 0.707T_d \quad (4-25)$$

如果工件的加工尺寸方向与 Z 方向相同，则在加工尺寸方向上的基准位移误差为

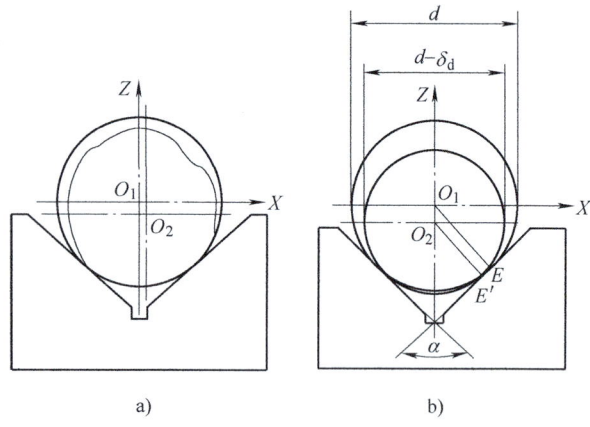

图 4-73 V 形块定位的位移误差

$$\Delta_Y = O_1O_2 = 0.707T_d \quad (4-17)$$

如果加工尺寸方向与 Z 方向有夹角 β，则在加工尺寸方向上的基准位移误差为

$$\Delta_Y = O_1O_2\cos\beta = \frac{T_d}{2\sin(\alpha/2)}\cos\beta = 0.707T_d\cos\beta \quad (4-18)$$

在定位误差的计算中，由于定位误差 Δ_D 是由基准不重合误差和基准位移误差组合而成的，因此在计算定位误差时，先分别计算出 Δ_B 和 Δ_Y，然后将两者组合得到 Δ_D。组合时有下列 3 种情况：

① 当 $\Delta_Y \neq 0$、$\Delta_B = 0$ 时，有

$$\Delta_D = \Delta_Y \quad (4-19)$$

② 当 $\Delta_Y = 0$、$\Delta_B \neq 0$ 时，有

$$\Delta_D = \Delta_B \quad (4-20)$$

③ 当 $\Delta_Y \neq 0$、$\Delta_B \neq 0$ 时，有

如果工序基准不在定位基面上，$\Delta_D = \Delta_B + \Delta_Y$ （4-21）

如果工序基准在定位基面上，$\Delta_D = \Delta_B \pm \Delta_Y$ （4-22）

式中"+""-"的判别方法为：分析定位基面尺寸由大变小（或由小变大）时，定位基准的变动方向；当定位基面尺寸作同样变化时，设定位基准不动，分析工序基准变动方向；若两者变动方向相同即为"+"，两者变动方向相反即为"-"。

【例 4-19】 如图 4-74 所示，在零件上钻铰 $\phi 10H7$ 的孔，工件以孔 $\phi 20H7(^{+0.021}_{0})$ mm 定位，定位销直径为 $\phi 20^{-0.007}_{-0.016}$ mm。求工序尺寸 (50 ± 0.07) mm 及平行度的定位误差。

解： 1. 工序尺寸 (50 ± 0.07) mm 的定位误差计算

1) 基准不重合误差：工序尺寸 50 ± 0.07 mm 的设计基准为 A，定位基准也为 A，设计基准与定位基准重合，所以基准不重合误差 $\Delta_B = 0$。

2) 基准位移误差：该工序的定位方式为内孔定位，所以该工序的基准位移误差为 $\Delta_Y = D_{max} - d_{min} = \delta_D + \delta_d + X_{min} = 0.021\text{mm} + 0.009\text{mm} + 0.007\text{mm} = 0.037\text{mm}$。

3) 综上，该工序的定位误差 $\Delta_D = \Delta_B + \Delta_Y = 0 + 0.037\text{mm} = 0.037\text{mm}$。

4）校核：$\Delta_D = 0.037$mm，$\frac{1}{2}\delta_k = \frac{1}{2}|0.07-(-0.07)| = 0.07$mm，$0.037<0.07$，满足 $\Delta_D \leq \frac{1}{2}\delta_k$。

2. 平行度 0.04mm 的定位误差的计算

1）基准不重合误差：该工序设计基准为 A，定位基准也为 A，基准重合，设计基准与定位基准重合，所以基准不重合误差 $\Delta_B = 0$。

2）基准位移误差：该工序的定位方式为内孔定位，所以该工序的基准位移误差为

$$\Delta_Y = (\delta_D + \delta d_0 + X_{min})\frac{L_1}{L_2} = (0.021+0.009+0.007)\text{mm} \times \frac{29}{58} = 0.037\text{mm} \times 0.5 = 0.185\text{mm}。$$

图 4-74 定位误差计算示例之一

3）综上，该工序的定位误差 $\Delta_D = \Delta_B + \Delta_Y = 0 + 0.0185$mm $= 0.0185$mm。

4）校核：$\Delta_D = 0.0185$mm，$\frac{1}{2}\delta_k = \frac{1}{2} \times 0.04$mm $= 0.02$mm，$0.0185 < 0.02$，满足 $\Delta_D \leq \frac{1}{2}\delta_k$。

综合 1、2 的计算分析，该种内孔定位方案能够保证工序尺寸 50 ± 0.07mm 及平行度 0.04 的加工精度的质量要求，所以定位方案合理。

【例 4-20】 如图 4-75 所示，用角度铣刀铣削斜面，求加工尺寸（39 ± 0.04）mm 的定位误差。

解：加工尺寸为 39 ± 0.04mm 的定位误差分析如下：

图 4-75 定位误差计算示例之二

1）基准不重合误差：工序尺寸 39 ± 0.04mm 的设计基准与定位基准重合，所以基准不重合误差 $\Delta_B = 0$。

2）基准位移误差：该工序的定位方式为外圆柱方式，采用的定位元件是 V 形块，所以该工序的基准位移误差为 $\Delta_Y = 0.707\delta_d\cos\beta = 0.707 \times 0.04$mm $\times 0.866 = 0.024$mm。

3）该工序的定位误差 $\Delta_D = \Delta_B + \Delta_Y = 0.024$mm。

4）校核：$\Delta_D = 0.024$mm，满足 $\Delta_D \leq \frac{1}{2}\delta_k$，故该种外圆柱定位方式合理。

【例 4-21】 如图 4-76 所示，工件以外圆柱面在 V 形块上定位加工键槽，保证 $34.8_{-0.17}^{0}$mm 键槽深度，试计算其定位误差。

解：定位误差的分析计算如下：

1）基准不重合误差：$34.8_{-0.17}^{0}$mm 的设计基准与定位基准不重合，$\Delta_B = (1/2)\delta_d = (1/2) \times 0.025$mm $= 0.0125$mm。

2）基准位移误差：该工序的定位方式为外圆柱方式，采用的定位元件是 V 形块，所以该工序的基准位移误差 $\Delta_Y = 0.707\delta_d = 0.707 \times 0.025$mm $= 0.0177$mm。

图 4-76 定位误差计算示例之三

3）该工序的定位误差：因为工序基准在定位基面上，所以 $\Delta_D = \Delta_B \pm \Delta_Y$。经分析，此例中的工序基准变动的方向与定位基准变动的方向相反，取"-"号，$\Delta_D = \Delta_B - \Delta_Y = 0.0177\text{mm} - 0.0125\text{mm} = 0.0052\text{mm}$。

4）校核：$\Delta_D = 0.0052\text{mm}$，满足 $\Delta_D \leq \frac{1}{2}\delta_k$，故该种外圆柱定位方式合理。

【例 4-22】 如图 4-77 所示，以 A 面定位加工 $\phi20\text{H}8$ 的孔，求加工尺寸 $(40\pm0.1)\text{mm}$ 的定位误差。

解：加工尺寸 $40\pm0.1\text{mm}$ 的定位误差计算如下：

1）加工尺寸 $40\pm0.1\text{mm}$ 的定位基准为 A，设计基准为 B。工序基准 B 与定位基准 A 不重合，因此将产生基准不重合误差，$\Delta_B = \sum \delta_i \cos\beta = (0.05 + 0.1)\text{mm} \times \cos0° = 0.15\text{mm}$。

2）基准位移误差：由于定位基面为平面，所以基准位移误差 $\Delta_Y = 0\text{mm}$。

3）该工序的定位误差：$\Delta_D = \Delta_B + \Delta_Y = 0.15\text{mm} + 0 = 0.15\text{mm}$。

4）校核：$\Delta_D = 0.15\text{mm}$，$\frac{1}{2}\delta_k = \frac{1}{2}|(0.1-(-0.1)|\text{mm} = 0.1\text{mm}$，$0.15 > 0.1$，即 $\Delta_D > \frac{1}{2}\delta_k$，故这种定位方案不合理。

图 4-77 定位误差计算示例之四

常见定位方式的定位误差见表 4-12。

表 4-12 常见定位方式的定位误差

序号	工序简图	定位简图	工序尺寸或位置精度	定位误差
1			A	$\Delta_{d(A)} = 0$
			B	$\Delta_{d(B)} = T_H$
2			B	$\Delta_{d(B)} = 0$
3			工件外圆对内孔的同轴度	$\Delta_{d(\phi t)} = T_D + T_d + X$

第4章 汽车零件机械加工工艺规程的制订

（续）

序号	工序简图	定位简图	工序尺寸或位置精度	定位误差
4			A	$\Delta_{d(A)} = \dfrac{1}{2}T_d$
			B	$\Delta_{d(B)} = 0$
			C	$\Delta_{d(C)} = T_d$
5			A	$\Delta_{d(A)} = \dfrac{T_d}{2\sin\dfrac{\alpha}{2}}$
			B	$\Delta_{d(B)} = \dfrac{T_d}{2}\left(\dfrac{1}{\sin\dfrac{\alpha}{2}} - 1\right)$
			C	$\Delta_{d(C)} = \dfrac{T_d}{2}\left(\dfrac{1}{\sin\dfrac{\alpha}{2}} + 1\right)$
6			A	$\Delta_{d(A)} = 0$
			B	$\Delta_{d(B)} = \dfrac{T_d}{2}$
			C	$\Delta_{d(C)} = \dfrac{T_d}{2}$
7			A	$\Delta_{d(A)} = \dfrac{T_d\sin\beta}{2\sin\dfrac{\alpha}{2}}$
			B	$\Delta_{d(B)} = \dfrac{T_d}{2}\left(\dfrac{\sin\beta}{\sin\dfrac{\alpha}{2}} - 1\right)$
			C	$\Delta_{d(C)} = \dfrac{T_d}{2}\left(\dfrac{\sin\beta}{\sin\dfrac{\alpha}{2}} + 1\right)$
8			b	$\Delta_{d(b)} = 0$
			A	$\Delta_{d(A)} = \dfrac{T_d}{2}$
			B	$\Delta_{d(B)} = 0$
			C	$\Delta_{d(C)} = \dfrac{T_d}{2}$
			t	$\Delta_{d(t)} = \dfrac{T_d}{2}$

（续）

序号	工序简图	定位简图	工序尺寸或位置精度	定位误差
9			b	$\Delta_{d(b)} = 0$
			A	$\Delta_{d(A)} = \dfrac{T_d}{2\sin\dfrac{\alpha}{2}}$
			B	$\Delta_{d(B)} = \dfrac{T_d}{2}\left(\dfrac{1}{\sin\dfrac{\alpha}{2}}-1\right)$
			C	$\Delta_{d(C)} = \dfrac{T_d}{2}\left(\dfrac{1}{\sin\dfrac{\alpha}{2}}+1\right)$
			t	$\Delta_{d(t)} = 0$
10			b	$\Delta_{d(b)} = 0$
			A	$\Delta_{d(A)} = 0$
			B	$\Delta_{d(B)} = \dfrac{T_d}{2}$
			C	$\Delta_{d(C)} = \dfrac{T_d}{2}$
			t	$\Delta_{d(t)} = \dfrac{T_d}{2\sin\dfrac{\alpha}{2}}$
11			b	$\Delta_{d(b)} = 0$
			A	$\Delta_{d(A)} = 0$
			B	$\Delta_{d(B)} = \dfrac{T_d}{2}$
			C	$\Delta_{d(C)} = \dfrac{T_d}{2}$
			t	$\Delta_{d(t)} = 0$
12		自定心卡盘	b	$\Delta_{d(b)} = 0$
			A	$\Delta_{d(A)} = 0$
			B	$\Delta_{d(B)} = \dfrac{T_d}{2}$
			C	$\Delta_{d(C)} = \dfrac{T_d}{2}$
			t	$\Delta_{d(t)} = 0$

(续)

序号	工序简图	定位简图	工序尺寸或位置精度	定位误差
13			A	$\Delta_{d(A)} = 2(L_1-h)\tan\Delta\alpha$
			A_1	$\Delta_{d(A_1)} = 0$
			B	$\Delta_{d(B)} = T_L + 2(L_1-h)\tan\Delta\alpha$
			B_1	$\Delta_{d(B_1)} = T_{L_1}$
14			A	$\Delta_{d(A)} = T_L$
			A_1	$\Delta_{d(A_1)} = T_L + T_{L_1}$
			A_2	$\Delta_{d(A_2)} = 0$
			B	$\Delta_{d(B)} = T_D + T_d + X$
			B_1	$\Delta_{d(B_1)} = T_D + T_d + X + T_{L_2}$
			D_1, D_2	$\Delta_{d(D_1,D_2)} = 0$

4.6.4 工件在夹具中的夹紧

1. 夹紧装置的组成与基本要求

工件在机床夹具上正确定位后，由机床夹具的夹紧装置将工件牢固夹紧。将工件压紧夹牢的装置称为**夹紧装置**。夹紧装置主要由以下 3 部分组成。

1）力源装置。力源装置是产生夹紧作用力的装置，其动力可用气动、液动、电动和人力等。图 4-78 所示夹紧装置的力源装置是气缸。

2）中间传力机构。中间传力机构是介于力源和夹紧元件之间传递力的机构。在传递力的过程中，它起到的作用是改变作用力的方向；改变作用力的大小，通常起增力作用；使夹紧实现自锁，保证力源提供的原始力消失后仍能可靠地夹紧工件，这对手动夹紧尤为重要。

图 4-78 夹紧装置的组成
1—气缸 2—斜楔 3—滚子 4—压板

3）夹紧元件。夹紧元件是最终执行元件，与工件直接接触完成夹紧作用。图 4-78 所示夹紧装置中,动力装置为气缸,压板为夹紧元件,由斜楔和滚子等组成斜楔铰链传力机构。

夹紧装置的具体组成并非一成不变,需根据工件的加工要求、安装方法和生产规模等条件来确定。无论其具体组成如何,都必须满足如下基本要求:夹紧时不能破坏工件定位后获得的正确位置;夹紧力大小要合适,既要保证工件在加工过程中不移动、不转动、不振动,又不能使工件产生变形或损伤工件表面;夹紧动作要迅速、可靠,且操作要方便、省力、安全;结构紧凑,易于制造与维修,其自动化程度及复杂程度应与工件的生产纲领相适应。

2. 夹紧方式(力)的确定

(1)夹紧力作用点的选择原则

1)夹紧力的作用点应正对定位元件或作用在定位元件所形成的支承面内。如图 4-79b 所示,夹紧力 F_c 作用点位于定位元件上方的位置是正确的;如图 4-79a 所示,当夹紧力 F_c 作用点位于定位元件支承面之外时,将产生转动力矩,使工件发生倾斜或变形,从而破坏工件的定位。

图 4-79 夹紧力作用点的选择

2)夹紧力的作用点应位于工件刚性较强的部位上,这对刚性较差的工件尤为重要。如图 4-80 所示,作用点由图 4-80a 中所示的刚性较差的中间部位改为图 4-80b 中所示刚性强的两侧点,这样可避免工件发生变形,且夹紧较为可靠。

3)夹紧力的作用点应尽量靠近加工表面,以减小切削力对夹紧点的力矩,防止或减少工件加工时的振动。如图 4-81 所示,因切削

图 4-80 夹紧力作用于工件刚性强的部位

力矩 $FR'<FR$,同样的夹紧力作用于 O_1 点,将使夹紧更加牢固可靠。

(2)夹紧力作用方向的选择原则

1)夹紧力的方向应垂直于主要定位基面,以保证加工精度。如图 4-82 所示,在工件上镗孔要求保证内孔轴线与 A 平面垂直,应选择 A 平面为主要定位基准,这样不仅符合基准重合原则,而且定位稳定,工件夹紧和加工中的变形较小。

第4章 汽车零件机械加工工艺规程的制订

图4-81 夹紧力作用点尽可能靠近加工面

图4-82 夹紧力作用方向垂直于主要定位基面

2）夹紧力方向应与工件刚度最大的方向一致，以减小工件的夹紧变形。图4-83所示为加工活塞时的两种夹紧方式，图4-83a所示为夹紧力 F_c 作用在刚性较差的径向方向，活塞将产生过大的夹紧变形而无法保证加工精度；若采用图4-83b所示沿活塞刚性较大的轴向夹紧，则夹紧变形较小，加工精度容易得到保证。

图4-83 夹紧力方向与工件刚性关系

3）夹紧力方向应尽量与切削力、重力等力的方向一致，以减小夹紧力。如图4-84所示，钻孔时，图4-84a中的轴向进给力、夹紧力和工件重力的方向一致，则需要的夹紧力较小；图4-84b中的夹紧力与轴向进给力、工件重力的方向相反，则需要的夹紧力较大。加工

图4-84 夹紧力与切削力方向的关系

时所需的夹紧力小，可以简化夹紧装置的结构并便于操作。

（3）夹紧力大小的估算　设计专用机床夹具时，估算夹紧力是一项十分重要的工作。夹紧力过小则工件夹不紧，切削加工中工件的定位会遭到破坏，容易引发安全事故；夹紧力过大可能会增大工件的夹紧变形，还会增大夹紧装置的结构尺寸，造成成本的增加。

在确定夹紧力时，可将机床夹具和工件看成一个整体，将作用在工件上的切削力、夹紧力、重力和惯性力等列出静力平衡方程式，求出理论夹紧力。为使夹紧可靠，应再乘以一个安全系数 k。考虑到切削力的变化、切削条件的变化和夹紧装置产生的夹紧力的稳定性等因素的影响，一般在粗加工时取 $k=2.5\sim3$，精加工时取 $k=1.5\sim2$。

在专用机床夹具的设计中，夹紧力的确定并非在所有情况下都需要理论计算。通常可根据经验或类比法估算所需的夹紧力。对于关键工序所使用的机床夹具，如果需要准确计算夹紧力，通常可通过工艺试验来实测切削力的大小，然后进行夹紧力计算。

3. 典型的夹紧装置

各类夹紧装置中，无论采用何种动力源形式，一切外加的作用力都要转换成夹紧力，并通过夹紧机构来实现工件的夹紧。典型的夹紧机构有斜楔夹紧机构、螺旋夹紧机构、圆偏心夹紧机构、铰链夹紧机构、定心夹紧机构和多位多件夹紧机构等。下面简要介绍几种典型夹紧机构的结构、特点和应用等内容。

（1）螺旋夹紧机构　螺旋夹紧机构是采用螺旋直接夹紧或与其他元件（如压板）组合实现夹紧工件的机构。

1）单螺旋夹紧机构。图 4-85 所示为单螺旋夹紧机构，可以将螺旋看成是绕在圆柱体表面上的斜面，将其展开就相当于一个斜楔。这种机构利用螺杆头部直接压紧工件，使用时容易压坏工件表面，而且拧动螺杆时容易使工件产生转动而破坏定位。在图 4-85b 所示结构中，在螺杆的头部装有活动压块与工件夹紧表面接触。在拧动螺杆时活动压块不随螺杆转动，而只作轴向移动，这样可防止在夹紧时由于存在摩擦力矩而带动工件转动，并可避免压坏工件夹紧表面。采

图 4-85　单螺旋夹紧机构

1—手柄　2—中间螺母　3—螺杆　4—活动压块

用中间螺母可提高夹紧机构的使用寿命，且当螺母磨损时也可更换，迅速恢复螺旋夹紧的功能。

螺旋夹紧机构结构简单，容易制造；由于螺纹升角小，机构的自锁性能好；同时它是一个扩力机构，夹紧力较大，夹紧行程也较大，在手动机床夹具中应用较多。

2）螺旋压板夹紧机构。如图 4-86 所示，在螺旋压板夹紧机构中，拧紧螺母通过压板压紧工件。采用螺旋压板夹紧机构夹紧时，由于被夹紧表面高度有较大尺寸差，压板不能保持在水平位置，所以在夹紧螺母和压板之间要使用球面垫圈及锥面垫圈，借助球面垫圈和锥面垫圈间的相互滑动，在压板倾斜时防止螺栓承受弯曲力矩作用而遭到损坏。

第4章 汽车零件机械加工工艺规程的制订

螺旋压板夹紧机构由于操作时劳动强度大、操作时间长而影响生产效率的提高。在汽车零件机械加工中,经常将螺旋压板的中间传力机构与气缸或液压缸组合使用。

(2) 斜楔夹紧机构　斜楔夹紧机构是利用斜楔移动所产生的力来夹紧工件的机构。在实际生产中,常利用斜楔与气缸或液压缸组合使用。图4-87所示为气动滚子斜楔夹紧机构。夹紧工件时,由气缸活塞杆推动斜楔将装有滚子的滑柱向上推动,使滑柱上端的双头支承将左、右两个压板顶起,从而通过压板将工件夹紧。这种夹紧机构具有增力倍数大、夹紧行程短和夹紧动作迅速等特点,适用于成批大量生产中夹紧较大型工件的场合。

图4-86　螺旋压板夹紧机构
1—螺母　2—球面垫圈
3—锥面垫圈　4—压板

图4-87　气动滚子斜楔夹紧机构
1—活塞杆　2—斜楔　3—滚子　4—滑柱
5—双头支承　6—压板

(3) 定心夹紧机构　定心夹紧机构是在实现定心作用(定位基准与工序基准重合于机床夹具定位元件的对称轴线或对称中心平面上)的同时,将工件夹紧的机构,如图4-88所示。定心夹紧机构中与工件定位基准(基面)相接触的元件,既是定位元件,又是夹紧元件。定心夹紧机构是利用定位夹紧元件的等速移动或均匀的弹性变形的方式,来实现工件的定心或对中的机构。定心夹紧机构分为机械式定心夹紧机构和弹性变形式定心夹紧机构。

图4-88　几何形状对称工件的定心与夹紧

1) 机械式定心夹紧机构。机械式定心夹紧机构是利用斜楔、螺旋、偏心、齿轮和齿条等刚性传动件,使定位夹紧元件作等速位移来实现定心夹紧的。一般常见的自定心卡盘、齿轮式偏心机构等都是机械式定心夹紧机构。

图4-89所示为螺旋双移动V形块式定心夹紧机构。工件装在两个可左右移动的V形块2和3之间,V形块的移动由左、右旋螺杆操纵。左、右旋螺杆的中部支承在叉形支架上,支架用螺钉紧固在夹具体上。借助调整螺钉5和6可调节叉形支架的位置,以保证两个V形块的对中性。

图4-89 螺旋双移动V形块式定心夹紧机构

1—左、右旋螺杆 2、3—V形块 4—叉形支架 5、6—调整螺钉 7—夹具体

该定心夹紧机构的结构简单,工作行程较长,通用性好。但定心精度不高,适用于工作行程较长、定心精度要求不高工件的装夹。

图4-90所示为齿轮偏心式定心夹紧机构。在3个齿轮轴上方装有偏心爪,并与中心齿轮相啮合。使用时,将手柄顺时针转动使3个偏心爪张开,装入盘类工件后松开手柄,偏心爪在弹簧的作用下将工件定心夹紧。

该夹具的特点是结构简单,操作方便,通用性好,夹紧力随切削转矩增大而增大;但定心精度较低,适用于以毛坯外圆为粗基准定位的盘类(如圆柱齿轮)工件的钻孔、扩孔等工序的工件装夹。

2) 弹性变形式定心夹紧机构。弹性变形式定心夹紧机构是利用薄壁弹性元件受力后产生的均匀变形,使工件定位和夹紧的机构。图4-91

图4-90 齿轮偏心式定心夹紧机构

1—手柄 2—偏心爪 3—齿轮轴
4—中心齿轮 5—弹簧

所示为磨削圆柱齿轮内孔的一种弹性膜片定心卡盘。当气缸操纵推杆向右推压弹性膜片中部而变形时,卡爪径向略微张开而将滚柱松开,此时可装卸被磨削的齿轮。被磨削齿轮以及齿

第4章 汽车零件机械加工工艺规程的制订

面套在圆周上有6个滚柱的环内,一同装于卡盘的6个卡爪内,工件齿圈端面靠在3个支承钉上。当推杆向左后退时,卡盘的弹性膜片弹性回复,卡爪收拢,卡爪通过滚柱定心夹紧被磨削齿轮。这种弹性变形式定心夹紧机构的优点是定心精度高,可保证定心精度为 0.005~0.01mm,操作简便,生产效率高;它的缺点是夹紧力较小,因此多用于精加工,如热处理后磨削圆柱齿轮内孔等。

图4-92所示为定心夹紧连杆大头孔的液性塑料夹具。弹性元件为薄壁套筒,其内孔中部的环槽与夹具体的主通道相联通。在通道和环槽内灌满液性塑料(图中用网纹线表示)。手动拧紧加压螺钉,使螺钉头部的柱塞对腔内的液性塑料施加压力,迫使薄壁套筒产生均匀的径向弹性变形,将工件内孔胀紧而定心夹紧。这种夹具在大批大量生产时,利用气缸操纵柱塞的移动来实现对腔内的液性塑料施加压力,从而将工件定心夹紧。

图4-91 弹性膜片定心卡盘
1—弹性膜片 2—卡爪 3—滚柱 4—环
5—支承钉 6—推杆

图4-92 液性塑料夹具
1—夹具体 2—薄壁套筒 3—加压螺钉
4—液性塑料 5—定程螺钉 6—连杆

液性塑料在常温下是半透明的冻胶状物质,具有一定的弹性和流动性,物理性能稳定,因此能将所承受的压力均匀地传递至套筒的薄壁上,使之产生均匀的径向弹性变形。由于受到薄壁套筒变形量的限制,胀开尺寸范围较小,因此定位内孔应经精加工。该机构定心夹紧可靠,定心精度高,一般可保证定心精度为 0.01~0.02mm,适用于精加工工序。

(4)多位多件夹紧机构 多位多件夹紧机构是通过操作一个手柄可对一个工件的多个位置施加均匀夹紧,或同时夹紧多个工件的夹紧机构。图4-93所示为多位斜楔铰链式夹紧机构。当操作气动手柄时,气缸活塞杆推动斜楔向左移动(A—A 旋转剖视图中),使铰链横杆同时带动两个螺杆向下移动,从而两个左、右压板在工件(双点画线所示)的两个位置处同时将工件夹紧。图中,铰链横杆和螺杆组成中间传力机构。

多件夹紧机构分为平行多件夹紧机构和顺序多件夹紧机构两类。图4-94所示为顺序多件夹紧机构,夹紧时拧紧左端的螺母、推动钩形压板,将多个工件顺序夹紧。这种顺序多件夹紧机构由于工件沿夹紧方向存在尺寸误差的累积,因此适用于工件夹紧表面与夹紧方向相平行的场合。

图 4-93　多位斜楔铰链式夹紧机构
1—圆柱销　2—斜楔　3—铰链横杆
4—压板　5—螺杆　6—菱形销

图 4-94　顺序多件夹紧机构
1—螺母　2—钩形压板

4. 夹具的动力装置

在大批大量生产中，为提高生产效率并减轻工人的劳动强度，多数机床夹具都采用机动夹紧装置，其动力源有气动、液动和气液联动等多种形式，相应的动力装置为气缸、液压缸和气-液增压器等。

气动夹紧的供气系统如图 4-95 所示。气动夹紧的能源是压缩空气。压缩空气一般由企业的压缩空气站通过管路供应，经过气源开关、空气过滤器、调压阀及压力计、油雾器和换向阀等附件后进入气缸，推动气缸工作。其中，调压阀的功能是控制进入气缸空气的压力，并使其保持稳定。气动夹具采用的压力值为 0.4~0.6MPa。换向阀的功能是控制压缩空气进入和排出气缸的方向，操纵气缸工作。常用气缸有两类：活塞式气缸和薄膜式气室。气缸按其工作状态分为单向作用气缸和双向作用气缸，应用广泛的是双向作用气缸。图 4-96 所示为固定式双向作用活塞式气缸。气缸前盖和后盖用螺钉紧固在气缸体上，活塞在压缩空气推

图 4-95　气动夹紧的供气系统
1—气源开关　2—空气过滤器　3—调压阀
4—油雾器　5—压力计　6—换向阀　7—夹具

图 4-96　固定式双向作用活塞式气缸
1—气缸体　2—前盖　3—后盖　4—活塞
5—密封圈　6—密封环　7—活塞杆

动下作往复移动，活塞杆与中间传力机构相连接或直接与夹紧元件相连接。为防止气缸前、后室漏气，活塞上装有密封环。

4.6.5 现代机床夹具

机床夹具是夹具中的一类，对于夹具的分类，没有具体统一的标准。通常有下面几种分类。

1. 通用夹具

通用夹具是指结构、尺寸已标准化，与通用机床配套，且具有较大适用范围的夹具。

这类夹具具有很大的通用性，现已标准化，在一定范围内无需调整或稍加调整就可用于装夹不同的工件。例如车床上的自定心卡盘、单动卡盘、铣床上的平口钳、分度头和回转盘等。这类夹具通常作为机床附件由专业厂生产。其使用特点是操作费时、生产率低，主要用于单件小批生产。

2. 专用夹具

专用机床夹具是指为某种工件在某道工序上的装夹而专门设计和制造的机床夹具。专用机床夹具装夹工件是用工件定位基准或定位基面与夹具定位元件接触或配合来实现定位的，用夹紧装置将工件夹紧。因为不需要考虑通用性，可以设计得结构紧凑，操作方便、迅速，它比通用夹具的生产率高。

这类夹具定位准确，装卸工件迅速，但设计与制造周期较长，费用较高，在产品变更后无法使用，主要用于产品相对稳定而产量较大的成批大量生产。在实际生产中，技术人员所设计的机床夹具通常都是专用机床夹具。

3. 成组可调夹具

在多品种小批量生产中，由于通用夹具生产率低、产品质量不高，而采用专用夹具不经济，这时可采用成组加工方法，即将零件按形状、尺寸和工艺特征等进行分组，为每一组设计一套可调整的专用夹具，在机床夹具结构上，把与工件相联系的定位、夹紧和导向元件及装置，设计成可调整的或可更换的。当加工工件组中的某一种工件转换为另一种工件时，只需对成组夹具中的个别元件或装置进行调整或更换即可进行加工。

这类夹具是按照成组工艺原理设计的，适用于一组零件；不对应特定的加工对象，适用范围宽，通过适当的调整或更换夹具上的个别元件，即可用于加工形状、尺寸和加工工艺相似的多种工件，是针对通用夹具和专用夹具的缺陷而发展起来的一类新型夹具。

图 4-97 所示为车削盘、套类零件内孔、外圆的成组夹具。它用于加工与端面垂直的内孔、外圆及其他端面，或两端有同轴度或垂直度（加工的内孔、外圆对止口外圆 P 或端面 J 间）要求的工件。压板座组件 KT1 可根据工件大小，在槽内作径向移动以调整钩形螺旋压板 KH1 的夹紧位置，不用时可拆除。钩形螺旋压板 KH1 可视工件大小进行更换。根据工件定位基面的不同，可以更换定位元件 KH2。

成组夹具可以避免组合夹具在生产和管理上的困难，同时成组夹具是专为一组零件而设计的，针对性强，结构较为紧凑，能弥补组合夹具结构刚性不足的缺点。因此，成组夹具适用于多品种、中小批生产。

4. 组合夹具

组合夹具是指按一工件某道工序的加工要求，用预先制造好的一套系列化标准零件及组

图 4-97 车削盘、套类零件内孔、外圆的成组夹具
1—锥柄 2—定位衬套 3—花盘
KH1—钩形螺旋压板 KH2—定位元件 KT1—压板座组件

件拼装而成的专用机床夹具。其特点是当产品变更时,夹具可拆卸、清洗并可在短时间内重新组装成另一种形式的夹具。因此,组合夹具既适合于单件小批生产,又适合于中批生产,是一种较经济的夹具。

图 4-98b 所示为某汽车滚轮支架钻孔的工序图,图 4-98a 所示为加工该工件采用的钻斜孔的组合夹具。工件以底面和两个 φ11mm 的孔在夹具支承板 5 和两个定位销(其中一个为削边销)上定位。用压板 4 和 10 夹紧工件。钻孔时,钻头通过装在钻模板上的钻套来保证其位置正确。

第4章 汽车零件机械加工工艺规程的制订

图 4-98 组合夹具

1、3—方形基础板　2—关节压板　4、10—压板　5、9—支承板　6、8—螺母　7—钻模板

组合夹具是机床夹具标准化、系列化和通用化程度最高的一种机床夹具。这类机床夹具的结构灵活多变，设计和组装周期短，夹具零组件能长期重复使用，但需要储备大量标准的零组件，而且夹具的刚性较低。

不少中小型汽车制造企业都设立了组合夹具组装站，专门为生产拼装各种形式的组合夹具。

5. 自动线夹具

自动线夹具根据自动线的配置形式不同可分为固定夹具和随行夹具两大类。

固定夹具用于工件直接输送的生产线，夹具安装在每台机床上。

随行夹具是用于组合机床自动线上的可随工件移动的专用机床夹具。在工件进入自动线进行加工之前，先将工件装夹在随行夹具上，然后随行夹具连同工件一起沿着自动线依次从一个工位（机床）移动到下一个工位，并在每个机床工作台上或机床的固定夹具上定位、夹紧。当工件退出自动线时，才将工件从随行夹具上卸下。工件在随行夹具上的定位和夹紧与在一般夹具上的定位和夹紧一样。图 4-99 所示为自动线夹具。

图 4-99 自动线夹具

4.7 机械加工生产线的平面布局

4.7.1 机械加工生产线的类型

由于汽车生产的生产类型不同，机械加工生产线的类型也不同。机械加工生产线可分为大量生产的机械加工生产线和成批生产的机械加工生产线。

1. 大量生产的机械加工生产线

（1）单一连续流水生产线　单一连续流水生产线的特点是生产单一制品，每台生产设备或工作地都固定地执行一道工序，制品按照严格的生产节拍一道工序一道工序地连续流水生产。全生产线上各工序的单件时间定额相差不超过15%时，即可称为连续流水生产线。这类生产线的典型实例是单一制品的机械加工自动线。

（2）单一间断流水生产线　单一间断流水生产线的特点是生产单一制品，每台生产设备或工作地都固定地执行一道工序，只是制品的各道工序的工序时间缺乏严格的节奏，因此制品在各工序间有停放和等待。一般的机械加工流水线就是这类生产线的典型实例。

（3）成组连续流水生产线　成组连续流水生产线的特点同单一连续流水生产线，所不同的是生产线可以加工几种制品，每台生产设备或工作地担负几种制品的同一工序。

（4）成组间断流水生产线　成组间断流水生产线的特点同单一间断流水生产线，所不同的是生产线可以加工几种制品，每台生产设备或工作地担负几种制品的同一工序。

2. 成批生产的机械加工生产线

（1）可变流水生产线　可变流水生产线的特点是在生产线上分批轮番地制造几种制品。当一种制品制造完成后，调整生产线上的生产设备所用的工艺装备即可制造另一种制品。因此每更换一种制品都要花费调整时间。制品在生产线上是按流水方式生产的。可变流水生产线可细分为多制品的连续可变流水生产线和多制品的间断可变流水生产线。

（2）成组可变流水生产线　成组可变流水生产线的特点与可变流水生产线相同，但它能够同时加工多种制品。

（3）单一制品多工序间断流水生产线　单一制品多工序间断流水生产线的特点是生产线固定生产一种制品，但每台设备或工作地平均担负的工序数大于1。

4.7.2 机械加工生产线的工艺设计

1. 设计原则

（1）确定工艺原则

1）按生产类型确定零件所用毛坯的生产方法和技术要求。

2）确定生产线的工艺水平。依据生产厂家的条件和生产类型决定采用何种类型生产线及生产线的工艺水平。

3）确定工艺文件的编制范围及深度。

（2）确定工作班次、年时基数

（3）确定工艺设备的选用原则　在决定工艺设备的选用原则时，必须综合考虑下列因素：

1）尽量使用国内市场上的设备，必须进口的设备要有充分的理由和根据。

2)设备的水平要与生产类型和产品的质量要求相适应。
3)设备的规格要与产品大小相适应,不能盲目加大设备的规格。
4)设备的选用要考虑到投资的节省和生产发展的需要。
5)改(扩)建厂要充分利用原有设备。
(4)确定生产线的机械化、自动化程度和零件的传输方式
(5)确定生产节拍的劳动量定额水平

2. 工艺过程制订

工艺过程的制订主要是工序设计,其内容与方法在前面的章节中已有较详细的叙述,这里就不再重述。

4.7.3 机械加工生产线的平面布置

当工艺设计完成并确定了生产线的类型及内容之后,就要进行生产线的平面布置。

1. 工艺设备平面布置图

(1)比例 工艺设备平面布置图的比例用1:100。
(2)内容 完整的工艺设备平面布置图包括下面几项内容:
1)厂房内的柱网尺寸及编号。
2)全部工艺设备的平面图形及位置,预留设备的位置,并标出全部设备的型号及平面图号。
3)各种工作台、钳工台和检验台等的位置。
4)操作工人的位置。
5)各种工作地、存放地和备用地等的位置。
6)各种起重机、电葫芦、运输带、运输链辊道、翻转装置和提升装置等的位置及编号。其中,起重机及电葫芦要绘出其轨道位置。
7)各种通道。

2. 绘制工艺设备平面布置图的步骤

1)根据车间平面区域按1:100的比例及标准图例绘制生产线平面图,包括墙、柱、内部隔断通道及生产线。
2)用1:100的设备样片布置生产设备及其附属装置。
3)布置工作台、钳工台、检验台和划线平板等。
4)画起重运输设备及行驶区域。
5)画操作工人的工作位置。
6)标注各种编号及各种尺寸。编号包括柱网编号、设备编号及其型号和起重运输设备规格等。尺寸包括生产线平面尺寸、柱网尺寸等。
7)画图框、图标、图例、方向标及生产线位置图等,书写必要的说明及对土建设计的要求,如温度、照度、防尘、防震、防火、防爆、防蚀和地坪种类等。

3. 绘制工艺设备平面布置图时应注意的问题

(1)生产线的布置 依据生产类型的不同,可将生产部门划分成若干个生产线、生产工段或机群组。

在小批生产的重型汽车厂,机械加工车间的大件生产部分往往采用桥式或梁式起重机的

厂房，由于受起重机作业面积的限制，常把一个工段或生产线完整地布置在一个跨间内，以防止越跨运输，机床的排列采取与跨间平行的形式，厂房边柱侧及柱距间由于起重机达不到，通常不被利用。

绝大部分成批和大量生产中型和轻型载货汽车以及轿车等车辆的工厂，机械加工车间都不以桥式或梁式起重机为工序间的主要运输设备，生产线的布置可以不受跨间的限制，机床排列可以利用柱距间的面积。特别是采用 12m×12m 的方形柱网时，生产线的方向完全不受跨间的限制，为工艺流程的安排和工艺设备的布置提供了比较灵活的条件，使厂房面积得到最大限度的利用。

在布置机械加工生产线时，具体应注意以下几方面的问题：

1）按生产流程的方向布置生产线。

2）流水线的长度与零件机械加工工序数及工艺设备大小等因素有关。中等吨位的汽车发动机、变速器和底盘等一些零件的生产线长度一般为 36~60m，某些大型复杂零件（如缸体、曲轴和凸轮轴等）生产线较长，可以呈 S 型布置。

3）按零件在装配线上的装配位置布置生产线，特别是大型零件生产线的位置应注意与装配线的衔接。

4）精密零件生产线应与灰尘多、振动大、切屑多的生产线分开一定距离布置。

5）相同材料的生产线可集中布置，便于切屑的分类回收。

6）生产线的前端应留有毛坯存放地，通常取距通道边线 1~2m，大型零件毛坯存放地可适当加大。生产线的末端应留有一定面积，以备存放加工完毕的零件，并依需要设置一定数量的检验台和工作台。

7）在改（扩）建老厂房中布置生产线时，应注意发挥已有厂房高度、跨度和起重设备的作用，充分利用原有面积。

（2）工艺设备与工作位置的布置　在设计机械加工生产线时，工艺设备及工作位置的布置应注意以下几个方面：

1）按零件机械加工工艺过程的顺序布置工艺设备，特别是流水生产线要严格按零件工艺过程顺序排列工艺设备，保证流程通畅，使零件运输距离短，避免零件迂回运输。

2）节约用地，合理利用面积，充分利用角落面积，布置设备与工作位置时合理紧凑。当面积富裕时，不要随意加大设备间距，应集中留作备用面积。

3）生产线的设备可以单排或双排布置，其方向在同一生产线中可以采用直排、横排和斜排并存，以方便生产，但应注意排列整齐。为此，同类设备同方向布置，斜排设备的倾斜角度应协调。

4）操作工人要有适当的操作面积，工作位置的确定要考虑操作方便和保证操作人员的安全，不受其他机床及运输设备的影响与干扰，设备的转动部分应避开邻近的操作人员，避免阳光直射。

5）设备与墙和柱子应保持一定的距离，设备基础应避开厂房墙和柱子的基础。

6）多机床管理的设备应集中布置，其排列形式应考虑使操作人员在操作过程中行走距离最短、零件运输方便。

7）有条件时，应集中布置需通风和吸尘的设备。

8）设备的控制箱、液压站等的位置，应在操作方便的前提下充分利用角落面积，最好不占用生产线通道，以免妨碍运输。

第4章 汽车零件机械加工工艺规程的制订

9）设备布置应有灵活性，以适应生产的发展。关键设备或负荷过高的设备附近，根据工艺需要应适当留有增加设备的面积。

（3）生产线通道　为了在工序间运输工件和切屑，以及保证工人行走的方便，需要在生产线内布置通道。这种通道的宽度与设备排列的方式、运输车辆的种类以及零件的大小等因素有关（表4-13）。

当零件宽度大于辊道宽度时，取

$$b_1 = 零件宽度$$

悬架运输链的宽度可参照表4-13内各例选取：

$$b_1 = 零件宽度（或挂具宽度）$$

在决定生产线通道宽度时，要考虑设备大修时把设备拖出生产线的可能性，必要时允许拆除部分辊道。

（4）设备的最小间距　设备之间的距离要适当，要考虑制品的搬运和堆放，便于设备的检查和维修，便于清除切屑，更换切削液。设备布置时，还要注意设备与建筑物之间的最小距离。

表4-13　通道宽度

序　号	设备布置示例	通道宽度/mm
1		通道宽度　$B = 2a + b$ $a =$ 操作位置宽度（800～900） $b =$ 车辆宽度（500～800）
2		$B = a + b + c$ $a = 800～900$ $b = 500～800$ $c = 300～500$
3		$B = b + 2c$ $b = 500～800$ $c = 300～500$
4		$B = b + 2c$ $b = 500～800$ $c = 300～500$
5		$B = 2a + b_1$ $a = 600～800$ $b_1 =$ 辊道宽度

序 号	设备布置示例	通道宽度/mm
6		$B = 2a + 2b_1 + c$ $a = 600 \sim 800$ $b_1 =$ 辊道宽度 $c = 50 \sim 100$

机床相互间及机床距建筑物间的距离与机床类别、规格、车间生产性质、生产组织及管理水平有关。一般说，大批大量流水生产比中小批生产设备布置应紧凑些。最小间距的确定可从汽车工厂设计手册中查得。

4.8 汽车零件机械加工工艺制订简例

下面以气门为例来介绍汽车零件机械加工工艺制订的步骤。

1. 气门结构特点和技术条件分析

拟订零件的工艺过程，首先要分析研究产品的装配图和零件图。这是拟订零件工艺过程中最基本、最重要的一步。

由产品的装配图可以了解零件的功用、零件的主要工作表面、零件的装配基准以及该零件与其他零件间的装配关系和配合性质等。

由零件图可以进一步弄清零件上各主要工作面的精度要求、零件的结构特点和全部技术要求、零件的设计基准以及零件上各主要表面之间、主要表面与次要表面之间的关系等。一般的汽车零件，有功能要求且尺寸精度高、表面粗糙度数值小的表面即为主要工作表面。分析零件图就要从精度要求高的主要工作表面入手，先主后次，进而熟悉整个零件的设计要求。

如图 4-100 所示，气门是由圆形且具有锥面的头部和细而长的圆柱形的杆部组成的。从该零件的使用方面来看，其头部的锥面用于与气门座的内锥面配合，以保证密封。其杆部与气门导管间隙配合，以气门导管的内圆柱面作为其运动的导向。杆部无杆端的凹槽用来安装两个半锥形的锁片。气门小端端面与摇臂接触，表面应耐磨。由以上分析不难看出，该零件

图 4-100　6102 发动机进气门

第4章 汽车零件机械加工工艺规程的制订

的设计基准和装配基准均为杆部轴线,其主要加工表面是头部的锥面和杆部的圆柱面。

(1) 锥面精度 锥面的圆锥角不仅影响气门与气门座配合的密封性,而且影响气门关闭时的位置。

由于气门在装配及工作过程中是以其杆部圆柱面与气门导管的内圆柱面的配合作为导向的,即以杆部圆柱面作为其装配和工作基面,因此锥面相对于杆部圆柱面的位置精度直接影响气门的使用性能。

从零件图上可以看出,头部锥面的角度精度,形状、位置精度和表面质量要求都较高。

零件图上规定:锥面的圆锥角为 $91°^{+30'}_{0}$,锥面相对于杆部轴线的斜向圆跳动公差为 0.02mm,锥面的表面粗糙度 Ra 的最大允许值为 $0.8\mu m$。

(2) 杆部精度 杆部圆柱面既是气门的装配基准,又是气门锥面位置精度的测量基准。因此,杆部的精度直接影响气门的使用性能。

零件图上规定:杆部尾端圆柱面的尺寸精度为 $\phi 8.975h7(^{\ 0}_{-0.015})$,该圆柱面的圆柱度公差为 0.01mm,该圆柱面的表面粗糙度 Ra 的最大允许值为 $0.8\mu m$。

此外,气门头部与杆部的过渡处采用圆弧过渡,目的是增加其强度,改善头部散热性并减小气流阻力。对于杆部无杆端的凹槽及小端面的精度,零件图上也作了相应的规定。

2. 确定毛坯的制造形式及要求

气门头部与燃烧气体直接接触,受热严重,进气门温度可达400℃。气门杆部是在润滑困难的条件下作高速往复运动,因此要求气门的材料应耐高温、耐腐蚀、抗氧化,同时具有较高的疲劳强度和高温强度等。

6102发动机进气门采用耐热合金钢4Cr10Si2Mo制造,由材料的力学性能知其抗拉强度 $R_m \geq 883N/mm^2$,伸长率 $A \geq 10\%$,断面收缩率 $Z \geq 25\%$。由以上指标不难看出,该气门材料属于难加工材料。

考虑到是在大量生产条件下,所以该零件采用模锻件毛坯。毛坯的尺寸精度为 ±0.25mm,锻后硬度为241~302HBW。毛坯送机械加工前,需经认真修整并校直。

3. 定位基准的选择

由零件图及技术条件分析可知,6102发动机进气门的各表面均需进行机械加工,其主要表面大端的锥面与杆部圆柱面之间有位置精度要求,只有通过正确的定位加工才能保证其精度要求。选择工件的哪些表面作为定位基准是拟订机械加工工艺过程中一个十分重要的问题,因此对于基准的选择必须加以分析。

(1) 粗基准的选择 由于进气门的各表面均需加工,因此选择粗基准时应保证各加工表面都能得到一定的加工余量,主要加工表面上的加工余量应均匀。在最初加工杆部外圆时,以毛坯杆部的外圆柱面作为定位基准,以大端锥面与杆部圆柱面的过渡部分作轴向定位,这样可以保证杆部外圆柱面的加工余量比较均匀。

(2) 精基准的选择 选择精基准时,应力求遵循基准重合原则,以减小定位误差,保证各加工表面之间的相互位置精度。

6102发动机进气门杆部外圆柱面经第一次加工后,即可将其作为后续加工杆部外圆柱面时的定位基准面,这符合基准重合原则。为了限制加工杆部外圆柱面时工件在加工过程中的轴向位置,在小端面未加工之前,以大端锥面与杆部圆柱面的过渡部分为定位基准;当小端面加工之后,以小端面为定位基准。

大端锥面的加工、锁环槽的加工、大端端面及外圆的加工和小端端面的加工，均可采用杆部外圆柱面作为定位基准，这符合基准统一原则，也有利于保证这些表面相对于杆部圆柱面的位置精度。

关于轴向尺寸的控制：粗加工大端锥面时，可用锥面与杆部圆柱面的过渡部分作为定位基准；加工大端端面及外圆时，可用大端锥面作为定位基准；小端端面的加工可用大端端面作为定位基准，以保证工件的全长尺寸满足设计要求；大端锥面的加工，为保证锥面校准线到小端端面的距离，可选小端端面作为定位基准，这符合基准重合原则；为保证锁环槽到小端端面的设计尺寸要求，本着基准重合的原则，在加工锁环槽时，可以用小端端面作为定位基准。

4. 加工方法的选择

加工方法的选择必须以保证零件的加工质量为前提，必须以提高生产率、降低加工成本和与生产类型、生产纲领相适应为原则，还要充分考虑被加工表面的形状和精度。

进气门这个零件的主要加工表面为旋转体表面，因此，加工方法应以车削和磨削为主。

对于气门杆部圆柱面的加工，可采用粗车—半精车—精车—粗磨—半精磨—精磨的加工方案，也可以采用粗磨—半精磨—精磨的加工方案。

由于工件细长、刚度低，如果采用先车后磨的方案，一方面加工中工件的受力变形大，采用辅助支承等十分困难；另一方面需增加铣端面钻中心孔工序，最后还要有去除中心孔的工序。这样既增加了设备又浪费了材料。如果采用磨削加工的方案，即采用粗磨—半精磨—精磨的加工方法，可以采用无心磨床来完成。这在毛坯精度较高、余量较小的情况下，有利于保证零件的加工质量。磨削加工方案不仅可以极大地简化夹具的设计及制造过程，而且以其自身作为定位基准，符合基准重合原则，同时减少了设备的种类。

从以上分析不难看出，采用后一种加工方案，对于保证加工精度、提高生产率和降低成本都是有利的。

考虑到零件的材料特性和无心磨床的加工特点，为防止磨削时工件表面烧伤，保证产品质量，其粗加工可以采用充分冷却和多次磨削来完成。

对于大端锥面的加工，可采用的加工参考方案如下：粗车—半精车—精车—粗磨—半精磨—精磨和粗车—精车—粗磨—精磨的加工方案。

考虑到零件的加工余量较小，后一种方案能够保证加工精度，同时可减少设备、降低成本，因此大端锥面的加工应采用后一种方案。对于大端锥面的加工，粗加工采用车削有利于提高机械加工生产率，精加工采用磨削有利于保证加工质量。

5. 热处理工序的安排

安排零件的热处理工序主要考虑两点：其一，方法适当，即根据不同的零件材料、不同的热处理目的，选择不同的热处理方法；其二，时间及时，即针对不同的热处理目的，在零件机械加工工艺过程的合适位置，及时地安排热处理工序。

进气门是使用性能和加工要求都比较高的零件，又是细而长的锻件，为了防止在加工和使用时产生变形，便于切削加工，应在机械加工前安排以消除内应力为主要目的的回火处理工序。

气门小端端面在工作时频繁地与摇臂接触，并因存在相对运动而产生摩擦，为了提高该端面的硬度和耐磨性，在半精加工后应安排最终热处理工序，进行局部淬火。

6. 检验工序的安排

安排检验工序的根本目的是对工艺过程进行有效的监督和控制，对零件的加工质量进行及时地分析,以保证其加工精度。

进气门加工工艺路线比较长、工序较多,同时在零件半精加工后还要进行局部淬火处理,因此应在局部淬火工序后安排中间检验工序,以便检验半精加工中必须达到设计要求的各表面的尺寸、位置精度、表面粗糙度和小端硬度。中间检验是为了控制零件的半精加工质量,也便于保证零件的精加工精度。

当零件加工结束后,必须安排一次最终检验工序。最终检验应按零件图要求全面进行检验,可以采取抽检的方法,根据零件上各表面技术要求重要程度的不同,采用抽取 1/200～1/100 进行检验。

7. 工序尺寸的计算

进气门的全部机械加工工艺过程中,绝大部分尺寸没有基准不重合的尺寸换算问题。只是在加工 91°锥面时,设计要求保证锥面上的校准线至大端端面的尺寸为(2.5±0.13)mm。加工中是以小端端面作为定位和测量基准,直接保证校准线至小端端面的尺寸 A,尺寸链如图 4-101 所示。

对工序尺寸 A 进行分析计算。

A 的公称尺寸的计算:

$$A = 131.2\text{mm} - 2.5\text{mm} = 128.7\text{mm}$$

A 尺寸上、下极限偏差的计算:

$$ES_A = +0.03\text{mm} - (-0.13)\text{mm} = +0.16\text{mm}$$

$$EI_A = -0.03\text{mm} - 0.13\text{mm} = -0.16\text{mm}$$

图 4-101 计算工序 A 的尺寸链

因此,工序尺寸 $A = 128.7 \pm 0.16\text{mm}$。

8. 工艺过程的拟订

经过对上述所有问题的分析、研究和计算之后,就可拟订机械加工工艺过程。

加工余量和切削用量可以从有关手册中查得或结合生产经验进行选取,再根据确定的切削用量计算各工序的时间定额,选择合适的切削液,最后填写"机械加工工艺卡片"等工艺文件。

6102 发动机进气门机械加工工艺过程见表 4-14,机械加工工序卡示例见表 4-15。

表 4-14 6102 发动机进气门机械加工工艺过程

工序号	工作内容	所用设备	工序号	工作内容	所用设备
1	粗磨杆部外圆	无心磨床	15	小端淬火	淬火机
2	第二次磨杆部外圆	无心磨床	16	中间检查	
3	粗车大端锥面	卧式车床	17	第五次磨杆部外圆	无心磨床
4	车大端端面及外圆	车床	18	精磨小端端面	平面磨床
5	车小端面	专用自动车床	19	粗磨大端锥面	角度磨床
6	粗磨小端面	平面磨床	20	第六次磨杆部外圆	无心磨床
7	小端倒角	砂轮机	21	探伤	
8	车大端锥面及大端外圆	专用自动车床	22	精磨大端锥面	角度磨床
9	车大端锥面与杆部过渡处	专用自动车床	23	半精磨杆部外圆	无心磨床
10	第三次磨杆部外圆	无心磨床	24	去锁环槽飞边	
11	第四次磨杆部外圆	无心磨床	25	精磨杆部外圆	无心磨床
12	车锁环槽及小端倒角	专用自动车床	26	去飞边	
13	滚挤压锁环槽	专用滚压机	27	清洗	清洗机
14	清洗	清洗机	28	终检	

表 4-15 机械加工工序卡示例

厂		机械加工工序卡	第 5 页	零件号	1007011—01A1
车间			共 51 页	零件名称	进气门

符号说明:
∨	定位
◇	夹紧
⊙→	定位夹紧
□→	辅助支承
→	进给方向
↻	旋转方向

零件图: φ9.78$_{-0.08}^{0}$, Ra 3.2, 25, B—B

工序号	工序内容	设备	夹具及辅助工具	刀具	刀辅具	量具及检具	切削液
1	粗磨杆部外圆	无心磨床	中心架	砂轮	导轮	卡规	苏打水
					修正夹具		

	设计	校对	审核	检查科会签	厂批准	总厂批准

更改根据	
标记及数目	
签名及日期	

第 5 章

汽车零件装配工艺的制订

5.1 概述

汽车的装配是整个汽车制造过程中的最后一个阶段，汽车的质量最终由装配来保证，因此，装配的质量对汽车的使用性能和使用寿命影响很大。

如果装配不当，即使所有加工的零件都合格也难以获得符合质量要求的产品。同时，由于装配所花费的劳动量很大、占用的时间很多，对整车生产任务的完成、工厂的劳动生产率、产品的成本和资金周转都有直接影响。近年来，毛坯制造和机加工等方面实现了高度的机械化和自动化，产品成本不断降低，使得装配工作在整个汽车制造中所占劳动量的比重和占产品成本的比重越来越大，其影响更加突出。因此，只有迅速提高装配工作的技术水平和劳动生产率，才能适应整个汽车工业的发展形势。

对装配工艺的基本要求是：装配质量符合规定的技术要求、生产周期短、劳动生产率高、成本低、装配劳动量小和装配操作方便。

5.1.1 装配工艺特点

装配生产类型是决定装配工艺特征的重要因素。生产类型不同，装配方法、工艺过程、所用设备及工艺装备和生产组织形式等也不同。各种生产类型的装配工艺特点见表 5-1。

表 5-1 各种生产类型的装配工艺特点

生产类型	大批、大量生产	中批生产	单件、小批生产
组织形式	通常采用装配流水线；有自由移动式装配或连续移动式和间歇移动式装配，还可采用自动装配机或装配自动线	笨重而批量不大的产品，采用具有固定装配台的装配流水线；批量较大的产品，采用移动式装配流水线；多品种同时投产的产品，采用多品种可变节奏装配流水线	采用具有固定装配台的装配流水线进行总装；批量较大的部件可用移动式装配流水线
装配方法	采用完全互换法装配，允许有少量的简单的调整法；精密配合成对供应，也可用分组互换法装配；没有任何修配工作	主要采用完全互换法装配，也可用调整法、修配法等，以节约加工费用	采用调整法及修配法较多；完全互换件占有一定的比重
工艺过程	工艺过程划分很细，力求达到高度的均衡性	工艺过程的划分应适合于批量的大小，尽量使生产均衡	一般不制订详细工艺文件；工序可适当调度，工艺也可灵活掌握
工艺装备	专业化程度高，适宜采用高效率的专用工艺装备，容易实现机械化和自动化	通用设备较多；也采用一定数量的专用工、夹、量具，以保证装配质量和提高工作效率	一般采用通用设备及通用工、夹、量具
手工操作	手工操作比例小，熟练程度容易提高，便于培养新工人	手工操作比重较大，对工人的技术水平要求较高	手工操作比重大，要求工人有较高的技术水平和多方面的工艺知识

5.1.2 装配工作的主要内容

1. 清洗

进入装配的零件必须先进行清洗，除去在制造、贮存和运输过程中所粘附的切屑、油脂和灰尘等。部件、总成在运转磨合后也要清洗。清洗对于保证和提高装配质量、延长产品的使用寿命有着重要的意义。

（1）清洗的方法　汽车装配中常用的清洗方法除擦洗和浸洗外，还有喷溅清洗、气相清洗、超声波清洗和高压清洗等。其中，擦洗主要用于较大工件的局部清洗；浸洗用于形状较复杂的工件轻度粘附油垢的清洗；一般零件大多用喷溅清洗法；小型较精密的零件常用超声波清洗；气相清洗主要用于工件不允许沾上清洗液和不经过烘干的情况，如发动机的整体清洗，特别是试车后的整机清洗；高压清洗是利用高压清洗液将杂质冲走，如发动机装配中用于气缸体、曲轴和高压油管等零件的油道清洗。

（2）清洗液　清洗中常用的清洗液有碱性溶液、油性清洗剂（煤油、柴油和汽油）、三氯乙烯及各种化学清洗液。应根据工件的清洗要求、污物性质及粘附情况正确选用清洗液。零件在清洗后，应具有一定的防锈能力。

（3）干燥　清洗后烘干零件比用压缩空气吹干的办法好，这不仅可以减轻噪声的影响，而且可保持车间的清洁度。车间清洁度对装配质量影响很大，许多装配车间采用封闭式结构并使车间内的气压略高于室外大气压，防止灰尘进入车间。

为达到良好的清洗效果，现在常采用多工位自动清洗机，按一定程序自动控制工件上料、下料、清洗、干燥及转位等。

2. 平衡

旋转体的平衡是装配过程中一项重要工作。特别是转速高、运转平稳性要求高的机器，对其零、部件的平衡要求极为严格，平衡工作更为重要。

（1）平衡方法　旋转体的平衡有静平衡和动平衡两种方法。对于盘状旋转体零件，如带轮、飞轮等，一般只进行静平衡；对于长度大的零件，如曲轴、传动轴等，必须进行动平衡。

（2）平衡质量的措施　质量平衡的方式包括加工去除法和加配质量法。旋转体内的不平衡质量可用加工去除法进行平衡，如钻、铣、磨、锉和刮等；旋转体内的不平衡质量也可用加配质量法进行平衡，如螺纹联接、铆接、补焊、胶接和喷涂等方法。

在发动机装配中，曲轴的动平衡尤为重要，曲轴因其自身结构相对于旋转中心不对称以及材料本身质量不均匀和加工尺寸精度等的影响，使曲轴在高速旋转时产生不平衡的惯性力，影响发动机的平稳运转，产生振动和噪声，增加磨损，从而影响发动机的工作性能和使用寿命。曲轴的平衡已普遍自动化，一般曲轴平衡自动化包括自动上下料、自动测量不平衡量及自动修正等。

为提高发动机工作的平稳性能，应在发动机整机装配完成后作一次平衡，因为发动机内各回转零件虽然进行了平衡，但各零件装配后，由于装配误差、不平衡量的综合误差，仍可能产生较大的旋转惯性力而引起发动机的振动。目前发动机整机动平衡尚未普遍采用。

3. 过盈连接

机器中的孔、轴配合，有很多采用过盈连接。对于过盈连接件，在装配前应保持配合表面的清洁。常用的过盈连接装配方法有压入法和热胀（或冷缩）法。

1）压入法是在常温情况下将工件以一定压力压入装配，会把配合表面微观不平度挤平，影响过盈量。压入法适用于过盈量不大且要求不高的情况。

2）重要的、精密的机械以及过盈量较大的连接处常用热胀（或冷缩）法。即采用加热孔件或冷却轴件的方法，缩小其过盈量或达到有间隙后进行装配。

发动机装配时，过盈连接处很多，如活塞销与销孔的配合、气门座与气缸盖座孔的配合、飞轮齿圈与飞轮的配合、正时齿轮与曲轴的配合等。特别是气门座与座孔的配合，由于气门座位于气缸盖的热三角区，这就要求气门座和座孔间有良好的配合，才能将热量迅速地传导出去。因其过盈量较大，气门座又属薄壁件，若在常温下以压入法装配，不仅很难保证配合质量，而且常常会使气门座发生变形，严重时甚至损坏零件。对于这种薄壁零件的过盈配合，大多采用深冷技术或者采用冷却轴件和加热孔件配合运用，在有间隙的状态下进行装配，保证在常温下有良好的配合质量。

4. 螺纹联接

在汽车结构中，广泛采用螺纹联接，对螺纹联接的要求有如下几点：

1）螺栓杆部不产生弯曲变形，螺栓头部、螺母底面与被联接件接触良好。

2）被联接件应均匀受压，互相紧密贴合，联接牢固。

3）根据被联接件的形状、螺栓的分布情况，按一定顺序逐次（一般为2~3次）拧紧螺母。

螺纹联接的质量除受有关零件的加工精度影响外，与装配技术有很大关系。例如拧紧的次序不对、施力不均时，零件将产生变形，降低装配精度，造成漏油、漏气和漏水等。对于运动部件上的螺纹联接，若拧紧力达不到规定数值，将会松动，影响装配质量，严重时会造成事故。因此，对于重要的螺纹联接，必须规定拧紧力的大小。

螺纹联接中控制拧紧力的方法按原理可以分为以下3种：

（1）控制转矩法　用电动机驱动的工具、扳手或用限制转矩装置的手动工具来控制转矩。

（2）控制旋转角法　先按一个初始转矩预紧，使工件相互贴紧后，从此转矩值开始旋转一个预先确定的角度。

（3）控制屈服点法　由电动机驱动的螺纹拧紧工具输出测量值，这些值构成旋转角——转矩曲线，当其达到螺栓屈服点时，即发出信号使螺栓扳手停止。

现在，已经使用由计算机控制的转矩系统，可同时控制和显示多轴扳手的转矩值，能较好地控制螺纹联接的拧紧力。

5. 校正

校正是指各零部件本身或相互之间位置的找正及相应的调整工作，是装配时要做的工作之一。

除上述装配工作的基本内容外，部件或总成以至整个产品装配中和装配后的检验、试运转、涂装和包装等也属于装配工作，应相应考虑安排。

5.1.3　装配工作的组织形式

装配组织形式主要取决于生产类型、装配劳动量和产品的结构特点等。装配工作的组织形式一般分为两种，即固定式装配和移动式装配。

1. 固定式装配

固定式装配可直接在地面上或在装配台架上进行，是把所需装配的零件、部件或总成全部运送至固定的装配地点，并在该地点完成装配工作。根据装配的密集程度，固定式装配分为集中的固定式装配和分散的固定式装配。

（1）集中的固定式装配　产品的所有装配工作都集中在一个工作地点完成。这种装配需要完成多种不同的工作，因此对工人的技术水平要求高，需要较大的生产面积，装配周期较长。因为在工作地点需要供应全部零件，所以运输比较复杂。集中的固定式装配仅适用于单件小批生产和新产品试制的装配。

（2）分散的固定式装配　将装配过程分为部件装配和总成装配，分别由几组装配工人在各自的工作地点同时装配各自的部件或总成，然后送到总装配地点，由另一组工人完成汽车的总装配。这种装配多使用专用装配工具，装配专业化程度较高，可有效地利用生产面积，装配周期较短。

对于批量比较大的生产，工人可在装配台上进行装配，所需的零件和部件不断送至各装配台，工人在一个装配台完成装配后带着工具箱转移到另一个装配台；装配时，工人沿着各装配台移动。若各装配台排在一条线上，则构成固定装配台的装配流水线，这是分散的固定式装配的高级形式。其中，装配台的数目取决于装配工艺过程的工序数目。

2. 移动式装配

移动式装配是把所需装配产品的基础件不断地从一个工作地点移送到另一个工作地点，将装配过程所需的零件及部件送到相应的工作地点，在每个工作地点有一组工人采用专用的工艺装备重复地进行固定的装配工作。移动式装配分为自由移动式装配和强制移动式装配。

（1）自由移动式装配　这种装配是指在装配时由工人根据具体情况决定移动基础件的时间，产品放在小车上或在辊道上沿工作地点由工人移动，也可用输送带或吊车等机械设备运送，各个工作地点所占的装配时间不固定，但应尽量保持均衡。

（2）强制移动式装配　这种装配是将产品放在小车上或输送带上由链条强制拖动，装配过程按预定的节拍进行。强制移动式装配分为间歇移动式装配和连续移动式装配。

1）间歇移动式装配。间歇移动式装配是指输送小车或输送带以等于装配节拍的时间间歇移动的装配。

2）连续移动式装配。连续移动式装配是将产品装在连续移动的输送带上，边移动边进行的装配。由于装配过程和运输过程重合，所以这种装配生产率很高。

5.2　保证装配精度的装配方法

制造汽车不仅要保证每个零件的加工精度，还要使零件能正确地进行装配，达到规定的装配精度。汽车的装配精度包括以下几方面：

1）有关零件或部件间的尺寸精度，如间隙或过盈量等。

2）位置精度，如平行度、垂直度和同轴度等。

3）相对运动精度，即在相对运动过程中，保证有关零件或部件间相对位置的准确度以及各个配合表面的接触精度等。

第 5 章　汽车零件装配工艺的制订

零件都有规定的公差，即允许有一定的加工误差，装配时零件误差的累积就会影响装配精度。如果这种累积误差不超出装配精度指标所规定的允许范围，则装配工作只是简单的连接过程，很容易保证装配精度。事实上，零件的加工精度不但受现实制造技术的限制，还受经济性的制约，因此，用提高加工精度以降低累积误差来保证装配精度有时是行不通的，还必须依赖装配工艺技术。

汽车制造中常用的保证装配精度的装配方法有 4 种，即互换装配法、选择装配法、调整装配法和修配装配法。

5.2.1　互换装配法

互换装配法是指在装配时各配合零件不经修理、选择或调整即可达到装配精度的方法。

互换装配法的实质是通过控制零件的加工误差来保证其装配精度。采用互换装配法时，有关零件的公差按下述两种原则来确定。

1）各有关零件公差之和应小于或等于装配公差，用公式表示为

$$T_0 \geqslant \sum_{i=1}^{n} T_i = T_1 + T_2 + \cdots + T_n \tag{5-1}$$

式中　T_0——装配公差；

T_i——各有关零件的制造公差；

n——组成尺寸链的各有关零件数。

显然，在这种装配中，零件是可以完全互换的，因此又称为完全互换法。

2）各有关零件公差值平方和的平方根小于或等于装配公差，用公式表示为

$$T_0 \geqslant \sqrt{\sum_{i=1}^{n} T_i^2} = \sqrt{T_1^2 + T_2^2 + \cdots + T_n^2} \tag{5-2}$$

显然，按式（5-2）计算与按式（5-1）计算相比，零件的公差可以放大一些，从而使加工变得容易而经济，同时仍能保证装配精度。但式（5-2）的应用是有条件的，由于其原理是概率理论，所以只适用于大批大量生产类型。当符合一定条件时，能够达到完全互换法的效果，否则，会使一部分装配产品达不到装配精度要求，此时称为不完全互换法。

完全互换装配法的优点是可保证零、部件的互换性，便于组织专业化生产，备件供应方便；装配工作简单、经济，生产率高；便于组织流水装配及自动化装配；对装配工人的技术水平要求不高，易于扩大再生产。由于有这些优点，完全互换法已成为保证装配精度的先进装配方法，被广泛用于汽车装配中。

5.2.2　选择装配法

选择装配法是在成批或大量生产中，将产品配合副经过选择进行装配以达到装配精度的方法。

在成批或大量生产条件下，若组成零件不多而装配精度要求很高，如果采用完全互换法将会使零件的公差值过小，不仅会造成加工困难，甚至会超过加工的现实可能性。在这种情况下，不能只依靠零件的加工精度来保证装配精度，可以采用选择装配法，将配合副中各零件的公差放大，然后选择合适的零件进行装配，以保证规定的装配精度。

选择装配法按其形式不同可分为 3 种：直接选配法、分组装配法和复合选配法。

（1）直接选配法　直接选配法即在装配时，由装配工人直接从待装配的零件中选择合适的零件进行装配，以满足装配精度的方法。例如，为了避免发动机工作时活塞环在环槽中卡死，装配工人凭经验直接挑选合适的活塞环进行装配，完全是凭经验判定活塞环和环槽的间隙来保证装配精度。

这种装配方法的优点是简单，但装配质量在很大程度上取决于装配工人的技术水平，而且工时不稳定，不适合用于节拍要求严格的流水装配线。

（2）分组装配法　分组装配法是在成批或大量生产中，将产品各配合副的零件按实测尺寸分组，装配时按组进行互换装配，以达到装配精度的方法。

对于装配精度要求很高的情况，各组成零件的加工精度要求也很高，使得加工很不经济或很困难，甚至无法满足要求。例如，发动机活塞销和销孔的配合，技术要求规定在冷态装配时应有 0~0.0050mm 的过盈量。若采用完全互换法装配，则活塞销和销孔的公差均为 0.0025mm，将给机械加工造成极大困难，也不经济。在实际生产中采用分组装配法，即把活塞销和销孔的公差放大到 0.012mm，然后对零件进行测量分组，按分组顺序将对应组的零件进行装配，以保证装配精度的要求。

分组装配法的优点是降低了零件加工精度的要求，仍能获得很高的装配精度；同组内的零件可以互换，具有完全互换法的优点。它的缺点是增加了零件的测量、分组工作，增加了零件的存贮量，并使零件的贮存、运输工作复杂化。

分组装配法只适用于大批大量生产中的组成件数少而装配精度要求高的场合。柴油机中的精密偶件都采用分组装配法，大量生产滚动轴承的工厂也采用此种装配法。

采用分组装配法时，应注意以下事项：

1）配合件的公差应相等，公差增大应往同一方向，增大的倍数就是分组组数。

2）配合件的表面粗糙度、几何公差必须保持原设计要求，不应随着配合件公差的放大而降低要求。

3）保证零件分组装配时都能配套。若出现某一组零件过多或过少而无法配套时，必须采取措施，避免造成积压或浪费。

4）所分组数不宜过多，以免管理复杂。

（3）复合选配法　该种方法是上述两种方法的复合，即先把零件测量分组，装配时在对应组零件中直接选择装配。它吸取了上述两种选择装配法的优点，既能较快地选择合适的零件进行装配，又能达到理想的装配质量。发动机气缸孔与活塞的装配大都采用这种装配方法。

5.2.3　调整装配法

调整装配法是用改变可调整零件的相对位置或选用合适的调整件来达到装配精度的方法。根据调整件的不同，调整装配法分为可动调整装配法和固定调整装配法。对于组成件数比较多而装配精度要求高的场合，宜采用调整装配法。

调整装配法的优点是能获得很高的装配精度，在采用可动调整时可达到理想的精度，而且可以随时调整由于磨损、热变形或弹性变形等原因引起的误差；零件可按加工经济精度确定公差。

调整装配法的缺点是应用可动调整装配法时，需要增大机构体积，当机构复杂时，计算繁琐，不易准确；应用固定调整装配法时，调整件需要准备几档不同的规格，增加了零件的数量及制造费用；调整工作繁杂费工费时，装配精度在一定程度上依赖工人的技术水平。

（1）可动调整装配法　**可动调整装配法**是用改变预先选定的可调整零件（一般为螺钉、螺母等）在产品中的相对位置来达到装配精度的方法。如图 5-1 所示，发动机的气门间隙就是通过调整螺钉来保证装配精度要求的。

（2）固定调整装配法　**固定调整装配法**是预先设置几档定尺寸调整件，在装配时根据需要选择相应尺寸的调整件装入，以达到所要求的装配精度的方法。汽车主减速器中主动锥齿轮轴承预紧度的调整，就是通过选用不同厚度的调整垫片来保证装配精度要求的。

图 5-1　发动机气门间隙的调整

调整装配法虽然多用了一个调整件，因而增加了部分调整工作量和一些机械加工量，但就整个汽车生产来说是微不足道的，所以在汽车装配中被广泛采用。

5.2.4　修配装配法

修配装配法是指在装配时修去指定零件上预留修配量以达到装配精度的方法。

修配装配法和调整装配法在原则上是相似的，都是用一个调整件来补偿累积误差，仅仅是具体方法不同。

修配装配法一般适用于产品产量小的场合，如单件小批生产或新产品的试制。当组成件数不多但装配精度要求很高，或组成件数多而装配精度要求也很高时，各组成件按该生产条件下加工经济精度制造，装配时修去指定零件上预留修配量或就地配制，从而保证装配精度。

汽车生产中也有采用修配装配法的，如将主减速器中的主、被动锥齿轮进行直接选配后送去研磨，打上记号，然后成对送去装配。选配后的研磨，实质就是修配装配法的应用。柴油机中的精密偶合件也是采用分组选配再研磨来保证装配精度的，其选配后的研磨实质上也是修配装配法的应用。

总的来说，因为汽车多是大批大量生产，所以修配装配法的应用不如前述 3 种装配方法多。

5.3　装配尺寸链

5.3.1　装配尺寸链的建立

1. 装配尺寸链和尺寸链图

在汽车装配过程中，常遇见一些相互关联的尺寸，如图 5-2 所示，将齿轮装到轴上后，

存在间隙 Δ，影响间隙 Δ 大小的是齿轮孔径 A_1 和轴径 A_2，$\Delta = A_1 - A_2$。

如图 5-3 所示，其轴向间隙 Δ 的大小取决于箱壁宽 A_1 和齿轮宽 A_2，即 $\Delta = A_1 - A_2$。

由上述示例可以看出，在装配中，常遇见一些相互关联的尺寸，其中某个尺寸受其他尺寸变动的影响，这些相互关联的尺寸即构成了装配尺寸链。因此，装配尺寸链是各有关装配尺寸所组成的尺寸链，它表示了装配精度要求与有关零件设计尺寸之间的关系。装配精度要求就是尺寸链的封闭环，不同零件的有关设计尺寸是装配尺寸链的组成环。

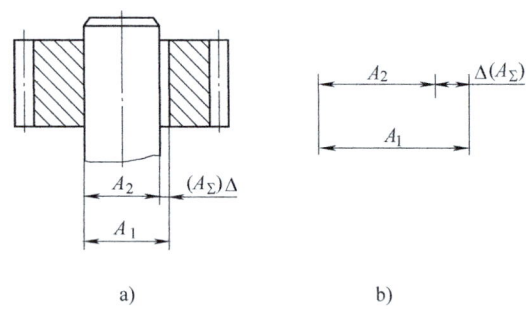

图 5-2　齿轮孔和轴的间隙配合

为简便起见，在应用尺寸链进行分析计算时，通常不画出具体结构，只是依次绘出有尺寸的封闭尺寸示意图形，即尺寸链图，如图 5-2b 和图 5-3b 所示。

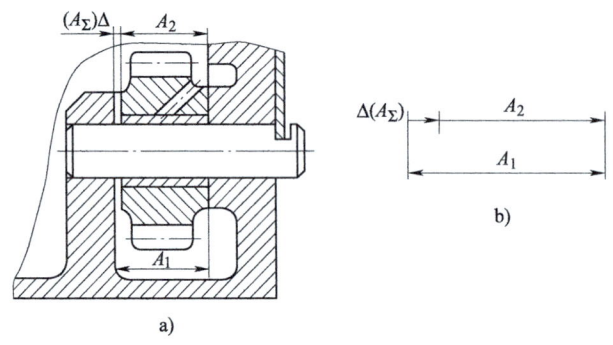

图 5-3　倒档中间齿轮和箱壁轴向间隙

在产品设计时，为保证装配精度，需要应用装配尺寸链进行分析和计算，合理地确定零件的尺寸和几何公差。在制订装配工艺过程时，选择装配方法、解决生产中的装配质量问题，也需要应用装配尺寸链进行分析与计算。

2. 装配尺寸链的建立

建立装配尺寸链，首先应当明确封闭环，根据已知的封闭环查找出各组成环。装配精度就是装配尺寸链的封闭环。汽车装配中有很多装配精度要求，它们都表示在有关的装配技术条件中。例如，曲轴和主轴承装配后的轴向间隙，如图 5-4 所示。装配后，进、排气门与活塞顶平面之间的间隙，如图 5-5 所示。

在汽车装配中，还有许多装配精度要求，但有些要求不是用零件或部件间的尺寸精度或位置精度来表示，而是给出其他要求，如轴承的预紧度要求等，此时需要把预紧力矩要求转化成尺寸要求，以便进行分析计算。

图 5-4　曲轴的轴向间隙要求
1—缸体　2—止动垫片　3—曲轴

第 5 章 汽车零件装配工艺的制订

知道了封闭环后，就可以查找组成环了。**在产品结构中，直接影响装配精度的零件尺寸或位置关系就是装配尺寸链的组成环。** 从封闭环的一边开始，依次查找各组成环，直至封闭环的另一边，也可以从封闭环的两边同时开始找直至找到基准件。**在查找时，应遵循装配尺寸链最短路线（即最少环数）原则，即每一个有关零件只有一个尺寸列入装配尺寸链。**

下面以实例说明装配尺寸链的查找方法。

图 5-6 所示为汽车变速器第一轴轴承外圈、锁环和前盖的局部装配图。轴承外圈向右靠在锁环上，而锁环靠在壳体平面上。该结构有以下 3 项装配精度要求：

图 5-5　气门与活塞
**　　　　顶平面间隙**
1—气门　2—活塞

图 5-6　汽车变速器第一轴轴承外圈、
**　　　　锁环和前盖的局部装配图**
1—纸垫　2—前盖　3—轴承外圈
4—锁环　5—变速器壳体

1) 当前盖通过纸垫紧靠的壳体上时，前盖的内端面 H 和锁环左端面有间隙 X_4。

2) 同上述，前盖内端面 G 和轴承外圈端面有间隙 X_5。如果没有间隙 X_4 和 X_5，前盖与纸垫及壳体之间就不能紧靠，会造成前端漏油。X_4 和 X_5 最小值可以等于零。

3) 锁环在轴承外圈的止动槽中要有间隙 X_6，以保证锁环能方便地装入止动槽中。

现分别查找以下 3 个间隙为封闭环的装配尺寸链：

1) 查找以 X_6 为封闭环的装配尺寸链。它的组成环为轴承外圈止动槽宽 F_3 和锁环的厚度 F_4，这是一个 3 环装配尺寸链。尺寸链图如图 5-6f 所示，尺寸链方程式为

$$X_6 = F_3 - F_4$$

2) 查找以 X_4 为封闭环的装配尺寸链。它的组成环为纸垫的厚度 D_1、前盖的 H 面到外端面的距离 D_2 和锁环的厚度 D_4，这是一个 4 环装配尺寸链。尺寸链图如图 5-6c 所示，尺寸链方程式为

$$X_4 = D_1 + D_2 - D_4$$

3) 查找以 X_5 为封闭环的装配尺寸链。它的组成环是纸垫的厚度 E_1、前盖的 G 面到外端的距离 E_2、轴承外圈左端面到止动槽左面的距离 E_3 和锁环的厚度 E_4，这是一个 5 环装配尺寸链。尺寸链图如图 5-6d 所示，尺寸链方程式为

$$X_5 = E_1 + E_2 - E_3 - E_4$$

变速器实际工作时，由于第一轴所承受力的变化，轴承外圈向左移动直到紧靠在前盖的 G 面上，如图 5-6b 所示。这时 X_5 将移到 E_3 和 E_4 之间，但是组成环不变，仍是个 5 环装配尺寸链，尺寸链图如图 5-6e 所示，尺寸链方程式也不变。

通过上述查找装配尺寸链的过程，可以发现各个尺寸链之间有一定的关系。例如锁环的厚度尺寸参加到 3 个尺寸链，分别用 D_4、E_4 和 F_4 表示；纸垫的厚度尺寸参加到两个尺寸链，分别用 D_1 和 E_1 表示。参加到几个装配尺寸链中的同一零件尺寸，称为公共环。公共环可以用不同符号表示，但是它们都代表同一数，必须同时满足所有装配尺寸链的要求。公共环首先应满足对它要求高的装配尺寸链，在其他装配尺寸链中，都用该值来计算。

几个装配尺寸链除通过公共的组成环来联系外，也可以通过公共的封闭环来联系，但通过封闭环来联系的形式比较复杂。

图 5-7 所示为汽车主减速器中主动锥齿轮轴承座的装配图。装配技术要求中规定轴承要有一定的预紧度。下面查找与轴承预紧度有关的装配尺寸链。

轴承预紧度要求不是具体的尺寸数值，不能直接作为封闭环。该预紧度反映在尺寸关系上，就是轴承内环与外环的轴向位置关系。为保证预紧度要求，内环与外环在轴向应有一定的过盈量，如图 5-8 所示，图中实线表示内环与外环处于无间隙和无过盈状态，虚线表示预紧状态，即内、外环轴向之间有过盈。

假定轴向过盈量都集中在轴承的一个环上，如都在内环上。图 5-7 所示轴承的位置是处在没有间隙也没有过盈的位置，当轴承预紧后，即左轴承的内环右端面的位置 H 向右移到 G（图 5-7），轴向预紧量 HG 就是尺寸链的封闭环。从 H 面向右查找组成环，依次为左轴承内环右端面在原位时到外环右端面距离 A_1，轴承座两个支承端面的距离 A_2、右轴承的宽度 A_3、主动锥齿轮两个支承端面距离 A_4、调整垫片的厚度 A_k，与垫片左端接触的是预紧后左轴承内环右端面（即 G 面），至此找到了封闭环的另一边。该尺寸链方程式为

$$HG = A_0 = A_1 + A_2 + A_3 - A_4 - A_k$$

综上所述，查找装配尺寸链的步骤及建立装配尺寸链时必须注意以下问题：
1) 装配尺寸链要在装配图上查找。

图 5-7 汽车主减速器中主动锥齿轮轴承座的装配图
1—左轴承 2—轴承座 3—右轴承 4—主动锥齿轮 5—调整垫片

图 5-8 轴承预紧

2）产品的装配精度要求就是装配尺寸链的封闭环。零件或部件之间的尺寸和位置精度都可以是封闭环，它是装配后自然形成的。

3）根据封闭环查找各组成环。

4）根据封闭环和找出的各组成环画出尺寸链图。

5）满足尺寸链最短路线原则，即每个有关零件只有 1 个尺寸列入尺寸链。

6）列出尺寸链方程式。

7）找出所有装配尺寸链及它们之间的联系形式。因为汽车各部件、总成中有许多装配精度要求，必须逐个找出所有的装配尺寸链及它们之间的联系形式。

5.3.2 装配尺寸链的解算

1. 互换装配法解算实例

互换装配法解算装配尺寸链，其根本问题是如何直接将封闭环的公差分配到各组成环上去。从已知的封闭环公差解算各组成环公差，无论用极值法求解还是用概率法求解，都有一个以上的待定值，所以其解不是唯一确定的。因此，既要确定如何将封闭环公差合理地分配给各组成环，还要确定各组成环公差带的合理位置。

1）当组成环为标准件时，其公差和公差带应符合标准规定，是已知值。

2）如果某一组成环是几个不同尺寸链的公共组成环时，其公差和公差带位置应按其精度要求最严的那个装配尺寸链先行决定。

3）当确定各待定的组成环公差值时，一般可根据经验和各环的加工难易程度进行分配。若尺寸相近、加工方法相同可取其公差相等；若尺寸大小不同，所用加工方法、加工精度相当，可取其公差等级相同；若加工精度不易保证，可取较大公差值。

4) 对于公差带的位置,一般来说应按入体原则确定,即对于相当于轴类的被包容尺寸,标注成单向负偏差的形式;对于相当于孔类的包容尺寸,标注成单向正偏差的形式;对于孔心距的尺寸公差;标注成对称分布的形式。

当各组成环都按上述要求确定其公差时,算得的公差累积值往往不能符合封闭环的要求,需要从各组成环中保留一个组成环,该环公差值和公差带位置不按上述原则确定,使之能作若干调整而与其他各环相协调,以使各环的公差累积值满足封闭环的要求。这一组成环称为协调环。通常选易于制造并可用通用量具测量的尺寸为协调环。

【例 5-1】 某发动机采用曲轴的第一主轴颈轴肩作为曲轴的轴向定位基准,如图 5-9a 所示,装配后须保证轴向间隙为 0.25~0.442mm。已知各组成零件的尺寸为 A_1 = 43.8mm,A_2 = A_4 = 2.5mm,A_3 = 38.5mm,试确定各尺寸的公差。

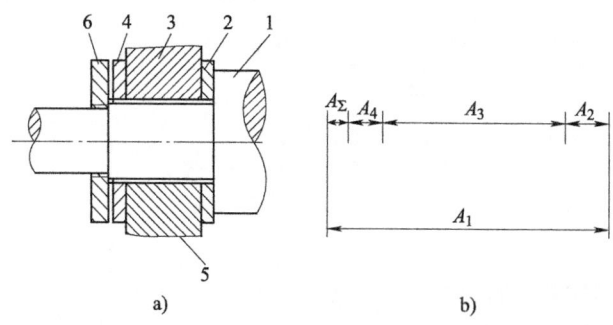

图 5-9 曲轴装配轴向定位图
1—曲轴 2、4—止动垫片 3—主轴承盖 5—隔套 6—缸体

解:按极值法求解。

1)画尺寸链图,检验公称尺寸。建立的尺寸链图如图 5-9b 所示,这是一个 5 环尺寸链,其中 A_1 为增环,A_2、A_3、A_4 为减环。封闭环 A 的公称尺寸 $A_\Sigma = A_1 - A_2 - A_3 - A_4 = 0.3$mm,则 $A_\Sigma = 0.3^{+0.142}_{-0.050}$mm。

2)确定各组成环的公差。按等公差法计算:

$$TA_\Sigma = \sum_{i=1}^{n-1} TA_i$$

$$TA_i = \frac{TA_\Sigma}{n-1} = \frac{0.442-0.250}{5-1} \text{mm} = 0.048\text{mm}$$

根据加工的难易程度及对装配精度的影响,确定各组成零件的公差为:TA_1 = 0.05mm,$TA_2 = TA_4$ = 0.04mm,TA_3 = 0.062mm。

3)确定各组成环的上、下极限偏差。选定 A_3 为协调环,根据入体原则有 $A_1 = 43.8^{0}_{-0.05}$mm,$A_2 = A_4 = 2.5^{0}_{-0.04}$mm。

4)计算协调环的上、下极限偏差:

$$\mathrm{ES}_{A_\Sigma} = \sum_{i=1}^{m} \mathrm{ES}_{A_i} - \sum_{j=m+1}^{n-1} \mathrm{EI}_{A_j}$$

$$0.142\mathrm{mm} = 0\mathrm{mm} - [(-0.04)\mathrm{mm} + \mathrm{EI}_{A_3} + (-0.04)\mathrm{mm}]$$

$$\mathrm{EI}_{A_3} = -0.062\mathrm{mm}$$

$$\mathrm{EI}_{A_\Sigma} = \sum_{i=1}^{m} \mathrm{EI}_{A_i} - \sum_{j=m+1}^{n-1} \mathrm{ES}_{A_j}$$

$$-0.05\mathrm{mm} = -0.05\mathrm{mm} - [0\mathrm{mm} + \mathrm{ES}_{A_3} + 0\mathrm{mm}]$$

$$\mathrm{ES}_{A_3} = 0\mathrm{mm}$$

故 $A_3 = 38.5_{-0.062}^{0}\mathrm{mm}$。

5) 最后结果为 $A_1 = 43.8_{-0.05}^{0}\mathrm{mm}$，$A_2 = A_4 = 2.5_{-0.04}^{0}\mathrm{mm}$，$A_3 = 38.5_{-0.062}^{0}\mathrm{mm}$。

【例 5-2】某双联转子泵如图 5-10 所示，根据装配技术要求，其轴向间隙为 $0.05 \sim 0.105\mathrm{mm}$。已知有关零件的公称尺寸为 $A_1 = 41\mathrm{mm}$，$A_2 = A_4 = 17\mathrm{mm}$，$A_3 = 7\mathrm{mm}$，试确定各尺寸的公差。

解：本题分别按极值法和概率法求解。

（1）按极值法求解

1) 画尺寸链图，检验公称尺寸。建立的尺寸链图如图 5-10 下方所示，这是一个 5 环尺寸链，A_1 是增环，A_2、A_3、A_4 是减环。封闭环 A_Σ 的公称尺寸 $A_\Sigma = A_1 - (A_2 + A_3 + A_4) = 0\mathrm{mm}$，则 $A_\Sigma = 0_{-0.05}^{+0.15}\mathrm{mm}$。

图 5-10 双联转子泵轴向装配关系图
1—壳体　2—隔板　3—外转子轮　4—内转子轮

2) 确定各组成环的公差。按等公差法计算：

$$T_{A_\Sigma} = \sum_{i=1}^{n-1} T_{A_i}$$

$$T_{A_i} = \frac{T_{A_\Sigma}}{n-1} = \frac{0.15 - 0.05}{5-1}\mathrm{mm} = 0.025\mathrm{mm}$$

根据加工的难易程度及对装配精度的影响，确定各组成环的公差为：$T_{A_1} = 0.049\mathrm{mm}$，$T_{A_2} = T_{A_4} = 0.018\mathrm{mm}$，$T_{A_3} = 0.015\mathrm{mm}$。

3) 确定各组成环的上、下极限偏差。选定 A_1 为协调环，根据入体原则有 $A_2 = A_4 = 17_{-0.018}^{0}\mathrm{mm}$，$A_3 = 7_{-0.015}^{0}\mathrm{mm}$。

4) 计算协调环的上、下极限偏差。由 $\mathrm{ES}_{A_\Sigma} = \sum_{i=1}^{m} \mathrm{ES}_{A_i} - \sum_{j=m+1}^{n-1} \mathrm{EI}_{A_j}$，将有关数据代入，则

有 $ES_{A_i} = 0.099$ mm，又 $T_{A_1} = 0.049$ mm，所以 $EI_{A_1} = 0.05$ mm。

故 $A_1 = 41^{+0.099}_{+0.050}$ mm。

5）最后结果为 $A_1 = 41^{+0.099}_{+0.050}$ mm，$A_2 = A_4 = 17^{0}_{-0.018}$ mm，$A_3 = 7^{0}_{-0.015}$ mm。

（2）按概率法求解

1）确定各组成环的公差及上、下极限偏差。由

$$T_{A_\Sigma} = K_M \sqrt{\sum_{i=1}^{n-1} T_{A_i}^2} \quad 取 K_M = 1.5$$

有

$$T_{A_i} = \frac{T_{A_\Sigma}}{1.5\sqrt{n-1}} = \frac{0.1}{1.5\sqrt{5-1}} \text{mm} = 0.033 \text{mm}$$

根据加工的难易程度，经调整后，取 $T_{A_2} = T_{A_4} = 0.018$ mm、$T_{A_3} = 0.015$ mm，则有 $A_2 = A_4 = 17^{0}_{-0.018}$ mm，$A_3 = 7^{0}_{-0.015}$ mm。

取 A_1 为协调环。

2）确定协调环的公差：

$$T_{A_1}^2 = \left(\frac{T_{A_\Sigma}}{K_M}\right)^2 - T_{A_2}^2 - T_{A_3}^2 - T_{A_4}^2 = 0.0037 \text{mm}$$

则 $T_{A_1} = 0.06$ mm。

将各环公差带按对称分布，则有

$$A_\Sigma = (0.1 \pm 0.05) \text{mm}, A_2 = A_4 = (16.991 \pm 0.009) \text{mm}, A_3 = (6.9925 \pm 0.0075) \text{mm}$$

则 $A_1 = 41.0745$ mm。

3）最后结果为 $A_1 = (41.0745 \pm 0.05)$ mm $= 41^{+0.1045}_{+0.0445}$ mm $\approx 41^{+0.105}_{+0.045}$ mm。

与极值法求解相比，概率法求解将公差扩大了 $\frac{\sqrt{n-1}}{K_M}$ 倍，有利于零件的加工。

2. 选择装配法解算实例

选择装配法是将配合副中各零件的公差放大，按加工经济精度制造，然后通过对零件的选择进行装配，以保证装配精度。

【例 5-3】 某汽车发动机中活塞销和活塞销孔的配合。活塞销和销孔的公称尺寸为 $\phi 28$ mm，装配技术要求中规定在冷态装配时应有 $0 \sim 0.005$ mm 的过盈量，试确定活塞销和活塞销孔的公差。

解：若采用互换装配法装配，则活塞销和销孔所分配的公差

$$T_{A_i} = \frac{T_{A_\Sigma}}{n-1} = \frac{0.005}{2} \text{mm} = 0.0025\text{mm}$$

如此小的公差值,制造时很困难,也很不经济,故生产中多采用分组装配法。

1) 确定组成环的公差。根据活塞销和销孔所选用加工方法的加工经济精度确定公差为 $T_{A_销} = T_{A_孔} = 0.015\text{mm}$,则公差放大倍数(即分组组数)$= \frac{0.015}{0.0025} = 6$。

2) 画分组公差带分布图。为了清楚地表示配合件的分组尺寸,绘制出公差带分布图,如图 5-11 所示。绘制时,首先确定基准件,通常取活塞销为基准件,其制造尺寸为 $\phi 28_{-0.0075}^{+0.0075}$mm,将其分成 6 组,为保证最小过盈量为 0mm、最大过盈量为 0.005mm,活塞销孔的尺寸为 $\phi 28_{-0.010}^{+0.005}$mm。

图 5-11 分组公差带分布图

3) 分组表及标记。按上述公差制造的零件,为保证装配精度和便于装配,零件加工后要进行测量分组,并将各组零件涂上不同的颜色作为标记,同组(同种颜色)的零件装在一起。活塞销及活塞销孔尺寸分组及标记见表 5-2。

表 5-2 活塞销及活塞销孔尺寸分组及标记 (单位:mm)

标 记	组 别	活塞销 $\phi 28_{-0.0075}^{+0.0075}$	活塞销孔 $\phi 28_{-0.010}^{+0.005}$	配合情况 最小过盈量	配合情况 最大过盈量
粉红	I	28.0075~28.0050	28.0050~28.0025	0	0.005
绿	II	28.0050~28.0025	28.0025~28.0000	0	0.005
蓝	III	28.0025~28.0000	28.0000~27.9975	0	0.005
红	V	28.0000~27.9975	27.9975~27.9950	0	0.005
白	VI	27.9975~27.9950	27.9950~27.9925	0	0.005
黑	VII	27.9950~27.9925	27.9925~27.9900	0	0.005

3. 调整装配法解算实例

【例 5-4】 图 5-12 所示为某发动机水泵装配简图。装配后叶轮与垫片之间的轴向间隙为 $0.3 \sim 0.9$ mm，有关组成零件尺寸见表 5-3，试用固定调整装配法确定调整垫片的各级尺寸。

解：从图 5-12 可知，$A_{\Sigma 2} = 0^{+0.9}_{+0.3}$ mm 为封闭环，A_K 为调整环，建立的尺寸链图如图 5-12 下方所示。

1）确定调整件的分组间隔值。

封闭环的公差 $T_\Sigma = 0.9$ mm $- 0.3$ mm $= 0.6$ mm。

取调整件 A_K 的制造公差 $T_K = 0.03$ mm，则 $T_\Sigma - T_K = 0.6$ mm $- 0.03$ mm $= 0.57$ mm。

2）确定调整件的分级级数。

$$m = \frac{\sum_{i=1}^{n-2} T_i}{T_\Sigma - T_K}$$

$$= \frac{T_{11} + T_{12} + T_{13} + T_{14} + T_{15} + T_1 + T_3 + T_4 + T_5 + T_6 + T_7 + T_8}{T_\Sigma - T_K}$$

图 5-12 水泵装配简图

根据表 5-3，将有关数据代入求得 $m = \dfrac{1.71}{0.57} = 3$。

表 5-3 组成环零件尺寸表 （单位：mm）

名　称	符号	极限尺寸	公差 T_i	平均偏差 Δ_M
挡圈槽与泵体前端的距离	$\vec{A}_{11}$	$3^{+0.05}_{0}$	0.05	+0.025
挡圈厚	$\overleftarrow{A}_{12}$	1.5 ± 0.12	0.24	0
前轴承宽	$\overleftarrow{A}_{13}$	$12^{0}_{-0.1}$	0.1	−0.05
支承套长	$\overleftarrow{A}_{14}$	$21^{0}_{-0.17}$	0.07	−0.035
后轴承宽	$\overleftarrow{A}_{15}$	$12^{0}_{-0.1}$	0.1	−0.05
隔片厚	$\overleftarrow{A}_3$	0.5 ± 0.05	0.1	0
弹簧圈直径	$\overleftarrow{A}_4$	1.6 ± 0.03	0.06	0
弹簧槽与台阶的距离	$\overleftarrow{A}_6$	$24.4^{+0.1}_{0}$	0.1	+0.05
垫片厚	$\overleftarrow{A}_7$	1.5 ± 0.12	0.24	0
叶轮前后端的距离	$\overleftarrow{A}_9$	27.1 ± 0.15	0.3	0
叶轮室宽	$\overrightarrow{A}_{10}$	$17.3^{+0.05}_{0}$	0.05	+0.025
弹簧槽宽	$\overleftarrow{A}_5$	$1.7^{+0.12}_{0}$	0.12	+0.06
叶轮宽	$\overleftarrow{A}_9$	$17^{0}_{-0.05}$	0.05	−0.025
叶轮体宽	$\overleftarrow{A}_1$	$112.55^{0}_{-0.23}$	0.23	−0.115

3)确定调整件各级尺寸。从图 5-12 尺寸链图中可以看出,若增环 A_1、A_5 为最大尺寸,减环 A_{11}、A_{12}、A_{13}、A_{14}、A_{15}、A_3、A_4、A_6、A_7、A_8 为最小尺寸,则必须选择最小尺寸级别的调整环(增环)加入尺寸链。为使这个级别的任意一个调整件,在这种极端情况下使尺寸链的封闭环都不超过技术要求的最大值,则调整件的尺寸应是最小尺寸级别里的最大值。

设最小尺寸级别为 A_{K3},则调整件的最大值 A_{K3max} 可通过下式求出:

$$A_{\Sigma 2max} = (A_{5max} + A_{1max} + A_{K3max}) - (A_{11min} + A_{12min} + A_{13min} + A_{14min} + A_{15min} + A_{3min} + A_{4min} + A_{6min} + A_{7min} + A_{8min})$$

将已知数据代入,得 $A_{K3max} = 0.29$ mm,则 $A_{K3} = 0.29_{-0.03}^{0}$ mm。

同理,依次推算出各调整件尺寸,可得各调整件的分级尺寸如下:

$$A_{K3} = 0.29_{-0.03}^{0} \text{mm}$$

$$A_{K3} = (0.29 + 0.57)_{-0.03}^{0} \text{mm} = 0.86_{-0.03}^{0} \text{mm}$$

$$A_{K3} = (0.86 + 0.57)_{-0.03}^{0} \text{mm} = 1.43_{-0.03}^{0} \text{mm}$$

在生产实际中,固定调整件有时也采用组合垫片的方法,即把垫片冲压制成不同厚度的薄金属片,如分别为 0.01mm、0.02mm、0.05mm、0.1mm 和 0.2mm 等;另外,再有一定厚度的垫片,如 1mm、2mm 等,可以组成各种尺寸,根据需要选用不同的组合,以满足装配精度的要求。

5.4 装配工艺过程的制订

制订装配工艺过程并形成指导装配工作的工艺文件,是制订装配生产计划和技术准备工作的依据,是设计新厂和改建老厂时设计装配车间的主要技术资料。

5.4.1 制订装配工艺过程的原则与所需的原始资料

1. 制订装配工艺过程的原则

汽车的装配在保证产品质量、组织生产和实现生产计划等方面有着举足轻重的地位。制订装配工艺过程时应遵循如下的基本原则:

1)保证装配质量。汽车的装配是整个汽车制造过程中最后一个环节,汽车的质量最终由装配来保证。对于进入装配的部件检验、清洗和去飞边等准备工作,零部件连接、配合准确和施力大小,运动部分的接触和配合,有关部分间隙大小和调整等都是影响汽车质量的重要因素。同时,汽车的设计质量和零部件的制造质量都会在装配过程中反映出来。因此,要保证产品的装配质量应从产品分析开始,研究保证装配精度及质量的方法,严格地按一定规范进行装配,从而达到预定的质量要求。

2)装配劳动量应尽量小。装配工作中,钳工劳动量很大,并且大量的人力和时间用在连接、配合、调整、运输吊装和经常性的检验上,必须采取各种技术和组织措施以减轻工人的劳动强度,提高装配效率。

3)装配周期应尽量缩短。若装配周期长,会使企业资金周转缓慢,同时,零件及部件积压，占据生产面积，故应合理安排装配工序或作业计划，提高装配工作的机械化和自动化程度，尽量缩短装配周期。

4）占用生产面积应尽量小。

2. 制订装配工艺过程所需的原始资料

1）产品的装配图及重要件的零件图。

2）产品的技术条件。

3）生产纲领。

4）产品验收的质量标准。

5.4.2 制订装配工艺过程的步骤与方法

制订装配工艺过程的步骤大致分为 4 个阶段，即产品分析、装配工艺过程的确定、装配组织形式的确定和编写装配工艺文件。

1. 产品分析

（1）分析产品图样和装配时的技术要求 通过产品图样分析，熟悉各零部件的相互连接关系及装配位置，为进行装配单元的划分和确定装配基准打下基础，便于确定装配顺序。装配时的技术要求包括几何参数和物理参数。

1）间隙、配合性质、接触质量、相互位置和运动精度等为几何参数。

2）转速、质量、平衡、密封性、振动和噪声等为物理参数。

通过分析，使装配时满足技术要求以保证产品质量标准。

（2）分析产品的装配工艺性 产品的装配工艺性分析包括两个方面，即尺寸分析和结构装配工艺性分析。

通过尺寸分析，掌握有关零件的尺寸误差对装配精度的影响，根据具体情况确定装配方法，从而保证装配质量。下面重点分析结构装配工艺性问题。

产品的使用性能与使用寿命、装配过程的难易程度、产品的成本，在很大程度上取决于其本身的结构，因此产品结构装配工艺性占有很重要的地位。从装配工艺对产品质量、生产率及经济性等方面的影响分析，对产品结构装配工艺性提出如下的要求：

1）能分解成若干独立的装配单元。为缩短装配周期，产品结构要能够分解成若干个独立的装配单元，以便组织装配工作的平行、流水作业。图 5-13 所示为装配单元系统示意图。从图中可以看出，按纵向分为 5 个等级的装配单元，即零件、合件、组件、部件和机器。

① 零件。零件是组成机器的基本元件，一般都是将零件装配成合件、组件或部件后进入总装，直接装入机器的零件不多。

② 合件。合件可以是若干个零件的永久连接（如焊接或铆接等），也可以是少数几个零件组合在一个基准件上。合件组合后，有的还需要加工，如发动机连杆小头孔压入衬套后还需要精镗孔。

③ 组件。组件是一个或几个合件和零件的组合。例如，发动机的活塞连杆组，就是由活塞、活塞环、活塞销和连杆组合而成。

④ 部件。部件是一个或几个组件、合件或零件的组合，组合后具有一定功能。

第5章 汽车零件装配工艺的制订

图 5-13 装配单元系统示意图

⑤ 机器。机器即产品，是由上述全部单元组合而成的整体。

从装配单元系统图中可以看出，同一等级的装配单元在进入总装之前互不相关，故可实行平行作业；同时，独立地进行装配。在总装配时，只选定一个零件或部件作为基础，首先进入总装，其余零件、部件相继装入，实行流水作业。这样，既可缩短装配周期，又便于制订装配作业计划和布置装配车间。此外，划分装配单元也便于制订各个单元的装配工艺过程和积累装配经验。

对于汽车来说，从基础件车架开始，分为驾驶室、发动机、变速器、前桥和后桥等总成。各总成及部件可以平行地进行装配作业，扩大装配作业面，容易实现流水作业。同时，各总成和部件能够组织专业化生产，预先经过调整、试验并检验合格后可达到比较完善的状态。这时送去总装配，有利于保证装配质量。

2) 要有正确的装配基准。装配过程的实质是将零、部件按正确的位置连接、配合并紧固的过程。为此，需要有装配基准才能保证零、部件的相互位置正确，且使装配方便，有利于提高生产率。图 5-14 所示为轴承座组件的装配基准，它是两段外圆表面及一个端面，定位既准确又方便。

3) 要便于装配与拆卸。装配方便既利于提高装配效率又易于保证装配质量。为便于装配，在同一方向上的几个相配合的装配基准面不应同时进入基础件，而应先后依次装入。如图 5-14 所示，轴承座右端外圆柱面在进入壳体的配合孔 3mm 后已具有导向

图 5-14 轴承座组件的装配基准
1—后桥壳体 2—轴承座 3—大锥形轴承
4—小锥形轴承 5—锥齿轮轴

性,此时开始装入左端外圆柱面,装配比较容易。同时,为避免在装配时刮伤配合表面,应使右端的配合圆柱面直径小于左端的配合圆柱面直径。

在机器装配过程中,常对已装配好的部件进行拆卸、检查,然后装复;在机器使用过程中,不可避免地会磨损,磨损到一定程度或者出现故障时,需要修理、检查,也要进行拆卸。图 5-15 所示为轴承装至轴承座孔中的 3 种方案。其中,图 5-15a 在更换轴承时,外环很难拆下;改成图 5-15b 结构后,拆卸很方便;如图 5-15c 所示,可以在壁上做出 2~4 个缺口,也便于拆卸。

汽车后桥半轴凸缘盘上有两个工艺螺孔,是专门供拆卸半轴用的。

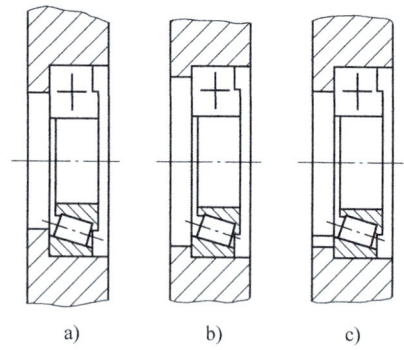

图 5-15 轴承装至轴承座孔中的 3 种方案

4) 尽量减少装配时的修配工作。装配时的修配工作耗费时间长,不但影响装配过程的顺利进行,也不便于组织流水作业。此外,装配时进行机械加工修配,还会因切屑掉入机体内而影响产品质量。所以,在结构设计时,应使装配时的修配工作尽量少。

2. 装配工艺过程的确定

(1) 装配顺序的确定 装配工作通常都是由基础件开始,然后按次序将其他零件、合件和组件装上。因此,不论哪一级装配单元的装配,都要选定某一零件或比它低一级的装配单元作为基础件,首先进入装配工作,然后根据具体结构情况和装配技术要求,考虑其他零件或装配单元装配的先后次序。

装配顺序应遵守一定的原则,即先下后上、先内后外、先难后易、先重大后轻小、先精密后一般。为合理地确定装配顺序,往往需要运用尺寸链的分析方法。除了按上述原则确定装配顺序外,在装配过程中还要注意安排以下工作:

1) 进入装配前的准备工作。注意检验,防止不合格品进入装配、注意倒角、清除飞边,防止装配表面擦伤;对零件进行清洗和干燥等。

2) 基础件的安放。注意安放水平及刚度,防止因受重力或紧固而变形,影响装配精度和基础件的调平等工作。

3) 检验工作。某项装配工作完成后,需要根据质量要求安排必要的检验工作,这对保证装配质量极为重要。例如检验运动副的啮合间隙和接触情况,过盈联接、螺纹联接的准确性和牢固情况,密封件和密封部位的装配质量,杜绝泄漏,还要进行润滑系统、操纵系统等的有关检验。

(2) 装配工艺方法及设备的确定 为完成装配工作,需要选择合适的装配工艺方法及相应的设备和工艺装备。装配工艺方法及设备等要根据产品结构特点、技术要求及工厂的具体条件来确定。汽车生产多是大批大量生产,应按互换装配法进行装配,可以有少量、简单的调整,无任何修配工作,应采用专业化的高效的工艺装备。

(3) 工时定额的确定 为计算装配周期和安排作业计划,对各个装配工作都要确定工时定额,工时定额可参照有关资料来确定。

3. 装配组织形式的确定

装配组织形式的选择主要取决于产品结构特点和生产批量。考虑到汽车多为大批大量生产，故多采用流水装配线。

4. 编写装配工艺文件

（1）装配工艺流程图　在装配单元系统图的基础上，结合装配工艺方法及装配顺序的确定，制订出装配工艺流程图，如图 5-16 所示。

从图 5-16 中可以看出该部件的构成及其装配过程。该部件装配是由基准件开始的，沿水平线自左向右到装配部件为止。进入部件装配的各个单元依次是：1 个零件、1 个组件、3 个零件、1 个合件、1 个零件。在装配过程中有两个检验工序。上述 1 个组件的构成及装配过程也可从图上看出，从基准件开始，由 1 条向上的垂线引到装配组件为止，然后由组件引垂线向上与部件装配水平线衔接。进入该组件装配的，从基准件开始，还有 1 个合件、两个零件，在装配过程中有钻孔和攻螺纹的工作。至于两个合件的组成及装配过程，也可从图上明显看出。

图 5-16　装配工艺流程图

图中每个长方框中要填写装配单元的名称、代号和件数，格式如图 5-16 右下方附图所示。

装配工艺流程图既反映了装配单元的划分，又直观地表示出了装配工艺过程，对于确定装配工艺过程、指导装配工作、组织生产计划及控制装配进度均提供了方便。

图 5-17 所示为某柴油机气缸盖装配工艺流程图。图中对每个零件、合件和组件等都用长方框表示，注明名称、编号及数量，由基准件——气缸盖开始，所有零件按装配顺序列出，清楚地表达出全部装配程序。

在单件小批生产时，可直接利用装配工艺流程图代替装配工艺过程卡片。

（2）装配工序卡片　装配工序卡片是最基本的装配工艺文件，它包括装配过程共需多少装配工序及装配顺序，每一工序所需用的设备、工艺装备及辅助材料、有关装配工艺参数和装配工时定额等。它在全部装配过程中起着指导性的作用，是生产管理、设备管理、材料管理、定额管理和质量管理的依据。

（3）装配工位卡片　在大批量的生产中，为适应强制流水装配线的特点，要以装配工序卡片为依据制订装配工位卡片。装配工位卡片更详细地规定了每个工位应完成的装配内容、具体的设备、工艺装备、工艺参数和工时定额等，确保均衡生产。

（4）工艺平面图　对于大量生产，有时还需要编制工艺平面图。工艺平面图包括厂房内各种工艺设备的布置、工位器具和投放零件的位置，是设备安装和零件投放的依据。

| 18·01·101-2 气缸盖 | 1 |

| 42·01·125 气门导管 | 4 |

| 42·01·102 进气门 | 2 |

| 42·01·103 排气门 | 2 |

| 42·01·119A 气门小弹簧 | 4 |

| 42·01·120B 气门大弹簧 | 4 |

| 42·01·108 气门弹簧上座 | 4 |

| 42·01·121 气门弹簧下座 | 4 |

| 42·01·109A 气门锁夹 | 8 |

| 18·01·22 吊耳 | 2 |

| 42·01·118-1 摇臂固定螺栓Ⅰ | 2 |

| 42·01·1046 摇臂固定螺栓Ⅱ | 1 |

| AM8×65 喷油器螺栓 | 4 |

| 18·01·101A 进气歧管合件 | 1 |

| 42·01·115 挺柱合件 | 4 |

| 18·10·102 排气管 | 1 |

| 节温器组件 | 1 |

图 5-17 柴油机气缸盖装配工艺流程图

第三篇

汽车制造工艺课程设计

第 6 章

汽车制造工艺课程设计总论

6.1 汽车制造工艺课程设计总则

汽车制造工艺课程设计的综合性、实践性强，是汽车制造工艺学课程的必修实践课程。汽车制造工艺课程设计是以金属切削等基本理论为基础，以机械制造工艺及工艺装备知识为主线，培养汽车零件机械制造技术的基本设计能力的实践课程，是对学生运用所掌握的汽车制造工艺等相关知识的一次全面综合的应用训练。

汽车制造工艺课程设计是以给定的一个中等复杂程度的中小型机械零件为对象，在确定其毛坯制造工艺的基础上，编制其机械加工工艺规程，并对其中某一工序进行机床专用夹具的设计，撰写完成课程设计说明书。

汽车制造工艺课程设计，是进一步培养和提高学生独立分析、解决实际工艺问题和独立处理技术工作不可缺少的实践教学环节，是培养学生应职应岗能力的重要实践性教学环节。

6.2 课程设计的目的

课程设计要求编制一个中等复杂程度零件的机械加工工艺规程，由教师指定，设计其中一道工序的专用夹具，并撰写设计说明书。

通过课程设计，进一步加深学生对汽车制造工艺学理论知识的理解，培养学生综合应用汽车机械制造工艺和其他多门课程的理论知识（工程材料与热处理、机械设计、互换性与测量技术、金属切削机床和金属切削原理与刀具等）解决实际问题的能力；培养学生独立分析和解决工艺问题的实践能力、提升学生的全面素质，使学生的汽车制造知识和能力得到深化和升华；通过查阅相关手册，掌握获取工程数据的方法，提高学生收集信息、对信息进行价值判断、信息整理和信息加工的能力；培养学生了解并掌握机械加工工艺规程的原则、步骤和方法；培养学生掌握机床夹具设计的基本原理、方法和步骤，进一步提高学生的工程设计能力；培养学生编写技术文件的能力等。

1. 培养工程意识

通过课程设计，结合生产实际，贴近就业岗位，培养学生独立分析和解决汽车零件制造工程的实际问题的工作能力，培养工程意识，做到学以致用，为从事相关技术工作打下良好的基础。

2. 训练基本技能

通过课程设计，使学生掌握工艺规程和工艺装备设计的方法和步骤，初步具备设计工艺规程和工艺装备的能力，进一步培养学生识图、绘图、综合分析计算和编写技术文件等基本技能。

3. 培养质量意识

工艺设计是根据产品质量的要求而进行的，应在保证质量的前提下，充分考虑生产率和经济性。通过课程设计，可以强化学生的保质、低耗、高效、省力、经济合理等综合质量意识，使学生学会协调技术性和经济性的矛盾。

4. 培养规范意识

通过课程设计，使学生养成遵守国家标准、行业标准、企业标准的习惯，学会熟练使用与设计有关的工程手册、图册、标准和规范等有关资料文献的能力。

6.3 课程设计的题目、内容及要求

学生应在教师的指导下，通过企业生产实习，按要求和规定，认真地、有计划地按时完成设计任务。下面介绍课程设计的具体内容。

6.3.1 课程设计的题目

课程设计题目为：××零件的机械加工工艺规程编制及其某工序专用夹具设计。

课程设计的选题应遵循如下原则：

1) 在满足教学基本要求的前提下，尽量选取生产实际题目，且设计工作量要适当。

2) 结构较简单的小型零件，所用加工方法较多，中批生产时工序数目为 4~8 较好。

6.3.2 课程设计的内容及要求

课程设计包括 3 部分内容：首先要编制 1 份较为合理、完善的工艺规程；其次是设计某一工序的夹具；最后要完成课程设计说明书。

1. 设计 1 个中等复杂结构零件的加工工艺规程并编制机械加工工艺规程卡片 1 套

设计工艺规程是课程设计的基础。要求合理地制订零件机械加工工艺路线，决定加工表面的加工方法及其工艺过程，工序的组成、数目及工序顺序；正确选择定位基准和设备及其型号、刀具、夹具和量检具等。按给定的图样，其基本步骤如下：

1) 零件工艺分析。抄画零件图，熟悉零件的技术要求，找出加工表面的成形方法。

2) 确定毛坯。选择毛坯制造方法，确定毛坯余量，画出毛坯图。

3) 拟订工艺路线（两套），分析选定 1 套合理的方案。确定加工方法，选择加工基准，安排加工顺序，划分加工阶段，选取加工设备及工艺装备。

4) 进行工艺计算，填写工艺文件。

计算加工余量、工序尺寸，选择、计算切削用量，合理选择定位基准、确定工序的工时定额，填写机械加工工艺过程综合卡及机械加工工序卡。

设计的工艺规程应满足如下基本要求：

第6章 汽车制造工艺课程设计总论

1）应保证零件的加工质量，达到设计图样上提出的各项技术要求。在保证质量的前提下，应尽量提高生产率并降低消耗，同时尽量减轻工人的劳动强度。

2）在充分利用现有生产条件的基础上，尽可能采用国内外先进工艺技术。工艺先进性要兼顾经济性和质量稳定性，表达准确、标准可行。

3）工艺规程的内容应正确、完整、统一、清晰，工艺规程的编写应规范化、标准化，工艺规程的格式与填写方法以及所用的术语、符号、代号等应符合相应标准规定。

4）工序简图应标注4个部分：定位符号及定位点数，夹紧符号及指向的夹紧面。

用粗实线画出加工表面，并标上加工符号，该工序的加工表面为最终工序的表面时，加工符号上应标注表面粗糙度数值。其他工序不标表面粗糙度数值、工序尺寸及公差。

2. 设计1套指定工序的专用机床夹具并绘制毛坯零件图

课程设计中的难点是夹具设计，要求学生掌握根据零件的加工要求，设计出能保证加工质量、一定生产率及经济性好的专用机床夹具的方法，并初步学会正确制订专用机床夹具装配图的技术要求，提高结构设计能力。

夹具设计的一般步骤应有以下几个方面：

（1）制订设计方案，绘制结构草图　设计方案的确定是一项十分重要的设计程序，方案的优劣影响夹具设计的成败。因此，宁可多花一点时间充分地进行研究、讨论，也不要急于绘图、草率从事。最好制订两种以上的结构方案，进行分析比较，确定一个最佳方案。

1）确定定位方法，选择定位元件。定位应符合"六点定位原则"。定位元件应尽可能选用标准件，必要时可在标准元件结构基础上作一些修改，以满足具体设计的需要。

2）确定夹紧方式，设计夹紧机构。夹紧可以用手动、气动、液压或其他力源形式。重点应考虑夹紧力的大小、方向、作用点，以及作用力的传递方式，看是否会破坏定位，是否会造成工件过量变形，是否能满足生产率的要求。对于气动、液压夹具，应考虑气（液压）缸的形式、安装位置和活塞杆长短等。

3）确定夹具整体结构方案。定位、夹紧确定之后，还要确定其他机构，如对刀装置、导引元件、分度机构和顶出装置等。最后设计夹具体，将各种元件、机构有机地连接在一起。

4）夹具精度分析。在绘制的夹具结构草图上，标注出初步确定的定位元件的公差配合关系及相互位置精度，然后计算定位误差，根据误差计算检验所规定的精度是否满足本工序加工技术要求，是否合理。否则应采取措施（如重新确定公差，更换定位元件，改变定位基准，必要时甚至改变原设计方案）后重新分析计算。

5）夹具夹紧力分析。首先应计算切削力大小，它是计算夹紧力的主要依据。通常确定切削力大小的方法有3种，即由经验公式算出、由单位切削力算出、从手册上提供的图表查出。

根据切削力、夹紧力的方向、大小，按静力平衡条件求得理论夹紧力。为了保证工件装夹安全可靠，夹紧机构（或元件）产生的实际夹紧力一般应为理论夹紧力的1.5~2.5倍。

应当指出，由于加工方法、切削刀具和装夹方式的不同，夹紧力计算有时是没有现成的公式可套用的，需要根据已掌握的知识、技能进行分析、研究来确定合理的计算方法，或采用经验类比法，千万不要为了计算而去计算，只要在说明书内阐述清楚处理夹紧力的理由即可。

（2）绘制夹具零件图　经教师指定绘制关键的、非标准的夹具零件图。

设计的夹具在满足工艺要求，有利于实现优质、高产、低耗和改善劳动条件的同时，还应满足下列要求：

1）设计的夹具结构性能可靠、使用安全、操作方便。

2）设计的夹具具有良好的结构工艺性，便于制造、调整、维修和切屑的清除。

3）尽量提高夹具零部件的标准化、通用化和系列化的程度。

4）设计中制图应按照标准、规范进行。夹具设计必须保证图样清晰、完整、正确、统一，结构合理、制图完整、表达准确、标注合理。

3. 撰写设计说明书 1 份

编写设计说明书是课程设计工作的一个主要组成部分。设计说明书是设计者在设计中考虑问题、计算过程和记录设计数据的依据。正确编写设计说明书是工程技术人员必需的基本技能之一，因此也是工科大学生应该具备的基本技能之一。通过编写设计说明书，可进一步培养学生分析、总结和表达的能力，巩固、深化在设计过程中所获得的知识。

学生应明确课程设计任务，认真阅读、学习主要参考书和手册等设计资料，分析多种设计方案，选择正确合理的设计方案，以科学务实和诚信负责的态度对待自己所做的技术决定、数据和计算结果，注重理论联系实际，充分发挥主观能动性，在教师的指导下认真、独立地完成任务。

学生从设计一开始就应随时记录设计内容、计算结果、分析意见和资料来源，以及教师的合理意见、自己的见解与结论等。每一设计阶段完成后，随即整理、编写出有关部分的说明书，待全部设计结束后，只要稍加整理，便可装订成册。

课程设计说明书内容包括：课程设计任务书、目录、正文（工艺规程和夹具设计的基本理论、计算过程和设计结果）和参考资料等。

1）课程设计封面。

2）目录。

3）设计任务书。

4）总论或前言。

5）设计思想与不同方案对比。

6）工艺过程制订。零件图样的分析、生产批量的确定、毛坯制造方法的选择、工艺路线的拟订，定位分析与定位误差计算等，填写工艺、工序卡。

7）夹具设计。工序加工要求分析、夹具方案的确定和必要的计算过程及数据处理、夹具结构的特点等。

8）设计总结。

9）参考文献书目（书目前排列序号，以便于正文引用）

说明书应概括地介绍课程设计的全貌，全面叙述设计中各部分的重要内容，论证设计合理性。编写的课程设计说明书，要求系统性好，条理清楚，图文并茂，充分表达自己的见解，力求避免抄书。要求分析说明清楚、语言文字精练、字迹工整，文内公式、图表和数据等注明出处，以"[　]"注明参考文献的序号。课程设计说明书还要求：

1）内容完整、步骤齐全。设计过程中必须按设计步骤确定相应的设计内容，并对各项内容进行论述与说明，有分析有结论，引用的公式、数据均应说明出处，层次分明，文理

第 6 章 汽车制造工艺课程设计总论

通顺。

2）设计内容与说明书的数据和结论应一致。要求内容表达清楚，图样准确规范，简图简洁明了，正确易懂。

3）正确处理继承与创新的关系。设计中要继承和发展生产实践中积累的经验和成果，不能盲目照搬，应在继承的基础上根据具体条件和要求进行创新。

4）正确使用标准和规范。设计中应尽量采用国家新标准和规范，所使用的图表、文字、技术参数、术语和代号等均应符合有关标准和规范，表达无误。

6.4 课程设计的任务书及参考文献

1. 任务书

课程设计的任务书如下所示。

××××学校　　　　××××学院

《汽车制造工艺学》课程设计任务书

题目：

零件图：

零件的技术指标：　零件材料：　　　；年产量：　　　件/年

设计期限：自　　年　　月　　日至　　月　　日
答辩日期：　　年　　月　　日
班　　级：　　　　　　　学　　生：
指导老师：

2. 参考文献

参考文献示例如下：

［1］倪森寿. 机械制造工艺与装备［M］. 北京：化学工业出版社，2009.

［2］侯家驹. 汽车制造工艺学［M］. 北京：机械工业出版社，1991.

［3］《机械设计手册》联合编写组. 机械设计手册［M］. 北京：化学工业出版社，1982.

［4］李旦. 机械加工工艺手册：第1卷［M］. 北京：机械工业出版社，2007.

［5］浦林祥. 金属切削机床夹具设计手册［M］. 北京：机械工业出版社，1995.

［6］艾兴. 切削用量简明手册［M］. 3版. 北京：机械工业出版社，1994.

[7] 陈宏钧. 实用机械加工工艺手册 [M]. 3版. 北京：机械工业出版社，2009.

[8] 王宛山. 机械制造手册 [M]. 沈阳：辽宁科学技术出版社，2002.

[9] 《金属热加工实用手册》编写组. 金属热加工实用手册 [M]. 北京：机械工业出版社，1996.

6.5 课程设计的进度安排及要求

汽车制造工艺课程设计是培养企业工程师的一个非常重要的实践性教学环节。时间为6周，包括企业实习两周，课程设计4周，学时分配见表6-1。

表6-1 汽车制造工艺课程设计学时安排

序号	内容	具体内容	时间/天
第1~2周	企业工艺实习	1. 结合实习工作，仔细研究设计任务书，熟悉设计目的、内容和要求 2. 学习、调研和收集相关资料 3. 完成实习报告 4. 确定本次设计的总体思路和方案	10
第3~5周	课程设计	编制工艺规程 1. 绘制零件图、毛坯图 2. 设计确定零件的加工工艺规程 3. 填写工序卡	15
	课程设计	夹具的具体设计 1. 设计夹具 2. 绘制夹具装配图 3. 拆画零件图	
第6周	课程设计	撰写设计说明书	4
		答辩	1
合计			30

企业实习中，要求学生了解企业生产任务及生产规模、工厂生产管理情况和车间布置等内容。通过对典型类型零件的跟踪实习，掌握不同类型零件的制造特点，不同类型零件典型表面的加工方法、表面的加工原理、使用的机床、刀具的类型及功用、加工方法的工艺特点以及不同加工方法对零件结构工艺性的要求等内容；通过加工方法实习，加深及掌握加工原理、工艺特征及应用范围；通过装配车间实习，了解保证装配精度的方法，了解实习部件的装配工艺过程及装配组织形式等内容，了解制造自动化的现状及发展趋势。

6.6 课程设计的考核标准

课程设计成绩一般可按以下几方面综合评定：
1）总体方案的独创性、正确性和论证深度。
2）设计图样、工艺规程、夹具的质量，设计说明书的逻辑性和文字表达水平。
3）设计过程中的独立工作能力，分析问题与解决问题的能力。

第6章 汽车制造工艺课程设计总论

4)设计过程中的工作态度及表现。

课程设计结束后进行分组答辩。课程设计成绩按优秀、良好、中等、及格和不及格5级评定。

6.7 汽车制造工艺课程设计最后上交的资料

课程设计完成后,应将课程设计说明书、工艺文件和全部图样装入课程设计专用文件袋中,答辩前交给指导老师评阅。学生在规定的时间内应交出的设计文件见表6-2。

表6-2 汽车制造工艺课程设计最后上交的资料

序 号	资 料 名 称	份 数
1	课程设计说明书	1份
2	机械加工工艺规程文件(包括工艺过程卡、工序卡等)	1套
3	零件图	1张
4	毛坯图	1张
5	机床夹具总装图	1张
6	机床夹具零件图	n张
7	实习报告/实习日记	1份

第 7 章

汽车零件机械加工工艺过程制订实例

连杆作为发动机的关键零部件，其制造质量直接影响发动机的整机性能和可靠性。随着汽车行业的飞速发展，连杆的需求量在不断增加，各国的内燃机制造业对连杆的加工都非常重视，许多新的制造加工工艺也应运而生。所以，发动机连杆的加工新工艺研究和发展具有重要的意义。

本章对某发动机连杆生产工艺以及 OP50-3 工序夹具进行的工艺设计进行了详细说明。

7.1 发动机连杆工艺设计目标

7.1.1 设计题目

某发动机连杆工艺规程的编制及 OP50-3 工序夹具的设计。

7.1.2 连杆零件图及设计技术要求

某发动机连杆如图 7-1 所示。设计要求分析、掌握发动机连杆的结构特点和技术要求，设计确定发动机连杆的生产工艺过程及 OP50-3 工序（精镗曲轴孔及活塞销孔工序）夹具设计。本次设计的技术要求有：

图 7-1　某发动机连杆

第 7 章　汽车零件机械加工工艺过程制订实例

1) 连杆的年生产纲领为 50 万件。
2) 连杆废品率为 0.02%。
3) 连杆毛坯件为粉末冶金件，21～30HRC。
4) 连杆生产环境恒温（26℃左右）。
5) 加工连杆两孔夹具的定位方式是定大小孔中心压紧平面。

7.2　对发动机连杆工艺设计的要求

1. 对工艺规程设计的基本要求

由于机械加工工艺规程是指导生产的重要技术文件，要求制订的机械加工工艺规程必须满足如下基本要求：

1) 应保证零件的加工质量，达到设计图样上提出的各项技术要求。在保证质量的前提下，应尽量提高生产率并降低消耗，同时尽量减轻工人的劳动强度。
2) 在充分利用现有生产条件的基础上，尽可能采用国内外先进工艺技术。
3) 工艺规程的内容应正确、完整、统一、清晰，工艺规程的编写应规范化、标准化，工艺规程的格式与填写方法以及所用的术语、符号、代号等应符合相应标准规定。

2. 对夹具设计的基本要求

本次设计的夹具除应满足工艺要求，有利于实现优质、高产、低耗和改善劳动条件以外，还应满足下列要求：

1) 所设计夹具必须结构性能可靠、使用安全、操作方便。
2) 所设计夹具应具有良好的结构工艺性，便于制造、调整、维修和切屑的清除。
3) 应尽量提高夹具零部件的标准化、通用化和系列化的程度。
4) 夹具设计必须保证图样清晰、完整、正确、统一。

7.3　发动机连杆工艺规程设计

7.3.1　连杆的生产类型和生产规模

某发动机连杆的年生产纲领为 50 万件，作为轿车轻型零件，其生产类型属于大批量生产，根据现有的生产工艺和经验，该连杆的生产适合采用自动流水线。

7.3.2　连杆的工艺性

连杆是发动机中主要传动部件之一，它的功用是将活塞承受的力传给曲轴，并将活塞的往复运动转变为曲轴的旋转运动。连杆小头与活塞销连接，同活塞一起作往复运动；连杆大头与曲柄销连接，同曲柄一起作旋转运动，因此在发动机工作时连杆作复杂的平面运动。连杆组主要受压缩、拉深和弯曲等交变负荷。

根据连杆的工作条件，连杆应该具有足够的抗疲劳强度和结构刚度，质量应该尽可能小。若强度不足，连杆螺栓、连杆盖甚至连杆体都可能断裂。若刚度不够，则可能由于大头变形而使连杆螺栓弯曲；由于大头孔失圆而使连杆轴承的润滑遭到破坏；由于杆身弯曲而造成活塞与气缸壁、连杆轴承与曲轴销偏磨、气缸漏气和窜润滑油等弊病。某发动机连杆三维爆炸图如图 7-2 所示。

图 7-2　某发动机连杆三维爆炸图

连杆主要由小头、杆身和大头组成。大头为分开式结构，连杆体与连杆盖用螺栓联接，并与曲轴装配在一起。为减小连杆大头孔和曲轴连杆轴颈之间的摩擦和便于维修，连杆的大头孔内装有金属轴瓦。在连杆大头和连杆盖之间有一组垫片，可以用来补偿轴瓦的磨损。连杆小头用活塞销与活塞连接，小头孔内压入青铜衬套，以减少活塞销和连杆小头孔的磨损，同时便于在磨损后进行修理和更换。为了减小质量且使连杆具有足够的强度和刚度，连杆杆身一般都采用从大头到小头逐步变小的工字形截面形状，其外表面不进行机械加工。

汽油发动机的连杆都是以垂直于杆身轴线的平面作为连杆体和连杆盖的结合面，称为平切口连杆。平切口连杆体大端的刚度较大，因此大头孔受力变形较小，而且平切口连杆制造费用较低。有些柴油发动机由于曲柄销直径较大，因此连杆大头的外形尺寸相应较大，要想在拆卸时能从气缸上端取出连杆体，必须采用结合面与连杆轴线成 30°～60°夹角的斜切口连杆。某汽油发动机连杆采用平切口连杆。

连杆的大头和小头端面一般与杆身对称。有些连杆在结构上规定有工艺凸台、中心孔等，作为机械加工时的辅助基准。

7.3.3　连杆的结构工艺性

连杆的结构形式直接影响机械加工工艺的可靠性和经济性。某汽油发动机连杆为大量生产，其在结构工艺方面有很高的合理性。影响连杆结构工艺性的因素主要有以下几个方面：

1. 连杆盖和连杆体的连接方式

某发动机连杆在连杆盖与连杆体的连接方式上采用了连杆螺栓，并采用了连杆裂解加工技术，这样产生的结合断面凸凹不平，连杆盖与连杆体组装时的装配位置具有唯一性，这样既简化了连杆的加工工艺，保证了两者之间高精度配合，又由于连杆盖与连杆体之间没有去掉金属，金属纤维是连续的，从而保证了连杆的强度。

2. 连杆大、小头厚度

为了提高生产率，便于加工，并且考虑到加工时的定位、加工中的输送等要求，连杆大、小头特意设计成相等的厚度。对于不等厚度的连杆,为了加工定位和夹紧的方便,也常在工艺过程中按等厚度加工,最后将连杆小头加工至所需尺寸。某发动机连杆大、小头采用相等厚度。

3. 连杆杆身油孔的大小和深度

一般连杆小头的顶端设有油孔或油槽用以润滑。某发动机连杆在小头处铣两斜面,并在衬套上设有油口,当发动机工作时,依靠曲轴的高速转动,把气缸体下部的润滑油飞溅到小头衬套的油孔内,以润滑连杆小头衬套与活塞销之间的摆动运动副。某发动机连杆的润滑方式主要采用了飞溅润滑。

7.3.4　连杆的主要技术要求

作为发动机的重要零部件,连杆的加工精度将直接影响发动机的性能,而工艺的选择是直接影响精度的主要因素。连杆上需要进行机械加工的主要表面为大、小头孔及其两端面。某发动机连杆的主要技术要求见表 7-1。

表 7-1　某发动机连杆的主要技术要求

技术要求项目	具体要求或数值	满足的主要性能
大、小头孔尺寸精度	大头孔尺寸公差等级为 IT6,表面粗糙度 Ra 应不大于 2.0μm;小头孔尺寸公差等级为 IT8,表面粗糙度 Ra 应不大于 0.8μm	保证与轴瓦良好配合
大、小头孔中心距	(143.8±0.05)mm	气缸的压缩比
大、小头孔轴线在两个互相垂直方向上的平行度	大、小头孔轴线所在平面内平行度为 100∶0.021;在垂直大、小头孔轴线所在平面内的平行度为 100∶0.04	使气缸壁磨损均匀和使曲轴颈边缘减少磨损
大头孔两端面对其轴线的垂直度	100∶0.05	减少曲轴颈边缘的磨损
连杆组内各连杆质量差	4g	保证运转平稳

7.4　确定连杆毛坯

7.4.1　毛坯材料和制造方法

发动机连杆是大批量生产的安全件,在竞争激烈的市场上只有可靠性高、综合成本低的生产方法或新材料才会获得工业应用。连杆在工作中承受多向交变载荷的作用,要求具有很高的强度。因此,连杆的材料一般采用高强度碳钢和合金钢,如 45 钢、55 钢、40Cr 和 40CrMnB 等。近年来也有采用球墨铸铁、粉末冶金材料的零件,粉末冶金零件的尺寸精度高、材料损耗小、成本低。随着粉末冶金锻造工艺的出现和应用,粉末冶金的密度和强度大为提高,采用粉末冶金制造连杆的方法也得到了广泛的应用。

连杆毛坯制造方法的选择,主要根据生产类型,材料的工艺性(可塑性和可锻性)及零件对材料的组织性能要求,零件的形状及其外形尺寸,毛坯车间现有生产条件及采用先进的毛坯制造方法的可能性来确定毛坯的制造方法。

考虑到某发动机连杆生产类型是大批量生产,其本身尺寸较大且表面形状复杂,而粉末冶金材料具有锻造精度高、脆性断裂性能良好，甚至烧结成形时就可预压出裂纹槽，从而可取消裂纹槽加工工序，所以为满足裂解加工的质量要求，某发动机连杆采用粉末锻造毛坯。

7.4.2 毛坯尺寸的确定

通过分析连杆上的主要加工表面，所有加工表面的表面粗糙度值都大于 0.6μm，如图 7-1 所示。

由于粉末冶金锻造的优越性，连杆的毛坯尺寸只需要将零件的设计尺寸加上根据所查取的加工余量值即可。根据《机械加工工艺手册》确定毛坯尺寸，具体确定的毛坯尺寸及偏差见表 7-2。

表 7-2 毛坯的参数要求

主要加工面	总加工余量/mm	成品尺寸及偏差/mm	毛坯尺寸及偏差/mm
平面	0.6	24	24.6
小头孔	2.215	φ22.215±0.03	φ20±0.18
大头孔	2.136	φ52.126±0.006	φ49.99±0.16

7.4.3 绘制连杆毛坯图

根据粉末冶金毛坯件的特点，确定毛坯的尺寸，绘制连杆的毛坯图如图 7-3 所示。其三维毛坯图如图 7-4 所示。

图 7-3 某发动机连杆的毛坯图

图 7-4　某发动机连杆三维毛坯图

7.5 制订连杆机械加工工艺过程

7.5.1 定位基准的选择

正确地选择定位基准是设计工艺过程的一项重要内容，也是保证零件加工精度的关键。选择定位基准时，既要考虑零件的整个加工工艺过程，又要考虑零件的特征、设计基准及加工方法，根据粗、精基准的选择原则，合理地选定零件加工过程中的定位基准。

定位基准分为精基准、粗基准及辅助基准。在最初加工工序中，只能把毛坯上未经加工的表面作为定位基准（粗基准）。在后续工序中，则使用已加工表面作为定位基准（精基准）。

在某连杆机械加工工艺过程中，由于端面的面积大，定位比较稳定，用大头孔定位可直接控制大、小头孔的中心距。这样就使各工序中的定位基准统一起来，减少了定位误差。因此，大部分工序选用连杆的一个指定的端面和大头孔作为主要基面，并用小头处的外表面作为另一基面。为了不断提高基面的精度，基面的加工与主要表面的加工要适当配合，即在粗加工大、小头孔前，粗磨端面；在精镗大、小头孔前，精磨端面。

（1）粗基准的选择　以连杆的一个端面和大头孔为主要的定位粗基准，以小头处外表面为辅助粗基准。

（2）精基准的选择　考虑要保证零件的加工精度和装夹的准确方便，依据基准重合原则和基准统一原则，以粗加工后的连杆端面和大头孔为主要的定位精基准，以小头处外表面为辅助精基准。

7.5.2 制订连杆加工工艺路线

制订工艺路线的出发点应当是使零件的几何形状、尺寸精度及位置精度等技术要求得到合理的保证。由于发动机连杆的加工为大批大量生产，应该采用先进工艺和高生产率的专用机床，实现机械加工、连杆盖和连杆体的装配、称重、检验、清洗和包装等工序自动化。除此以外，还应考虑经济效果，以便降低生产成本。加工工艺路线考虑的因素见表 7-3。

表 7-3 加工工艺路线考虑的因素

序 号	因 素
1	连杆是大批大量生产
2	实现工序自动化,尽量使工序集中从而提高生产率
3	合理地保证零件的几何形状、尺寸精度及位置精度等技术要求
4	考虑生产的经济性,降低生产成本

综上所述,并根据机加工顺序原则"先粗后精、先主后次,先面后孔、基面先行"对连杆加工进行合理的工艺路线设计,连杆加工工艺流程图如图 7-5 所示,其工艺路线如下。

连杆加工工艺流程图

2.4 升 L850 发动机

精磨曲轴孔两端面 — OP 40

铣两斜面并倒角:铣轴瓦止口槽。镗曲轴孔:精镗曲轴孔及活塞销孔;测量曲轴孔及活塞销孔 — OP 50

上油:入库 — OP 90

最终检测、称重、打编号、分检 — OP 80

珩磨曲轴孔及活塞销孔 — OP 60

清洗、漂洗、吹干 — OP 70

大孔涨断。清理分离面;安装螺栓预拧紧;松螺栓。清理分离面。安装螺栓;压衬套 — OP 30

曲轴孔倒角,粗镗销孔并倒角;钻螺栓孔;精铣螺栓孔平面;钻螺纹底孔;铰螺栓孔和螺纹底孔;攻螺纹;精镗活塞销孔;测量销孔 — OP 20

OP 10 接收毛坯

图 7-5 某发动机连杆加工工艺流程图

第7章 汽车零件机械加工工艺过程制订实例

工序10：接收毛坯。

工序20-1：曲轴孔倒角，粗镗活塞销孔并倒角；选用8工位转台式连杆专机。

工序20-2：钻螺栓半孔；选用8工位转台式连杆专机。

工序20-3：精锪螺栓孔平面；选用8工位转台式连杆专机。

工序20-4：钻螺纹底孔通孔；选用8工位转台式连杆专机。

工序20-5：铰螺栓孔和螺纹底孔；选用8工位转台式连杆专机。

工序20-6：攻螺纹；选用8工位转台式连杆专机。

工序20-7：精镗活塞销孔；选用8工位转台式连杆专机。

工序20-8：尺寸检验，测量活塞销孔。

工序30-1：涨断，清理分离面；选用4工位转台式连杆装配专机。

工序30-2：安装螺栓，预拧紧；选用4工位转台式连杆装配专机。

工序30-3：松螺栓，清理分离面，安装螺栓；选用4工位转台式连杆装配专机。

工序30-4：压衬套；选用4工位转台式连杆装配专机。

工序40：精磨曲轴孔两端面；选用数控卧式双端面磨床。

工序50-1：铣活塞销孔两斜面并倒角；选用4工位连杆自动加工线。

工序50-2：铣轴瓦止口槽，镗曲轴孔；选用4工位连杆自动加工线。

工序50-3：精镗曲轴孔及活塞销孔；选用4工位连杆自动加工线。

工序50-4：尺寸检验，测量曲轴孔及活塞销孔。

工序60-1：珩磨曲轴孔及活塞销孔；选用连杆珩磨专机。

工序60-2：测量曲轴孔和活塞销孔。

工序70：清洗，漂洗，吹干；选用连杆专用高清洁度清洗机。

工序80-1：最终检测；选用连杆专用测量称重打标分组专机。

工序80-2：称重，打编号，分检；选用连杆专用测量称重打标分组专机。

工序90：上油，入库。

7.5.3 选择设备及工艺装备

1. 设备的选择

在选择机床时，应遵循以下几项原则：

1）机床的尺寸规格应与连杆尺寸相适应。

2）机床的加工精度应与连杆加工精度相适应。

3）机床的选用要节省投资和适当考虑生产的发展。

4）要充分利用现有设备。

根据某发动机连杆的材料、结构特点、外形尺寸、生产类型和加工质量要求等，连杆主要工序的加工选用 Alfing 加工中心设备，并采用 Siemens 的控制程序。各工序加工设备如下：

工序20：选用8工位转台式连杆专机。

工序30：选用4工位转台式连杆装配专机。

工序40：选用数控卧式双端面磨床。

工序50：选用4工位连杆自动加工线。

工序60：选用连杆珩磨专机。
工序70：选用连杆专用高清洁度清洗机。
工序80：选用连杆专用测量称重打标分组专机。

2. 工艺装备的选择

（1）夹具的选择　根据大批量生产类型，选用高效的专用夹具。

（2）刀具的选择　主要取决于各工序所采用的加工方法、工件材料、加工精度、生产率和经济性等。应尽量选用标准刀具。

（3）量具的选择　根据大批量生产类型，选用高生产率的专用检查仪。

7.6 完成连杆加工工艺的计算及工艺文件

7.6.1 连杆机械加工余量和工序尺寸的确定

某发动机连杆的材料为粉末冶金，21~30HRC，生产环境的温度为26℃恒温，废品率为0.02%，年生产纲领为50万件，生产类型为大批量生产。

根据上述分析，分别确定各主要加工表面的机械加工余量和工序尺寸。各主要加工面的工序余量用查表法和经验估算法综合确定。因毛坯总余量已由毛坯在设计阶段定出，故粗加工工序余量由总余量减去精加工、半精加工余量之和而得出。工序尺寸由后续加工的工序尺寸加上名义工序余量简单求得。

1. 两平面的工序余量及工序尺寸

查《切削加工简明实用手册》，确定工序余量及工序尺寸，见表7-4。

表7-4　两平面的工序余量及工序尺寸

工序名称	工序基本余量/mm	工序尺寸/mm	表面粗糙度/μm
毛坯		24.6	3.2
精磨	0.6	24	1.6

2. 小头孔的工序余量及工序尺寸

查《切削加工简明实用手册》，确定工序余量及工序尺寸，见表7-5。

表7-5　小头孔的工序余量及工序尺寸

工序名称	工序基本余量/mm	工序尺寸/mm	表面粗糙度/μm
毛坯		$\phi 20 \pm 0.18$	3.2
粗镗	1.6	$\phi 21.6 \pm 0.18$	1.6
精镗	0.615	$\phi 22.215 \pm 0.03$	0.8

3. 大头孔的工序余量及工序尺寸

查《切削加工简明实用手册》，确定工序余量及工序尺寸，见表7-6。

表 7-6　大头孔的工序余量及工序尺寸

工序名称	工序基本余量/mm	工序尺寸/mm	表面粗糙度/μm
毛坯		$\phi 49.99 \pm 0.16$	6.3
粗镗	1.51	$\phi 51.5 \pm 0.10$	3.2
精镗	0.58	$\phi 52.08 \pm 0.006$	1.6
珩磨	0.046	$\phi 52.126 \pm 0.006$	1.6

7.6.2　切削用量的选择原则

正确地选择切削用量，对提高切削效率、保证必要的刀具使用寿命和经济性、保证加工质量具有重要的作用。

1. 粗加工时切削用量的选择原则

粗加工时，加工精度与表面粗糙度要求不高，毛坯余量较大。因此，选择粗加工的切削用量时，要尽可能保证较高的单位时间金属切削量（金属切除率）和必要的刀具使用寿命，以提高生产率和降低加工成本。

金属切除率可以用下式计算：

$$Z_w \approx 1000 v f a_p$$

式中　Z_w——单位时间内的金属切除量（mm^3/s）；

　　　v——切削速度（m/s）；

　　　f——进给量（mm/r）；

　　　a_p——切削深度（mm）。

提高切削速度、增大进给量和切削深度都能提高金属切除率。在这 3 个因素中，对刀具使用寿命影响最大的是切削速度，其次是进给量，影响最小的是切削深度。所以粗加工切削用量的选择原则是：首先考虑选择一个尽可能大的切削深度 a_p，其次选择一个较大的进给量 f，最后确定一个合适的切削速度 v。

选用较大的 a_p 和 f 以后，刀具使用寿命 t 显然会下降，但要比 v 对 t 的影响小得多，只要稍微降低一下 v 便可以使 t 回升到规定的合理数值，因此，能使 v、f、a_p 的乘积较大，从而保证较高的金属切除率。此外，增大 a_p 可使进给次数减少，增大 f 又有利于断屑。因此，根据以上原则选择粗加工切削用量对提高生产效率、减少刀具消耗、降低加工成本是比较有利的。

（1）切削深度的选择　粗加工时，切削深度应根据工件的加工余量和由机床、夹具、刀具和工件组成的工艺系统的刚性来确定。在保留半精加工、精加工必要余量的前提下，应当尽量将粗加工余量一次切除。只有当总加工余量太大，一次切不完时才考虑分几次进给。

（2）进给量的选择　粗加工时，限制进给量提高的主要因素是切削力。因此，进给量应根据工艺系统的刚性和强度来确定。选择进给量时，应考虑到机床进给机构的强度、刀杆尺寸、刀片厚度、工件的直径和长度等。

（3）切削速度的选择　粗加工时，切削速度主要受刀具使用寿命和机床功率的限制。切削深度、进给量和切削速度共同决定了切削功率，在确定切削速度时必须考虑到机床的许用功率。若超过了机床的许用功率,则应适当降低切削速度。

2. 精加工时切削用量的选择原则

精加工时,加工精度和表面质量要求较高,加工余量要小且均匀。因此,选择精加工的切削用量时,应先考虑如何保证加工质量,并在此基础上尽量提高生产效率。

(1) 切削深度的选择　精加工时的切削深度应根据粗加工留下的余量确定。通常希望精加工余量不要留得太大,否则,当切削深度较大时,切削力增加较显著,影响加工质量。

(2) 进给量的选择　精加工时,限制进给量提高的主要因素是表面粗糙度。进给量增大时,虽有利于断屑,但残留面积高度增大,切削力增大,表面质量下降。

(3) 切削速度的选择　切削速度提高时,切削变形减小,切削力有所下降,而且不会产生积屑瘤。一般选用切削性能高的刀具材料和合理的几何参数,尽可能提高切削速度。只有当切削速度受到工艺条件限制而不能提高时,才选用低速,以避开积屑瘤产生的范围。

由此可见,精加工时选用较小的切削深度 a_p 和进给量 f,并在保证合理刀具使用寿命的前提下,选取尽可能高的切削速度 v,以保证加工精度和表面质量,同时满足生产率的要求。

7.6.3　计算切削用量

根据《切削加工简明实用手册》查得,切削速度计算公式为

$$v = \pi d n / 1000 \tag{7-1}$$

式中　n——主轴转速(r/s);

　　　v——切削速度(m/s);

　　　d——工件直径(mm)。

1. 工序 20-1:粗镗活塞销孔 $\phi(21.6 \pm 0.18)$ mm

采用硬质合金镗刀,镗刀直径 $d_0 = 20$mm,孔深 $l = 24.6$mm,机床采用 8 工位转台式连杆专机。

1) 背吃刀量:单边余量 $z = 0.8$mm,可一次切除,则 $a_p = 0.8$mm。

2) 进给量:根据《切削加工简明实用手册》查得 $f = 0.2 \sim 0.6$mm/r,初步选为 0.6mm/r。

3) 切削速度:由《切削加工简明实用手册》查得 $v = 2.2 \sim 5.0$m/s,初步选为 3.0m/s。

4) 主轴转速:按式(7-1)计算主轴转速

$$n = 1000v/\pi d_0 = [1000 \times 3.0/(\pi \times 20)] \text{r/s} = 47.75 \text{r/s}$$

根据机床说明书,取 $n = 45$r/s。故实际切削速度

$$v = \pi d_0 n / 1000 = (\pi \times 20\text{mm} \times 45\text{r/s})/1000 = 2.83 \text{m/s}$$

2. 工序 20-2:钻螺栓半孔 $\phi(9.05 \pm 0.114)$ mm

采用硬质合金钻头,钻孔直径 $d_0 = 9.05$mm,孔深 $l = 29.65$mm,机床采用 8 工位转台式连杆专机。

1) 背吃刀量:$a_p = d_0/2 = 9.05\text{mm}/2 = 4.525$mm。

2) 进给量:根据《切削加工简明实用手册》查得 $f = 0.18 \sim 0.22$mm/r,由于 $l/d_0 = 29.65/9.05 = 3.28$,所以允许进给量需乘以修正系数 $K = 1.0$,故 $f = 0.18 \sim 0.22$mm/r。

根据机床说明书,初步选定 $f=0.20$mm/r。

3) 切削速度:根据《切削加工简明实用手册》查得 $v=0.90\sim1.21$m/s,初步选定 $v=1.20$m/s。

4) 主轴转速:按式(7-1)计算主轴转速

$$n=1000v/\pi d_0=[1000\times1.20/(\pi\times9.05)]\text{r/s}=42.21\text{r/s}$$

根据机床说明书,取 $n=45$r/s。故实际切削速度

$$v=\pi d_0 n/1000=(\pi\times9.05\text{mm}\times45\text{r/s})/1000=1.28\text{m/s}$$

3. 工序20-3:精锪螺栓孔平面

采用硬质合金刀,刀具直径 $d_0=20$mm,孔深 $l=2$mm,机床采用8工位转台式连杆专机。

1) 背吃刀量: $a_p=d_0/2=20\text{mm}/2=10\text{mm}$。

2) 进给量:根据《切削加工简明实用手册》查得 $f=0.15\sim0.30$mm/r,根据机床说明书,初步选定 $f=0.27$mm/r。

3) 切削速度:根据相关表查得 $v=2.5\sim4.08$m/s,初步选定 $v=3.0$m/s。

4) 主轴转速:按式(7-1)计算主轴转速

$$n=1000v/\pi d_0=[1000\times3.0/(\pi\times20)]\text{r/s}=47.75\text{r/s}$$

根据机床说明书,取 $n=45$r/s。故实际切削速度

$$v=\pi d_0 n/1000=(\pi\times20\text{mm}\times45\text{r/s})/1000=2.83\text{m/s}$$

4. 工序20-4:钻螺纹底孔通孔 $\phi(7.7\pm0.114)$mm

采用硬质合金钻头,钻孔直径 $d_0=7.7$mm,孔深 $l=16.94$mm,机床采用8工位转台式连杆专机。

1) 背吃刀量: $a_p=d_0/2=7.7\text{mm}/2=3.85\text{mm}$。

2) 进给量:根据《切削加工简明实用手册》查得 $f=0.13\sim0.17$mm/r,由于 $l/d_0=16.94/7.7=2.2$,所以允许进给量需乘以修正系数 $K=1.0$,故 $f=0.13\sim0.17$mm/r。

根据机床说明书,初步选定 $f=0.15$mm/r。

3) 切削速度:根据《切削加工简明实用手册》查得 $v=0.90\sim1.21$m/s,初步选定 $v=1.1$m/s。

4) 主轴转速:按式(7-1)计算主轴转速

$$n=1000v/\pi d_0=[1000\times1.1/(\pi\times7.7)]\text{r/s}=45.47\text{r/s}$$

根据机床说明书,取 $n=45$r/s。故实际切削速度

$$v=\pi d_0 n/1000=(\pi\times7.7\text{mm}\times45\text{r/s})/1000=1.09\text{m/s}$$

5. 工序20-5:铰螺栓孔和螺纹底孔 $\phi(9.22\pm0.04)$mm

采用硬质合金铰刀,铰刀直径 $d_0=9.22$mm,孔深 $l=37.374$mm,机床采用8工位转台式连杆专机。

1) 背吃刀量: $a_p=(9.22-9.05)\text{mm}/2=0.085\text{mm}$。

2) 进给量:根据《切削加工简明实用手册》查得 $f=0.7\sim1.1$mm/r,根据机床说明书,初步选定 $f=0.8$mm/r。

3) 切削速度:根据《切削加工简明实用手册》查得 $v=1.5$m/s。

4）主轴转速：按式（7-1）计算主轴转速

$$n = 1000v/\pi d_0 = [1000 \times 1.5/(\pi \times 9.22)]\text{r/s} = 51.78\text{r/s}$$

根据机床说明书，取 $n = 45\text{r/s}$。故实际切削速度

$$v = \pi d_0 n/1000 = (\pi \times 9.22\text{mm} \times 45\text{r/s})/1000 = 1.30\text{m/s}$$

6. 工序 20-7：精镗活塞销孔 $\phi(22.215 \pm 0.03)\text{mm}$

采用硬质合金镗刀，镗刀直径 $d_0 = 22.215\text{mm}$，机床采用 8 工位转台式连杆专机。

1）背吃刀量：$a_p = \Delta d_0/2 = (22.215 - 21.6)\text{mm}/2 = 0.31\text{mm}$。

2）进给量：根据《切削加工简明实用手册》查得 $f = 0.04 \sim 0.08\text{mm/r}$，根据机床说明书，初步选定 $f = 0.06\text{mm/r}$。

3）切削速度：根据《切削加工简明实用手册》查得 $v = 3.33 \sim 10\text{m/s}$，初步选定 $v = 3.4\text{m/s}$。

4）主轴转速：按式（7-1）计算主轴转速

$$n = 1000v/\pi d_0 = [1000 \times 3.4/(\pi \times 22.215)]\text{r/s} = 48.72\text{r/s}$$

根据机床说明书，取 $n = 45\text{r/s}$。故实际切削速度

$$v = \pi d_0 n/1000 = (\pi \times 22.215\text{mm} \times 45\text{r/s})/1000 = 3.14\text{m/s}$$

7. 工序 40：精磨曲轴孔两端面

采用砂轮两端面精磨，砂轮直径 $d_0 = 800\text{mm}$，砂轮宽度 $b_s = 30\text{mm}$，机床采用数控卧式双端面磨床。

1）背吃刀量：单面余量 $z = (24.6 - 24)\text{mm}/2 = 0.3\text{mm}$，则 $a_p = 0.3\text{mm}$。

2）进给量：根据《切削加工简明实用手册》查得 $f = 0.0038\text{mm/r}$。

3）切削速度：根据《切削加工简明实用手册》查得 $v = 0.67\text{m/s}$。

4）主轴转速：根据机床说明书，取 $n = 15\text{r/s}$。

8. 工序 50-1：铣活塞销孔两斜面并倒角

采用硬质合金面铣刀，面铣刀直径 $d_0 = 36\text{mm}$，机床采用 4 工位转台式连杆专机。

1）背吃刀量：对于面铣刀确定背吃刀量，因为加工余量小于 6mm，可取 $a_p = 5.53\text{mm}$，一次进给即可完成。

2）进给量：根据《切削加工简明实用手册》查得 $f = 0.2 \sim 0.3\text{mm/r}$，根据机床说明书，初步选定 $f = 0.3\text{mm/r}$。

3）切削速度：由《切削加工简明实用手册》查得，切削速度 $v = 6 \sim 10\text{m/s}$，初步选定 $v = 6\text{m/s}$。

4）主轴转速：按式（7-1）计算主轴转速

$$n = 1000v/\pi d_0 = [1000 \times 6/(\pi \times 36)]\text{r/s} = 53.05\text{r/s}$$

根据机床说明书，取 $n = 55\text{r/s}$。故实际切削速度

$$v = \pi d_0 n/1000 = (\pi \times 36\text{mm} \times 55\text{r/s})/1000 = 6.22\text{m/s}$$

9. 工序 50-2：铣轴瓦止口槽，镗曲轴孔 $\phi(51.5 \pm 0.1)\text{mm}$

（1）铣轴瓦止口槽　采用硬质合金三面刃铣刀，铣刀直径 $d_0 = 30\text{mm}$，齿数 $Z = 3$，机床采用 4 工位转台式连杆专机。

1）背吃刀量：$a_p = 3.185\text{mm}$

2)进给量:根据《切削加工简明实用手册》查得 $f=0.10\sim0.18$mm/r,初步选定 $f=0.14$mm/r。

3)切削速度:由《切削加工简明实用手册》查得 $v=6\sim10$m/s,初步选定 $v=6$m/s。

4)主轴转速:按式(7-1)计算主轴转速

$$n=1000v/\pi d_0=[1000\times6/(\pi\times30)]\text{r/s}=63.66\text{r/s}$$

根据机床说明书,取 $n=60$r/s。故实际切削速度

$$v=\pi d_0 n/1000=(\pi\times30\text{mm}\times60\text{r/s})/1000=5.65\text{m/s}$$

(2)镗曲轴孔 $\phi(51.5\pm0.1)$mm 采用硬质合金镗刀,镗刀直径 $d_0=51.5$mm,机床采用4工位转台式连杆专机。

1)背吃刀量:单边余量 $z=1.51$mm/2=0.755mm,则 $a_p=0.755$mm。

2)进给量:根据《切削加工简明实用手册》查得 $f=0.04\sim0.08$mm/r,初步选定 $f=0.06$mm/r。

3)切削速度:由《切削加工简明实用手册》查得 $v=3.33\sim10$m/s,初步选定 $v=9.5$m/s。

4)主轴转速:按式(7-1)计算主轴转速

$$n=1000v/\pi d_0=[1000\times9.5/(\pi\times51.5)]\text{r/s}=58.72\text{r/s}$$

根据机床说明书,取 $n=60$r/s。故实际切削速度

$$v=\pi d_0 n/1000=(\pi\times51.5\text{mm}\times60\text{r/s})/1000=9.71\text{m/s}$$

10. 工序50-3:精镗曲轴孔 $\phi(52.08\pm0.006)$mm 及活塞销孔 $\phi(19.99\pm0.006)$mm

(1)精镗曲轴孔 $\phi(52.08\pm0.006)$mm 采用硬质合金刀具,刀具直径 $d_0=52.08$mm,孔深 $l=24$mm,机床采用5工位连杆自动加工线。

1)背吃刀量:单边余量 $z=0.58$mm/2=0.29mm,则 $a_p=0.29$mm。

2)进给量:根据《切削加工简明实用手册》查得 $f=0.04\sim0.08$mm/r,初步选定 $f=0.05$mm/r。

3)切削速度:由《切削加工简明实用手册》查得 $v=3.33\sim10$m/s,初步选定 $v=9.5$m/s。

4)主轴转速:按式(7-1)计算主轴转速

$$n=1000v/\pi d_0=[1000\times9.5/(\pi\times52.08)]\text{r/s}=58.06\text{r/s}$$

根据机床说明书,取 $n=60$r/s。故实际切削速度

$$v=\pi d_0 n/1000=(\pi\times52.08\text{mm}\times60\text{r/s})/1000=9.82\text{m/s}$$

(2)精镗活塞销孔 $\phi(19.99\pm0.006)$mm 采用金刚石刀具,刀具直径 $d_0=19.99$mm,孔深 $l=24$mm,机床采用5工位连杆自动加工线。

1)背吃刀量:单边余量 $z=0.225$mm,则 $a_p=0.225$mm。

2)进给量:根据《切削加工简明实用手册》查得 $f=0.02\sim0.04$mm/r,初步选定 $f=0.04$mm/r。

3)切削速度:由《切削加工简明实用手册》查得 $v=4\sim5.83$m/s,初步选定 $v=4$m/s。

4)主轴转速:按式(7-1)计算主轴转速

$$n=1000v/\pi d_0=[1000\times4/(\pi\times19.99)]\text{r/s}=63.69\text{r/s}$$

根据机床说明书,取 $n=60$r/s。故实际切削速度

$$v=\pi d_0 n/1000=(\pi\times19.99\text{mm}\times60\text{r/s})/1000=3.77\text{m/s}$$

11. 工序 60-1：珩磨曲轴孔 $\phi(52.126\pm0.006)$ mm 及活塞销孔 $\phi(20.012\pm0.004)$ mm

（1）珩磨曲轴孔 $\phi(52.126\pm0.006)$ mm 采用硬质合金刀具，刀具直径 $d_0 = 52.126$ mm，孔深 $l = 24$ mm，机床采用连杆珩磨专机。

1）背吃刀量：$a_p = \Delta d_0/2 = (52.126 - 52.08)$ mm$/2 = 0.023$ mm。

2）进给量：根据《切削加工简明实用手册》查得 $f = 0.04 \sim 0.08$ mm/r，初步选定 $f = 0.06$ mm/r。

3）切削速度：由《切削加工简明实用手册》查得 $v = 3.33 \sim 10$ m/s，初步选定 $v = 5$ m/s。

4）主轴转速：按式（7-1）计算主轴转速

$$n = 1000v/\pi d_0 = [1000\times 5.5/(\pi\times 52.126)] \text{r/s} = 33.59 \text{r/s}$$

根据机床说明书，取 $n = 35$ r/s。故实际切削速度

$$v = \pi d_0 n/1000 = (\pi\times 52.126\text{mm}\times 35\text{r/s})/1000 = 5.73 \text{m/s}$$

（2）珩磨活塞销孔 $\phi(20.012\pm0.004)$ mm 采用硬质合金刀具，刀具直径 $d_0 = 20.012$ mm，孔深 $l = 24$ mm，机床采用连杆珩磨专机。

1）背吃刀量：$a_p = \Delta d_0/2 = (20.012 - 19.99)$ mm$/2 = 0.011$ mm。

2）进给量：根据《切削加工简明实用手册》查得 $f = 0.04 \sim 0.08$ mm/r，初步选定 $f = 0.06$ mm/r。

3）切削速度：由《切削加工简明实用手册》查得 $v = 2.5 \sim 6.66$ m/s，初步选定 $v = 2.5$ m/s。

4）主轴转速：按式（7-1）计算主轴转速

$$n = 1000v/\pi d_0 = [1000\times 2.5/(\pi\times 20.012)] \text{r/s} = 39.76 \text{r/s}$$

根据机床说明书，取 $n = 35$ r/s。故实际切削速度

$$v = \pi d_0 n/1000 = (\pi\times 20.012\text{mm}\times 35\text{r/s})/1000 = 2.2 \text{m/s}$$

7.6.4 计算工时定额

时间定额与企业和工人的经济利益有着直接的关系。因此，必须合理确定时间定额，兼顾企业和工人的利益，使企业得以健康地发展，工人的劳动积极性得以充分发挥。以下对主要工位工时定额进行计算。

$$T_j = L_i/fn \tag{7-2}$$

式中　T_j——基本时间（s）；

　　　L_i——刀具行程（mm）；

　　　f——进给量（mm/r）；

　　　n——主轴转速（r/s）。

1. 工序 20-1：粗镗活塞销孔

镗削刀具行程 $L = 24.6$ mm，$L_1 = 3.5$ mm，$L_2 = 5$ mm。

基本时间 $T_j = L_i/fn = (24.6 + 3.5 + 5)$ mm$/(0.6$ mm/r $\times 45$ r/s$) = 1.23$ s。

2. 工序 20-2：钻螺栓半孔

钻削刀具行程 $L = 29.65$ mm，$L_1 = 1.5$ mm，$L_2 = 2$ mm。

基本时间 $T_j = L_i/fn = (29.65 + 1.5 + 2)$ mm$/(0.2$ mm/r $\times 45$ r/s$) = 3.68$ s。

3. 工序 20-4：钻螺纹底孔通孔

钻削刀具行程 $L = 16.94$ mm，$L_1 = 1.5$ mm，$L_2 = 2$ mm。

基本时间 $T_j = L_i/fn = (16.94+1.5+2)\text{mm}/(0.15\text{mm/r}\times45\text{r/s}) = 3.03\text{s}$。

4. 工序 20-5：铰螺栓孔和螺纹底孔

铰削刀具行程 $L = 33.74\text{mm}$，$L_1 = 2\text{mm}$，$L_2 = 3\text{mm}$。

基本时间 $T_j = L_i/fn = (33.74+2+3)\text{mm}/(0.8\text{mm/r}\times45\text{r/s}) = 1.08\text{s}$。

5. 工序 20-7：精镗活塞销孔

镗削刀具行程 $L = 24.6\text{mm}$，$L_1 = 3.5\text{mm}$，$L_2 = 5\text{mm}$。

基本时间 $T_j = L_i/fn = (24.6+3.5+5)\text{mm}/(0.06\text{mm/r}\times45\text{r/s}) = 12.26\text{s}$。

6. 工序 40：精磨曲轴孔两端面

磨削刀具行程 $L = 0.3\text{mm}$。

基本时间 $T_j = L_i/fn = (0.3\times1)\text{mm}/(0.0038\text{mm/r}\times15\text{r/s}) = 5.26\text{s}$。

7. 工序 50-1：铣活塞销孔两斜面

铣削刀具行程 $L = 6\text{mm}$，$L_1+L_2 = d_0/3 = 12\text{mm}$。

基本时间 $T_j = L_i i/fn = (6+12)\text{mm}\times1/(0.3\text{mm/s}\times55\text{r/s}) = 1.09\text{s}$。

8. 工序 50-2：铣轴瓦止口槽，镗曲轴孔

铣削刀具行程 $L = 3.185\text{mm}$，$L_1 = 1\text{mm}$。

基本时间 $T_j = (L+L_1)/fn = (3.185+1)\text{mm}/(0.14\text{mm/r}\times60\text{r/s}) = 0.5\text{s}$。

镗削刀具行程 $L = 24\text{mm}$，$L_1 = 3.5\text{mm}$，$L_2 = 5\text{mm}$。

基本时间 $T_j = L_i/fn = (24+3.5+5)\text{mm}/(0.06\text{mm/r}\times60\text{r/s}) = 9.03\text{s}$。

9. 工序 50-3：精镗曲轴孔及活塞销孔

曲轴孔镗削刀具行程 $L = 24\text{mm}$，$L_1 = 3.5\text{mm}$，$L_2 = 5\text{mm}$。

曲轴孔基本时间 $T_j = L_i/fn = (24+3.5+5)\text{mm}/(0.05\text{mm/r}\times60\text{r/s}) = 10.83\text{s}$。

活塞销孔镗削刀具行程 $L = 24\text{mm}$，$L_1 = 3.5\text{mm}$，$L_2 = 5\text{mm}$。

活塞销孔基本时间 $T_j = L_i/fn = (24+3.5+5)\text{mm}/(0.04\text{mm/r}\times60\text{r/s}) = 13.55\text{s}$。

10. 工序 60-1：珩磨曲轴孔及活塞销孔

曲轴孔磨削刀具行程 $L = 24\text{mm}$，$L_1 = 3.5\text{mm}$，$L_2 = 5\text{mm}$。

曲轴孔基本时间 $T_j = L_i/fn = (24+3.5+5)\text{mm}/(0.06\text{mm/r}\times35\text{r/s}) = 15.48\text{s}$。

活塞销孔磨削刀具行程 $L = 24\text{mm}$，$L_1 = 3.5\text{mm}$，$L_2 = 5\text{mm}$。

活塞销孔基本时间 $T_j = L_i/fn = (24+3.5+5)\text{mm}/(0.06\text{mm/r}\times35\text{r/s}) = 15.48\text{s}$。

7.6.5 编写工艺过程卡片和工序卡片

1. 工艺过程卡片

工艺过程卡片也称为工艺路线卡片。在工艺过程卡片中应简要写明连杆各道工序的加工内容、工艺设备和工时定额等内容，为生产管理使用。某发动机连杆的工艺过程卡片见表 7-7。

2. 工序卡片

为每个工序所编制的卡片称为工序卡片。工序卡片是指导工人进行生产的更为详细的工艺文件，在大批量生产的关键工序才使用。某发动机连杆的各工序卡片见表 7-8。

表 7-7 某发动机连杆的工艺过程卡片

机械加工工艺过程卡片		材料	零件号	零件名称
		粉末冶金		连杆体
工序号	工序名称	工序内容	设备	工时
OP10	上料	接受毛坯		
OP20-1	粗镗	曲轴孔倒角,粗镗活塞销孔并倒角	8工位转台式连杆专机	
OP20-2	钻	钻螺栓半孔	8工位转台式连杆专机	
OP20-3	精镗	精镗螺栓孔平面	8工位转台式连杆专机	
OP20-4	钻	钻螺纹底孔通孔	8工位转台式连杆专机	
OP20-5	铰	铰螺栓孔和螺纹底孔	8工位转台式连杆专机	
OP20-6	攻	攻螺纹	8工位转台式连杆专机	
OP20-7	精镗	精镗活塞销孔	8工位转台式连杆专机	
OP20-8	检测	尺寸检验,测量活塞销孔		
OP30-1	涨断	涨断,清理分离面	4工位转台式连杆装配专机	
OP30-2	钳工	安装螺栓,预拧紧,预拧紧力矩为32N·m	4工位转台式连杆装配专机	
OP30-3	钳工	松螺栓,清理分离面,安装螺栓拧紧至26N·m+100°	4工位转台式连杆装配专机	
设计		签字	日期	第1页 共2页

第7章 汽车零件机械加工工艺过程制订实例

（续）

	机械加工工艺过程卡片		零件号	零件名称
		材料		连杆体
		粉末冶金		

工序号	工序名称	工序内容	设备	工时
OP30-4	压	压衬套	4工位转台式连杆装配专机	
OP40	精磨	精磨曲轴孔两端面	数控卧式双端面磨床	
OP50-1	铣	铣活塞销孔两斜面并倒角	4工位连杆自动加工线	
OP50-2	铣、镗	铣轴瓦止口槽,镗曲轴孔	4工位连杆自动加工线	
OP50-3	精镗	精镗曲轴孔及活塞销孔	4工位连杆自动加工线	
OP50-4	检测	尺寸检验,测量曲轴孔及活塞销孔		
OP60-1	珩磨	珩磨曲轴孔及活塞销孔	连杆珩磨专机	
OP60-2	检测	测量曲轴孔和活塞销孔		
OP70	洗、吹	清洗,漂洗,吹干	连杆专用高清洁度清洗机	
OP80-1	检测	最终检测	专用测量称重打标分组专机	
OP80-2	打标	称重,打编号,分检	专用测量称重打标分组专机	
OP90	入库	上油,入库		
设计			签字	日期
指导				第2页 共2页

表 7-8 某发动机连杆的各工序卡片

生产区		连杆加工线	
设备	名称	8工位转台式连杆专机	
	编号	071839-03	
夹具	名称		
	代号		
夹辅具	名称		
	代号		
	预紧力		
工具	名称		
	代号		
工位器具	名称		
	代号		
切削液	名称		
	浓度		
刀具,刀辅具	代号		
	名称		

工步	内 容	主轴转速 /r·min⁻¹	进给转速 /r·min⁻¹	切削速度 /m·min⁻¹	进给量 /mm·r⁻¹	切削深度 /mm

某连杆/曲轴孔倒角,粗镗活塞销孔并倒角

	版本标记	Ⅲ		单位名称		
会签		B		机械加工工序卡		
标准化						
批准				共 1 页		
编制				第 1 页		
校对						
审核				OP20-1		

标记	处数	更改单号	签名	日期

第7章 汽车零件机械加工工艺过程制订实例

(续)

生产区		连杆加工线		
设备	名称	8工位转台式连杆专机		
	编号	071839-03		
夹具	名称			
	代号			
夹辅具	名称			
	代号			
	预紧力			
工具	名称			
	代号			
工位器具	名称			
	代号			
切削液	名称			
	浓度			
刀具、刀辅具	代号			
	名称			

						单位名称			
						机械加工工序卡			OP20-2
主轴转速 /r·min⁻¹	进给转速 /r·min⁻¹	切削速度 /m·min⁻¹	进给量 /mm·r⁻¹	切削深度 /mm		某连杆/钻螺栓半孔		共1页	
						版本标记		第1页	
						B	Ⅲ		
内 容									
					会签				
					标准化				
					批准				
					编制				
					校对				
					审核				
装夹	工步	更改单号	处数	签名	日期				
标记									

（续）

生产区	名称	连杆加工线
设备	名称	8工位转台式连杆专机
	编号	071839-03
夹具	名称	
	代号	
夹辅具	名称	
	代号	
	预紧力	
工具	名称	
	代号	
工位器具	名称	
	代号	
切削液	名称	
	浓度	
刀具、刀辅具	名称	
	代号	

工步	内容	主轴转速 /r·min⁻¹	进给转速 /r·min⁻¹	切削速度 /m·min⁻¹	进给量 /mm·r⁻¹	切削深度 /mm
装夹						

				单位名称		
编制			某连杆 精镗螺栓孔平面	机械加工工序卡		
校对						
审核		版本标记				
会签		Ⅲ		OP20-3		
标准化			共1页			
批准		B	第1页			
标记	处数	更改单号	签名	日期		

第7章 汽车零件机械加工工艺过程制订实例

(续)

生产区	名称	连杆加工线
设备	名称	8工位转台式连杆专机
	编号	071839-03
夹具	名称	
	代号	
夹辅具	名称	
	代号	
	预紧力	
工具	名称	
	代号	
工位器具	名称	
	代号	
切削液	名称	
	浓度	
刀具、刀辅具	名称	
	代号	

单位名称	
机械加工工序卡	OP20-4

某连杆/钻螺纹底孔通孔

版本标记	共1页
B Ⅲ	第1页

主轴转速 /r·min⁻¹	进给转速 /r·min⁻¹	切削速度 /m·min⁻¹	进给量 /mm·r⁻¹	切削深度 /mm

2×φ(2.7±0.115)通孔
⊕ φ0.3 A B E
0.75±0.25
40°±1°
10.38±0.1
191.35
143.8
22.96
31.55 31.55
12.3
A
B
E

工步	装夹	内容

编制		校对		审核		会签		标准化		批准	

标记	处数	更改单号	签名	日期

生产区		连杆加工线	（续）
设备	名称	8工位转台式连杆专机	
	编号	071839-03	
夹具	名称		
	代号		
夹辅具	名称		
	代号		
	预紧力		
工具	名称		
	代号		
工位器具	名称		
	代号		
切削液	名称		
	浓度		
刀具、刀辅具	名称		
	代号		

单位名称：机械加工工序卡
OP20-5

某连杆/铰螺栓孔和螺纹底孔
版本标记 Ⅲ B
共1页 第1页

技术要求：
- $2 \times \phi 9.22 \pm 0.05$
- $\oplus \phi 0.38 \text{\textcircled{M}} | A | B | E$
- $// \phi 0.1 | A | E$
- $90° \pm 1°$
- $2 \times \phi 8.12 \pm 0.09$
- $\oplus \phi 0.08 \text{\textcircled{M}} | D$
- 191.35
- 160.7 ± 0.5
- 22.96
- 31.55 31.55
- 12
- 13

工步	内容	主轴转速 /r·min⁻¹	进给转速 /r·min⁻¹	切削速度 /m·min⁻¹	进给量 /mm·r⁻¹	切削深度 /mm
装夹						

		编制	校对	审核	会签	标准化	批准
签名							
日期							

标记　处数　更改单号　签名　日期

第7章 汽车零件机械加工工艺过程制订实例

(续)

单位名称		机械加工工序卡	某连杆/攻螺纹	共1页	
		OP20-6	版本标记 B Ⅲ	第1页	

工步内容: MJ 9 1.0-4H 攻穿 ⌖ ⌀0.08 Ⓓ Ⓜ ×2 节圆直径

生产区	连杆加工线	
设备	名称	8工位转台式连杆专机
	编号	071839-03
夹具	名称	
	代号	
夹辅具	名称	
	代号	
	预紧力	
工具	名称	
	代号	
工位器具	名称	
	代号	
切削液	名称	
	浓度	
刀具、刀辅具	代号	
	名称	

工步	装夹	内容	主轴转速 /r·min⁻¹	切削速度 /m·min⁻¹	进给转速 /r·min⁻¹	进给量 /mm·r⁻¹	切削深度 /mm

	编制	校对	审核	会签	标准化	批准
签名						
日期						

标记	处数	更改单号	签名	日期

生产区		名称	连杆加工线	（续）
设备		名称	8工位转台式连杆专机	
		编号	071839-03	
夹具		名称		
		代号		
夹辅具		名称		
		代号		
		预紧力		
工具		名称		
		代号		
工位器具		名称		
		代号		
切削液		名称		
		浓度		
刀具,刀辅具		名称		
		代号		

工步	内容	主轴转速 /r·min⁻¹	进给转速 /r·min⁻¹	切削速度 /m·min⁻¹	进给量 /mm·r⁻¹	切削深度 /mm

某连杆 精镗活塞销孔

编制			校对			审核			会签			标准化			批准		

版本标记 Ⅲ B

共1页 第1页

单位名称

机械加工工序卡 OP20-7

标记	处数	更改单号	签名	日期
装夹				

第 7 章　汽车零件机械加工工艺过程制订实例

(续)

生产区	连杆加工线		
设备	名称	8工位转台式连杆专机	
	编号	071839-03	
夹具	名称		
	代号		
夹辅具	名称		
	代号		
	预紧力		
工具	名称		
	代号		
工位器具	名称		
	代号		
切削液	名称		
	浓度		

单位名称			某连杆/尺寸检验，测量活塞销孔				
机械加工工序卡			版本标记		共 1 页		
OP20-8			B	Ⅲ	第 1 页		

装夹	工步	内　　容	主轴转速 /r·min⁻¹	进给转速 /r·min⁻¹	切削速度 /m·min⁻¹	进给量 /mm·r⁻¹	切削深度 /mm	刀具、刀辅具 代号　名称

φ22.215±0.02　143.8　12.3

	编制	校对	审核	会签	标准化	批准
签名						
日期						

标记	处数	更改单号	签名	日期

（续）

生产区		连杆加工线
设备	名称	4工位转台式连杆装配专机
	编号	071839-04
夹具	名称	
	代号	
夹辅具	名称	
	代号	
	预紧力	
工具	名称	
	代号	
工位器具	名称	
	代号	
切削液	名称	
	浓度	

技术要求

分段面须无碎屑，允许2个1×1的崩口缺陷

涨断前 / 涨断后

单位名称		机械加工工序卡	OP30-1
		某连杆/涨断，清理分离面	
		版本标记	共1页
		Ⅲ B	第1页

工步	内容	刀具、刀辅具 名称	刀具、刀辅具 代号	主轴转速 /r·min⁻¹	进给转速 /r·min⁻¹	切削速度 /m·min⁻¹	进给量 /mm·r⁻¹	切削深度 /mm

			编制	校对	审核	会签	标准化	批准
标记	处数	更改单号	签名	日期				

第7章 汽车零件机械加工工艺过程制订实例

生产区	连杆加工线		
设备	名称	4工位转台式连杆装配专机	
	编号	071839-04	
夹具	名称		
	代号		
夹辅具	名称		
	代号		
	预紧力		
工具	名称		
	代号		
工位器具	名称		
	代号		
切削液	名称		
	浓度		
刀具、刀辅具	名称		
	代号		

单位名称

机械加工工序卡 OP30-2

某连杆/安装螺栓,预拧紧

版本标记	共1页
B Ⅲ	第1页

工步	内容	装夹	主轴转速 /r·min⁻¹	进给转速 /r·min⁻¹	切削速度 /m·min⁻¹	进给量 /mm·r⁻¹	切削深度 /mm

(零件图:连杆,螺栓90537293,尺寸143.8,预拧紧30N·m,视图A、B)

	编制	校对	审核	会签	标准化	批准
标记	处数	更改单号	签名	日期		

（续）

生产区		连杆加工线								
设备	名称	4工位转台式连杆装配专机								
	编号	071839-04								
夹具	名称									
	代号									
夹辅具	名称									
	代号									
	预紧力									
工具	名称									
	代号									
工位器具	名称									
	代号									
切削液	名称									
	浓度									
刀具、刀辅具	代号									
	名称									

技术要求
分断面处允许2个1×1的崩口缺陷，不允许出现任何挤出物。

拧紧至25N·m+100°
螺栓90537293

工步	内　容	主轴转速 /r·min⁻¹	进给转速 /r·min⁻¹	切削速度 /m·min⁻¹	进给量 /mm·r⁻¹	切削深度 /mm
装夹	某连杆/松螺栓、清理分离面、安装螺栓					
	版本标记 Ⅲ					
	B					
	编制					
	校对					
	审核					
	会签					
	标准化					
	批准					
	签名					
	日期					

单位名称

机械加工工序卡
OP30-3
共1页
第1页

标记　处数　更改单号　签名　日期

第7章 汽车零件机械加工工艺过程制订实例

(续)

生产区	名称	连杆加工线
设备	名称	4工位转台式连杆装配专机
	编号	071839-04
夹具	名称	
	代号	
夹辅具	名称	
	代号	
	预紧力	
工具	名称	
	代号	
工位器具	名称	
	代号	
切削液	名称	
	浓度	
刀具、刀辅具	名称	
	代号	

单位名称			
机械加工工序卡	某连杆/压衬套	共1页	
OP30-4	版本标记 B Ⅲ	第1页	

装夹	工步	内容	主轴转速 /r·min⁻¹	进给转速 /r·min⁻¹	切削速度 /m·min⁻¹	进给量 /mm·r⁻¹	切削深度 /mm

			编制		签名	日期
			校对			
			审核			
			会签			
			标准化			
			批准			

标记	处数	更改单号	签名	日期

(续)

生产区	设备	名称	连杆加工专机
		编号	数控卧式双端面磨床 071399-06
	夹具	名称	
		代号	
	夹辅具	名称	
		代号	
		预紧力	
	工具	名称	
		代号	
	工位器具	名称	
		代号	
	切削液	名称	
		浓度	
	刀具、刀辅具	名称	
		代号	

单位名称			
机械加工工序卡	某连杆/精磨曲轴孔两端面	共1页	
OP40	版本标记 Ⅲ B	第1页	

装夹	工步	内容	主轴转速 /r·min⁻¹	进给转速 /r·min⁻¹	切削速度 /m·min⁻¹	进给量 /mm·r⁻¹	切削深度 /mm

	编制			
	校对			
	审核			
	会签			
	标准化			
	批准			
标记	处数	更改单号	签名	日期

第7章 汽车零件机械加工工艺过程制订实例

231

(续)

	生产区		连杆加工线
设备	名称		4工位连杆自动加工线
	编号		071839-05
夹具	名称		
	代号		
夹辅具	名称		
	代号		
	预紧力		
工具	名称		
	代号		
工位器具	名称		
	代号		
切削液	名称		
	浓度		
刀具、刀辅具	代号		
	名称		

工步	内容	主轴转速 /r·min⁻¹	进给转速 /r·min⁻¹	切削速度 /m·min⁻¹	进给量 /mm·r⁻¹	切削深度 /mm
装夹						
	编制					
	校对					
	审核					
	会签					
	标准化					
	批准					
	日期					

单位名称			
机械加工工序卡	某连杆/铣轴瓦止口槽,镗曲轴孔	共1页	
	版本标记	第1页	
OP50-2	B Ⅲ		

标记	处数	更改单号	签名	日期

第7章 汽车零件机械加工工艺过程制订实例

(表格内容——机械加工工序卡 OP50-3，某连杆/精镗曲轴孔及活塞销孔，共1页 第1页，版本标记 B Ⅲ，设备：4工位连杆自动加工线 071839-05)

（续）

生产区		连杆加工线
设备	名称	4工位连杆自动加工线
	编号	071839-05
夹具	名称	
	代号	
夹辅具	名称	
	代号	
	预紧力	
工具	名称	
	代号	
工位器具	名称	
	代号	
切削液	名称	
	浓度	
刀具/刀辅具	名称	
	代号	

单位名称	
机械加工工序卡	
OP50-4	

某连杆/尺寸检验,测量曲轴及活塞销孔

版本标记	共1页
B Ⅲ	第1页

装夹	工步	内容	主轴转速 /r·min⁻¹	进给转速 /r·min⁻¹	切削速度 /m·min⁻¹	进给量 /mm·r⁻¹	切削深度 /mm

	编制	校对	审核	会签	标准化	批准

标记	处数	更改单号	签名	日期

$\phi 19.99 \pm 0.005$ $\phi 52.08 \pm 0.008$ 143.8 12

第7章 汽车零件机械加工工艺过程制订实例

(这是一张旋转了90度的机械加工工序卡表格，包含连杆珩磨专机的加工工序信息，包括设备、夹具、工具、工位器具、切削液、刀具等信息栏，以及连杆零件图示，标注了 φ52.126±0.008、φ20.012±0.005、166.76、143.8、22.96 等尺寸和 PQC1、ITF17、ITF18、ITF19、ITF14、PQC4、ITF20、ITF21、ITF15、ITF16 等标记，表面粗糙度 Ra1.6、Ra0.4~0.8，工序内容为"珩磨曲轴孔及活塞销孔"，版本标记 B Ⅲ，工序号 OP60-1)

（续）

工步内容	清洗剂牌号	防锈水牌号	清洗剂浓度（槽1）	清洗剂浓度（槽2）	清洗温度（槽1）	清洗温度（槽2）	冷却温度	生产区	连杆加工线 201300-07
	汉高5088	佳实多4175	5%	5%	60℃	60℃	20℃	设备 名称 编号	连杆专用高清洁度清洗机
								夹具 名称 代号	
								夹辅具 名称 代号 预紧力	
								工具 名称 代号	
								工位器具 名称 代号	
								切削液 名称 浓度	

清洗要求：
1. 表面无磕伤。
2. 每个零件表面无水渍、油渍、干燥、无尘。
3. 沉淀物等级为2.0mg/件。

				某连杆 清洗，漂洗，吹干	单位名称	机械加工工序卡	OP70
编制	校对	审核	会签			共1页	
			标准化	版本标记	B Ⅲ	第1页	
			批准				

| 标记 | 处数 | 更改单号 | 签名 | 日期 | | | | |

第7章 汽车零件机械加工工艺过程制订实例

7.7 发动机连杆精镗大、小头孔工序的夹具设计

为了提高劳动生产率、保证加工质量、降低劳动强度,在大批量自动生产流水线上需要设计专用夹具。本次设计的夹具为 OP50-3 工序(即精镗曲轴孔及活塞销孔工序)的夹具。本夹具将用于数控加工中心,大头孔刀具为硬质合金镗刀,小头孔镗铜衬套刀具采用金刚石刀具。

7.7.1 夹具设计的基础

本夹具的功能是在精镗某发动机连杆大、小头孔时夹紧工件。由于本道工序已经是加工的最后阶段而且是大批量生产,因此要保证加工的精度,所以,本道工序主要应考虑的是如何提高精度,并在此基础上进一步提高劳动生产率、降低劳动强度。

7.7.2 夹具设计的分析

夹具是用来装夹工件的装置,是机床的一种附加装置。通常,夹具由定位元件、夹紧元件、导向元件和夹具体等组成。本次设计的夹具属于专用夹具,是专为精镗连杆大、小头孔而设计的,适用于大批量生产的场合。

7.7.3 制订设计方案

1. 确定定位方法

定位基准的选择对保证加工精度和夹具结构的复杂程度均有很大影响。在考虑定位方案时,应该按工件的精度要求、工序内容等来决定应限制自由度的数目和方向,进而选择定位基准,并考虑所需的定位元件。

在实际生产中,工件往往不是以单一表面定位,而是以组合表面定位。为满足工序的加工要求,一般都采用几个定位基准(基面)的组合方式进行定位,即组合定位。连杆常用的组合方式有一面一销一支承钉和一面两销等。使用几个定位元件共同限制第一类自由度,保证工件的正确定位。

对于精镗某发动机连杆大、小头孔这道工序,由于该工序已是精加工工序,故只确定精基准。通过分析确定采用"一面一销一V形块"的定位方式,工序定位夹紧简图如图7-6所示。

1)第一基准。完成的机加工连杆大、小头端面(齐平),由 A_1、A_2 和 A_3 构成(面定位)。

2)第二基准。连杆体小头端的 V 形块,由 B_1 和 B_2 构成(V形块定位)。

3)第三基准。穿过连杆大头孔的定位心轴,由 E_1 和 E_2 补充完成(销定位)。

根据图7-6中所定的坐标系,对照连杆主视图有:

1)平面定位限制:Y 轴位移、X 轴旋转、Z 轴旋转。

2)心轴定位限制:X 轴位移、Z 轴位移。

3)V 形块定位限制:Y 轴旋转。

工件定位时，影响加工精度要求的自由度必须限制，不影响加工精度要求的自由度可以限制也可以不限制。本设计中，在精镗连杆大、小头孔时，将定位销做成活动的假销，当连杆用大头定位夹紧后，从大头孔中抽出假销进行加工。此外，V 形块起到夹紧的作用，该工件如此定位共限制了 6 个自由度：3 个移动自由度 ($\vec{X}$, $\vec{Y}$, $\vec{Z}$) 和 3 个旋转自由度 ($\hat{X}$, $\hat{Y}$, $\hat{Z}$)，属于完全定位。

图 7-6　OP50-3 定位夹紧图

2. 确定夹紧方式

连杆是一个刚性较差的工件，为了使夹紧装置达到夹得稳、夹得好和夹得快的基本要求，应十分注意夹紧力的大小、方向及着力点位置的选择，以免因受夹紧力的作用而产生变形，降低加工精度。在精镗曲轴孔及活塞销孔的工序中，夹紧力的方向与端面垂直，在夹紧力的作用方向上，大头端部与小头端部的刚性高，变形小，即使有一些变形，也产生在垂直于端面的方向上，很少或不会影响大、小头孔的锥度。夹紧力通过工件直接作用在定位元件上，可避免工件产生弯曲或扭转变形。

液压夹紧机构响应快、动作灵敏、准确，因而能满足连杆的生产纲领要求和自动化要求。对于大批量生产的连杆，为了提高效率、减轻劳动强度，采用了自动化程度高的液压夹紧装置。

3. 定位误差分析

为了满足连杆的加工质量要求，在分析和确定定位基准及定位元件的基础上，根据定位误差的分析来确定上述方案的正确性。

在机械加工过程中，造成连杆加工误差的因素有很多。在连杆的定位过程中，会遇到定位基准与工序基准不重合的情况，这时就会引起连杆的加工误差；同时会出现定位基准相对于定位元件的位置不确定，这会引起连杆的加工误差。由上述两种原因引起的加工误差属于定位误差。

连杆零件定位图如图 7-7 所示，有 2 个加工尺寸、2 个工序尺寸和 1 个几何公差，它们的定位误差计算如下。

图 7-7　OP50-3 零件定位图

（1）两孔加工尺寸 $\phi(19.99\pm0.006)$mm 和 $\phi(52.08\pm0.006)$mm 的定位误差　连杆大、小头孔的加工尺寸 $\phi(19.99\pm0.006)$mm 和 $\phi(52.08\pm0.006)$mm 是由刀具的直径大小直接保证的，与定位无关，故不考虑定位误差。

（2）工序尺寸 (22.96 ± 0.06)mm 的定位误差　尺寸 22.96mm 是由刀具与定位元件的正确位置关系保证的，与工件的定位有关。如图 7-7 所示，工件的定位基准为圆心，工序基准在 B 处，故定位基准与工序基准不重合，存在基准不重合误差。基准不重合误差的计算公式为

$$\Delta_{\mathrm{B}} = T_{\mathrm{D}} \tag{7-3}$$

式中　Δ_{B}——基准不重合误差；

　　　T_{D}——工序尺寸公差。

因此，基准不重合误差的计算如下：

$$\Delta_{\mathrm{B}} = T_{\mathrm{D}} = 0.06\mathrm{mm} \times 2 = 0.12\mathrm{mm}$$

因为连杆小头外径在公差范围内变动，所以定位基准相对于 V 形块的位置不确定，且沿工序尺寸方向有变动，存在基准位移误差。基准位移误差的计算公式为

$$\Delta_{\mathrm{Y}} = (T_{\mathrm{D}}/2)/\sin(\alpha/2) \tag{7-4}$$

式中　Δ_{Y}——基准位移误差；

　　　T_{D}——连杆小头外径公差；

　　　α——V 形块的夹角。

因此，基准位移误差计算如下：

$$\Delta_{\mathrm{Y}} = (T_{\mathrm{D}}/2)/\sin(\alpha/2) = (0.6\mathrm{mm}/2)/\sin(90°/2) = 0.424\mathrm{mm}$$

连杆以 V 形块定位，为了获得最小定位误差，选择下素线为被加工小头孔位置的工序基准，使得基准不重合误差和基准位移误差在一定程度上互相抵消，减小了定位误差，则定位误差

$$\Delta_{\mathrm{D}} = \Delta_{\mathrm{B}} - \Delta_{\mathrm{Y}} = 0.424\mathrm{mm} - 0.12\mathrm{mm} = 0.304\mathrm{mm}$$

此项加工允许误差为 0.35mm，因此工件在加工过程中能够保证加工精度要求。

（3）工序尺寸（166.67±0.06）mm 的定位误差　尺寸（166.67±0.06）mm 是由刀具与定位元件的正确位置关系保证的，与工件的定位有关。如图 7-6 所示，工件的定位基准为圆心，工序基准在 B 处，故定位基准与工序基准不重合，存在基准不重合误差，所以

$$\Delta_{\mathrm{B}} = T_{\mathrm{D}} = 0.06\mathrm{mm} \times 2 = 0.12\mathrm{mm}$$

因为连杆小头外径在公差范围内变动，所以定位基准相对于 V 形块的位置不确定，且沿工序尺寸方向有变动，存在基准位移误差，所以

$$\Delta_{\mathrm{Y}} = (T_{\mathrm{D}}/2)/\sin(\alpha/2) = (0.6\mathrm{mm}/2)/\sin(90°/2) = 0.424\mathrm{mm}$$

连杆以 V 形块定位，为了获得最小定位误差，选择下素线为被加工大头孔位置的工序基准，使得基准不重合误差和基准位移误差在一定程度上互相抵消，减小了定位误差，则定位误差

$$\Delta_{\mathrm{D}} = \Delta_{\mathrm{B}} - \Delta_{\mathrm{Y}} = 0.424\mathrm{mm} - 0.12\mathrm{mm} = 0.304\mathrm{mm}$$

此项加工允许误差为 0.35mm，因此工件在加工过程中能够保证加工精度要求。

（4）平行度 0.04 的定位误差　平行度 0.04 的定位误差为

$$\Delta_{\mathrm{d}} = \Delta_{\mathrm{d大}} \times 18.72/24 = 0.304\mathrm{mm} \times 18.72/24 = 0.237\mathrm{mm}$$

由此可知，平行度的定位误差为 0.237mm，此项加工允许误差为 0.25mm，因此工件在加工过程中能够保证加工精度要求。

由以上分析可知，定位误差在规定的允许范围内，故本工位定位系统可用。

4. 切削力及夹紧力的计算

本工序主要是精镗连杆大、小头孔，所以要对夹具的定位稳定性、切削力和夹紧力进行计算，以便合理地选择和设计夹具夹紧装置。精镗大头孔采用硬质合金刀具，刀具直径 d_{01} = 52.08mm，精镗小头孔衬套采用金刚石刀具，刀具直径 d_{02} = 19.99mm。

（1）切削力的计算　由实际加工经验可知，镗孔时的主要切削力在镗刀的切削方向，即垂直于工作台，根据《切削加工简明实用手册》查得切削力计算公式为

$$F = C_F d_0^{X_F} f^{Y_F} K_F \tag{7-5}$$

式中　C_F = 588.60；
　　　X_F = 1；
　　　Y_F = 0.8；
　　　f_1 = 0.06；
　　　f_2 = 0.03；
　　　$K_F = K_{MF} K_{XF} K_{hF}$ = 1.2，K_{MF} 与加工材料有关，K_{XF} 与刀具刃磨形状有关，K_{hF} 与刀具磨钝标准有关。

则精镗大头孔的切削力为

$$F_1 = 588.60 \times 52.08^1 \times 0.06^{0.8} \times 1.2 \text{N} = 3874.3 \text{N}$$

同理，精镗小头孔的切削力为

$$F_2 = 588.60 \times 19.99^1 \times 0.03^{0.8} \times 1.2 \text{N} = 854.1 \text{N}$$

$$F = F_1 + F_2 = 3874.3 \text{N} + 854.1 \text{N} = 4728.4 \text{N}$$

（2）夹紧力的计算　本夹具用于精镗加工，因为夹紧力与切削力的方向一致，都指向定位基准面，所以，为了防止工件在加工转矩的作用下发生转动，可加较小的夹紧力。根据《机床夹具设计手册》查得，夹紧力的计算公式为

$$W_K = WK \tag{7-6}$$

式中　W_K——实际所需夹紧力（N）；
　　　W——理论夹紧力（N）；
　　　K——安全系数。

在计算夹紧力时，必须考虑安全系数，安全系数 K 可按下式计算：

$$K = K_1 K_2 K_3 K_4$$

式中　K_1——基本安全系数，取 1.5；
　　　K_2——加工性质系数，取 1.1；
　　　K_3——刀具钝化系数，取 1.1；
　　　K_4——断续切削系数，取 1.1。

则

$$W_K = WK = 3000 \text{N} \times 1.5 \times 1.1 \times 1.1 \times 1.1 = 5989.2 \text{N}$$

根据理论计算液压夹紧力 W_K 远大于连杆加工主切削力 F，所以本夹紧装置可靠。

7.8　绘制夹具装配总图

OP50-3 精镗曲轴孔及活塞销孔工位，其夹具与工件的装配总图如图 7-8 所示。

图 7-8　OP50-3 夹具装配总图

7.9　结论

经过计算，对某发动机连杆的机械加工工艺及精镗连杆大、小头孔夹具进行的设计能满足任务要求，能够做到成本低、效率高、加工精度高的要求。

第8章

汽车零件装配工艺制订实例

8.1 发动机装配工艺过程

发动机总成的装配共需完成近1000件的加工件、标准件及外协件的装配工作，其装配质量直接影响发动机的使用性能，进而影响整个汽车的使用性能。

1. 发动机装配的基本要求

（1）严格控制零部件的质量　各专业厂或机械加工车间加工的零件，除了通过加强最终检验来控制零件质量外，在贮存、运输过程中也要保证合理的贮存器具和密封措施，保证零部件不受磕碰、加工精度不被破坏、清洁度不受影响。发动机上不少零件配合精度要求很高，清洁度对质量的影响也很显著，有些重要零件除了要求在工序中反复清洗外，在进入装配时也要严格清洗。

（2）保证拧紧质量　在发动机装配中，螺纹联接占有很大比例，其中一些关键连接处的连接质量会直接影响产品的质量。若拧紧力矩达不到要求，势必引起螺栓和螺母在工作中产生松动而造成事故；若拧紧力矩不均匀，将使被连接件产生不均匀变形，在结合部位出现间隙，使得发动机漏水、漏油、漏气。为确保装配质量，螺纹联接的要求如下：

1）螺纹联接处的拧紧力矩要达到设计要求。

2）同一连接面上的螺栓、螺母和螺钉，其拧紧力矩要均匀，将力矩差控制在一定范围内。

3）保证运动部位各零件相对位置的准确性和运动间隙符合产品的设计要求。

4）设置必要的检测工位。

5）科学管理装配过程，严格按照各种技术文件的要求进行装配工作。

2. 发动机装配的工艺路线

由于各种发动机产品结构相似，其装配顺序也大致相同。发动机装配以气缸体为装配主体，在按一定节拍向前移动的流水装配线上进行总装。大多数装配线都分为前段和后段两段。

1）前段为装配缸体内部的零部件。前段包括松开和取下主轴承盖，安装曲轴部件，重新上紧主轴承盖，安装凸轮轴总成、活塞连杆总成、正时齿轮总成和机油泵总成等，最后装上油底壳。在这一段装配过程中，缸体要根据装配的需要转换方向和位置，装配夹具要适应这种需要。

2）后段为装配缸体顶部、两侧及前、后两端的零部件。后段包括缸盖总成、配气机构、缸盖罩、机油滤清器、燃油滤清器、燃油泵和喷油器和分电器、起动机、发电机、进排气歧管、风扇传动带、进出水管及各种管路、导线等外部零件和变速器总成，装配后的发动机要进行试运转。

图 8-1 所示为某发动机总成装配路线简图。其装配线采用金属间封闭，内设一条主干线，主干线分成两部分，前部（图中 1~9）称为装配一线，采用非强制流水装配，即装配主体在辊道线上用人力推动，向前运行。后部（图中 10~17）称为装配二线，采用强制性流水装配，即相互间隔一定距离的小车，按一定节拍强制拖动向前运行输送装配主体。主干线两侧设有分装线，采用小车将组装完毕的分总成运往主干线上的装配工位。对装配完毕的发动机总成进行最终检查，认定合格后，打上标记，用输送链运往总成试验车间。

图 8-1 某发动机总成装配路线简图

1—选配活塞　2—翻转缸体　3—拆主轴承螺栓　4—装曲轴总成　5—装活塞连杆总成　6—装凸轮轴及正时齿轮总成　7—装机油泵和传动齿轮总成　8—装油底壳总成　9—翻转夹具　10—装气缸盖与进、排气管合件　11—装挺杆导向体合件　12—调整气门间隙　13—装机油滤清器总成　14—装变速器总成　15—喷漆烘干　16—装汽油泵和发电机等　17—最终检查　18—活塞连杆总成分装线　19—凸轮轴及正时齿轮分装线　20—机油泵传动齿轮分装线　21—挺杆、导向体分装线　22—气缸盖、排气管分装线
Ⅰ—辊道　Ⅱ—装配小车　Ⅲ—悬链　Ⅳ—总成输送链

3. 发动机的主要装配工艺

某 6 缸发动机的主要装配工艺包括活塞的选配、曲轴的装配和活塞连杆总成的装配。

（1）活塞的选配

1）装配要求。装配后，活塞和气缸孔的间隙为 0.015~0.035mm，为保证配合精度，采用选择装配法。

2）6 缸发动机活塞的选配工作。加工合格的活塞和气缸孔，按尺寸由小到大分成 4 个尺寸级别，并分别用 A、B、C、D 作标记。每个尺寸级别的活塞按质量大小分成 4 个质量级别，并分别用 1、2、3、4 作标记。装配时，活塞和气缸孔的尺寸级别应相同，当同一尺寸级别的气缸孔和活塞选配有困难时，允许对相邻级别进行选配，但每台发动机上的 6 个活塞质量级别必须相同。

具体选配过程如图 8-2 所示。装配前，必须用干净的白布将活塞和气缸孔擦净，将一厚为 0.05mm 的塞尺连接在弹簧秤上，将塞尺沿与气缸孔轴线平行的方向放入并紧贴气缸壁，把活塞倒置全部放进气缸孔内，活塞裙部低于气缸孔顶面 10~15mm，并使活塞销孔轴线方向与塞尺垂直。匀速用弹簧秤拉出塞尺，拉力应在 35~49N 之间。如果拉力不在该范围内，需

图 8-2 选配活塞示意图
1—气缸体　2—活塞　3—塞尺　4—弹簧秤

第8章 汽车零件装配工艺制订实例

要更换活塞，按上述方法重新选配，直至合格。

（2）曲轴的装配　加工车间将曲轴、飞轮、离合器等组装成曲轴飞轮总成，经平衡后，用滑道运往装配车间进行装配。曲轴的装配工艺过程如下：

1）用主轴承螺栓拆卸机拆下主轴承螺栓，取下主轴承盖，并按顺序摆放在专用的随行托盘上。

2）用压缩空气吹净油道、主轴瓦片，用干净的白布擦净主轴承盖与主轴承座的接合面。

3）安装主轴承瓦片。

4）在主轴承瓦片上涂润滑油。

5）用吊具从滑道上吊起曲轴飞轮总成，吹净油道，擦净轴颈。

6）将曲轴飞轮总成装在气缸体上的主轴承座中。

7）按顺序安装主轴承盖，拧紧主轴承螺栓。

在拧紧主轴承螺栓过程中，为保证拧紧力矩达到设计要求和拧紧力均匀，采用分级拧紧的方法，即首先用风动扳手将螺栓拧紧，再用扭力扳手复紧。

（3）活塞连杆总成的装配　活塞销与活塞销孔、连杆小头孔的装配采用分组互换法，即三者的直径尺寸按由大到小均分成6个尺寸级别，并分别用粉、绿、蓝、红、白、黑6种颜色标记。同一种颜色为一个尺寸组别。装配时，同一尺寸组别的零件按互换装配法装在一起。需要注意的是，在同一台发动机中活塞连杆总成的质量级别必须相同。

在活塞销与活塞销孔、连杆小头孔的装配过程中，要对活塞加热，然后用一专用夹具将活塞、活塞销和连杆组装在一起。

一般发动机均采用3道气环、1道油环，装活塞环的夹具如图8-3所示。由带锥度的外圆直径略大于活塞直径的心轴、轴向可移动的夹片和夹具体构成。装配时，把活塞环放入夹片中，用心轴撑开活塞环，夹片夹住活塞环保持撑开状态，然后退出心轴，装入活塞，松开夹片，活塞环即落入活塞环槽中。

装好活塞环的活塞，在向气缸孔装配时，由于活塞环在自由状态时其外圆尺寸比气缸孔直径大，所以需要导向夹具，如图8-4所示。装配时，将带有锥度的导向夹具与气缸体顶面贴紧，孔对正，将活塞连杆总成放入气缸孔中，调整活塞环的开口位置使相邻两活塞环开口的间隔为90°角，用木棒对准活塞顶中心处施力，推入活塞连杆总成。

图8-3　活塞环装配过程示意图
1—心轴　2—活塞环　3—夹具体　4—夹片

图8-4　活塞连杆总成装配示意图
1—气缸体　2—活塞杆总成　3—导向夹具　4—木棒

活塞连杆总成的装配工艺过程如下：

1）将活塞、连杆、活塞销、活塞环和锁环组装成活塞连杆总成。
2）拆下连杆盖。
3）安装连杆轴瓦。
4）向气缸体中装活塞连杆总成。
5）拧紧连杆螺母。

连杆螺母要涂上 GY—240 胶，然后分别用气动扳手和扭力扳手进行二次拧紧。

4. 发动机试验

对装配好的发动机进行试验，实质是对发动机进行检查和检验，消除装配中的缺陷，调整各机构，达到鉴定质量的目的。同时，通过发动机的初期运转，可消除配合零件表面的微观不平，提高表面质量，延长使用寿命。

发动机试验一般分为冷拖和热磨两个阶段。

（1）冷拖试验　冷拖是指采用外来的动力带动发动机运转，发动机本身并不工作。其目的是消除配合零件表面的缺陷，提高配合质量，保证配合零件表面能够承受和传递正常工作载荷。

冷拖试验是提高发动机使用寿命的必要措施。

（2）热磨试验　热磨是指发动机自身工作过程中的磨合。其目的是对发动机进一步磨合，同时，对发动机油路、电路进行检验和调整。

发动机热磨分为无负荷热磨和有负荷热磨。试验中，先进行无负荷热磨，而后进行有负荷热磨。

某发动机试验进行情况如下：

1）冷拖。用作热磨的发动机带动，转速为 11.7r/s，运转 20min。
2）无负荷热磨。以煤气作燃料，转速为 16.7r/s，空转 15min。
3）有负荷热磨。冷拖另一台发动机作为负荷，转速为 23.3r/s，磨合 20min。

在试验中，应检查各部件的工作情况，同时消除漏油、漏气、漏水和异常敲击声等缺陷。在运转中，检查润滑油压力，在转速为 8.3~10r/s 时，压力不得低于 $9.8×10^4$Pa；在转速为 40r/s 时，压力不得高于 $4.9×10^4$Pa。

5. 主要装配设备和工艺装备

（1）主轴承螺栓拆卸机　主轴承螺栓拆卸机有 18 个扳手头，用于在安装曲轴前拆下主轴承螺栓，一次可同时将主轴承 18 个螺栓全部拆下。整个操作过程，如工件的推入、定位、螺栓的拆卸和工件的推出等均为自动控制。

（2）气动扳手　装配线上广泛采用气动工具，如气动扳手。采用气动工具不仅能有效地保证装配质量，同时能大大减轻装配工人的劳动强度并提高劳动生产率。图 8-5 所示为 QB16 型气动扳手结构图。现场使用气动扳手时，对拧紧时间有一定要求。气动扳手现场使用拧紧时间见表 8-1。

（3）扭力扳手　为保证螺纹连接的拧紧力矩达到技术要求所规定的数值，常使用扭力扳手，如图 8-6 所示。在拧紧螺母时，扭力扳手上的指示针在读数板上指示出达到的转矩值。

第8章 汽车零件装配工艺制订实例

图 8-5　QB16 型气动扳手结构图

1—瓣轴　2—衬套　3—前体　4—冲击头　5—弹簧　6—行星齿轮架　7—行星齿轮　8—内齿圈　9—垫　10—吊环　11—前、后体固定螺母　12—螺形弹簧　13—前盖　14—滑片　15—转子　16—气缸　17—后盖　18—调整环　19—垫片　20—锁紧螺钉　21—销　22—后体　23、24—阀套　25—塑料球　26—推杆　27—压柄　28—进气接头　29—密封圈　30—销轴　31、42—轴承　32~34—滚针　35—轴　36—推力轴承　37—挡环　38—钢球　39、40—固定螺钉　41—垫圈

表 8-1　气动扳手现场使用拧紧时间（气压为 490MPa）

气动扳手型号	螺纹规格	拧紧时间/s	气动扳手型号	螺纹规格	拧紧时间/s
B6	M6	1.5~2.5	B20	M20	3.5~5
B10	M10	2~3	B30	M30	4~6
B16	M16	2.5~3.5			

247

图 8-6 扭力扳手示意图

1—读数板　2—指示针　3—扳手杆　4—扳手头

6. 发动机装配工艺过程

某直列 6 缸汽油发动机的装配工艺过程如下：

1) 装主油道油堵。
2) 编号。
3) 擦净气缸孔、活塞。
4) 选配活塞。
5) 复检配缸拉力并写号。
6) 检查。
7) 装润滑油调节阀。
8) 翻转气缸体。
9) 装曲轴后油封挡片。
10) 拆主轴承盖。
11) 吹擦轴瓦。
12) 装主轴承轴瓦。
13) 擦净轴瓦。
14) 装曲轴。
15) 拧紧主轴承盖螺栓。
16) 装填木条。
17) 复紧主轴承盖螺栓。
18) 检查。
19) 装飞轮壳。
20) 装传动销。
21) 装飞轮。
22) 扩铰定位销孔。
23) 吹净。
24) 拧紧飞轮紧固螺栓。
25) 装锁片。
26) 装轴承。
27) 装从动盘总成。
28) 装离合器盖总成。
29) 初调分离杠杆高度。
30) 初调主动盘与压盘间隙。
31) 压分离杠杆。
32) 复调主动盘与压盘间隙。
33) 复调分离杠杆高度。
34) 装开口销。
35) 气缸体复位。
36) 整机平衡。
37) 装连杆轴瓦。
38) 装活塞连杆总成。
39) 装横油道油堵。
40) 拧紧连杆螺母。
41) 装止动垫圈。
42) 加热曲轴正时齿轮。
43) 装隔圈。
44) 装半圆键。

第8章 汽车零件装配工艺制订实例

45）装曲轴正时齿轮。
46）复紧连杆螺母。
47）向止动垫圈点注油。
48）安装工艺起动爪。
49）检查。
50）装油道前油堵。
51）装垫板。
52）擦净凸轮轴及正时齿轮总成。
53）装凸轮轴。
54）装挡油盘与键。
55）涂胶。
56）装检查孔盖板。
57）装机油泵总成。
58）装连接板。
59）装出油管总成。
60）装机油集滤器总成。
61）装夹子。
62）检查。
63）中间修理。
64）涂润滑油。
65）装正时齿轮盖总成。
66）检查。
67）吹净曲轴箱。
68）装机油底壳总成。
69）复紧机油底壳螺栓。
70）检查。
71）拧紧横油道油堵。
72）涂胶。
73）装放水龙头和管接头。
74）翻转气缸体。
75）拆工艺盖板。
76）装气缸盖与进排气管合件。
77）装前悬支架。
78）装暖风开关。
79）装水温传感器。
80）装爆燃传感器。
81）装水泵总成。
82）复紧缸盖螺栓。
83）确定正时标记。

84）装飞轮壳盖板。
85）装挺杆导向体及挺杆。
86）装传动轴总成。
87）装衬套。
88）装推杆总成。
89）装摇臂轴、摇臂总成。
90）装挺杆室盖板。
91）调整气门间隙。
92）装气缸盖罩盖。
93）装分电器总成。
94）点火正时调整。
95）更换机油细滤器弹簧。
96）装机油标尺管总成。
97）装火花塞。
98）装离心式机油滤清器总成。
99）转动小车。
100）拧紧火花塞。
101）装出水管节温器合件。
102）装连接软管。
103）装机油粗滤器总成。
104）装空气压缩机支架。
105）装空气压缩机。
106）装空气压缩机传动带。
107）转动小车。
108）装发动机支架。
109）装机油尺总成。
110）装带轮减振器总成。
111）装起动爪。
112）装变速器总成。
113）转动小车。
114）装汽油泵垫板、垫片。
115）装分离叉拉臂总成。
116）装放水开关附件。
117）装吊杆。
118）检查。
119）喷漆。
120）烘干。
121）补漆。
122）装进油管总成。

249

123）装出油管总成。
124）贴标志牌。
125）装搭铁线。
126）装汽油泵总成。
127）装燃油管总成。
128）打字。
129）装离合器通风孔盖板。
130）装曲轴箱通风装置。
131）装起动机总成。
132）装连通管总成。
133）装发电机总成。
134）装油压感应器。
135）装油压警报器开关。
136）最后检查。
137）放挂发动机。

8.2 汽车总装配工艺过程

汽车总装配就是将汽车的各种零件、总成按一定的技术要求，通过各种方法进行组合、调试，最后形成可以行驶的汽车的过程。

汽车总装配的工艺过程大致可分为装配、调整、路试、重修、装厢和入库共 6 个环节。

1）装配。按一定的技术要求，将各种汽车零件、总成进行组合；同时，对需要润滑的部位加注润滑剂、对冷却系统加注冷却液，基本达到组合后的汽车可以行驶的过程。

2）调整。通过调整，消除发动机运转后和汽车装配中暴露的质量问题，使整机、整车处于最佳工作状态。

3）路试。调整合格的汽车要经过 3~5km 的路面行驶试验，完成在实际情况中的各种工艺试验，充分暴露质量问题，以便及时消除。

4）重修。如果调整和路试中暴露出不能在其各自的节奏时间内消除的质量问题，要进行重修。重修不是采用特殊工艺对有质量问题的零件或总成进行修复，一般是换上新的零件或总成。

5）装厢。经过路试合格的汽车装配车厢，完成汽车的最终装配。

6）入库。

1. 汽车总装配的一般技术要求

（1）装配的完整性　按工艺规定，所有零件、部件和总成必须全部装上，不得有漏装现象。

（2）装配的完好性　按工艺规定，所装零件、部件和总成不得有凹痕、弯曲、变形、机械损伤及生锈现象。

（3）装配的紧固性　按工艺规定，凡螺栓、螺母和螺钉等联接件，必须达到规定的力矩要求，不允许有松动及过紧现象。

（4）装配的牢靠性　按工艺规定，凡螺栓、螺母和螺钉等联接件，必须装好，不允许有松脱现象。

（5）装配的润滑性　按工艺规定，凡润滑部位必须加注定量的润滑油或润滑脂。

（6）装配的密封性　按工艺规定，气路、油路接头不允许有漏气、漏油现象；补气气路接头必须涂胶密封。

（7）装配的统一性　各种变型车按生产计划进行配套生产，不允许有误装、错装现象。

2. 汽车总装配的工艺路线

汽车总装配以车架为装配主体，在强制流水装配线上进行。

第8章 汽车零件装配工艺制订实例

载货汽车的总装配普遍采用先将车架反放在装配线上,待前桥、后桥和传动轴等总成装配后再翻转车架的装配方案。若车架一开始就正放,会造成一些总成、零部件装配困难。

为解决地面运输的问题,杜绝各总成在运输过程中的磕碰伤,主要总成采用输送链运送,如前桥输送链、后桥输送链、发动机输送链、车头输送链、驾驶室输送链和车轮输送链,通过输送链将主要总成直接输送到装配线上进行装配。

图8-7所示为某载货汽车总装配的工艺流程图。从图中可以看出,载货汽车的总装配工艺路线从装配主体——车架总成上装配线开始。

图8-7 某载货汽车总装配的工艺流程图

汽车装配后要进行路试。为解决由于汽车产量增加带来的路试工作量增加的问题,有效监测产品质量,汽车制造厂可以通过汽车检测线的检查基本完成要求的路试项目。

检测线主要的检测项目有汽车急速排放物的检测,前轮左、右转向角的检测,前照灯光束的检测,前、后轮侧滑量的检测,前、后轮制动力的检测及走合试验等项目。检测线的所有检测数据由仪表显示,由计算机处理并打印存档。

3. 汽车总装配的主要装配工艺

(1) 汽车总装配中的螺纹联接 汽车总装配中,螺纹联接很多,既有一般的连接,又有特殊要求的连接,对于关键部位的连接,都有拧紧力矩值的要求。表8-2所列为国产某型号汽车几个关键部位的拧紧力矩值。

表8-2 国产某型号汽车几个关键部位的拧紧力矩值

部　　位	螺纹规格	拧紧力矩值/N·m(kgf·m)	备　　注
万向节臂轴与垂臂连接	M27×1.5	196~245(20~25)	
转向纵、横拉杆球头销连接	M20×1.5	147~245(15~25)	开口销锁紧
转向盘与上转向轴连接	M20×1.5	98~117.6(10~12)	较扁螺母
轮胎螺母	M20×1.5	196~294(20~30)	

对于可能造成重大交通事故从而导致人身伤亡的某些关键连接部位的拧紧力矩值,汽车行业为统一质量标准,都做了具体规定。

(2) 气制动系统的装配 汽车的制动系统直接影响汽车的行驶安全,在对气制动系统装配时,应采取如下两项工艺措施:

1) 为保证空气管路连接的密封性,采用密封加涂胶的措施。

2）在气制动系统装配后，以 588kPa 的压力充气，用肥皂水对各连接点逐个检查，确保整个系统的密封性。

（3）转向系统的装配　汽车的转向系统影响汽车的安全行驶，装配时应满足如下工艺要求：

1）转向盘紧固螺母先以气动扳手拧紧，再用扭力扳手进行复检。装配后的转向盘自由转动量在 0°~15°范围内。

2）万向节的转向臂固定螺母，按规定的拧紧力矩用风动扳手拧紧，垂臂与轴的标记应对准，误差不大于一个齿。

3）装配转向纵拉杆球头销及转向横拉杆球头销时，紧固螺母要达到规定的力矩值，并用开口销锁紧。

4. 主要装配设备和工艺装备

（1）底盘翻转器　载货汽车的装配普遍采用先将车架反放在装配线上，再翻转的工艺方案，车架的翻转由底盘翻转器来完成。图 8-8 所示为底盘翻转器的结构示意图。

图 8-8　底盘翻转器结构示意图

1—升降电动机　2、8—减速器　3—升降滚筒　4—横梁　5—平衡块　6—后悬架　7—翻转电动机
9—翻转器后夹具　10—调整位置定位器　11—前悬架　12—翻转器前夹具

底盘翻转器由升降机构和可以旋转的前悬架和后悬架组成。前、后悬架间的距离通过调节前悬架的前后位置获得，以便适应不同车架长度的需要。翻转器可以沿装配链方向前后移动，以便在翻转过程中不影响汽车底盘在装配链上的均匀摆放。

（2）润滑油加油器　汽车总装配时，车上的发动机、变速器、后桥和转向机等均需定量加注润滑油，因此需要有定量加油装置。图 8-9 所示为气动定量加油装置。通过调压阀 3、

5 改变压缩空气压力,达到调节润滑油流速的目的,通过可调限位块可改变气缸工作行程,获得不同的加油量。

图 8-9 润滑油定量加油器

1—油缸 2—换向阀 3、5—调压阀 4—手动控制开关 6—气缸
7—行程开关 8—上限位块 9—可调限位块 10—下限位块 11—油箱

（3）总装配输送链 总装配输送链是由高出地面的桥式链和与地面持平的板式链组成的,如图 8-10 所示。桥式链与板式链由调速电动机驱动,输送链的速度由减速器确定,以便根据需要获得不同的速度。

图 8-10 装配输送链示意图

1—板式链 2—减速器 3—调速电动机 4—桥式链

5. 汽车总装配工艺过程

某装载质量为 5000kg 的载货汽车总装配工艺过程如下:

1) 吊车架。
2) 装后钢板弹簧软垫总成。
3) 装后桥。
4) 装贮气筒支架及湿贮气筒支架。
5) 装贮气筒。
6) 装湿贮气筒。
7) 装供气三通管。
8) 装制动系统的三通管及支架。

9）装制动阀。
10）装挂车制动阀。
11）装前制动管路空气管。
12）装后制动管路空气管。
13）装挂车制动管路空气管。
14）装蓄电池框架。
15）装消声器前、后支架。
16）装传动轴及中间传动轴支承。
17）装燃油箱托架。
18）装脚踏板托架。
19）装蓄电池搭铁线。
20）装前桥。
21）装润滑脂嘴。
22）翻转底盘。
23）装驾驶室左、右前悬置支架。
24）装转向机和滑动叉万向节总成。
25）装减振器。
26）装转向纵拉杆。
27）底盘补漆。
28）装左、右后灯托架。
29）将发动机送到总装配带上。
30）装发动机。
31）装中间传动轴与驻车制动盘。
32）装消声器进气管及消声器。
33）装离合器踏板轴支架。
34）装铭牌。
35）往后桥、转向机、变速器及发动机内加入润滑油。
36）用油枪注入润滑脂。
37）装制动阀至前围与管接头的空气管。
38）装后电线束总成。
39）装挂车插销座。
40）装速度表软轴。
41）装分离开关支架。
42）装分离开关及连接头总成。
43）装电扇护风罩总成。
44）装散热器和百叶窗。
45）装扭杆支架。

46）装前照灯及车头至车架间搭铁总成。
47）将车头送到分装线上。
48）装前照灯罩。
49）装喇叭。
50）装车头悬置支座总成扭力杆机构。
51）装车头总成于车架上。
52）装前保险杠和前、后拖钩。
53）装备胎升降器。
54）装离合器操纵机构及制动操纵机构。
55）装雾灯。
56）装空气压缩机到贮气筒的空气管。
57）装蓄电池到框架中。
58）装起动机到蓄电池的导线总成。
59）装分电器至火花塞及点火线圈的高压线。
60）装下连接板总成。
61）装倒车灯总成。
62）装倒车蜂鸣器。
63）检验制动系统并消除漏气。
64）装车轮。
65）紧固散热器悬置，连接制动灯开关导线及气压警报开关导线。
66）装转向柱与上转向轴总成。
67）装转向盘、转向开关。
68）装转向传动轴和万向节总成。
69）将驾驶室送到装配带上。
70）装驾驶室。
71）装气压调节器空气管，制动阀至前围管头胶管。
72）装左、右后灯、牌照灯总成。
73）装汽油箱、汽油油量表感应器并接导线。
74）装汽油滤清器及汽油管。
75）装散热器拉杆。
76）装左、右脚踏板。
77）装后橡胶挡泥板。
78）装空气滤清器接管。

第8章 汽车零件装配工艺制订实例

79）装制动踏板和离合器踏板。
80）装加速踏板。
81）连接手油门与手风门操纵线。
82）连接百叶窗拉线。
83）连接导线。
84）检测轮胎螺母力矩。
85）连接速度表软轴。
86）装驾驶员和乘员坐垫、靠背总成。
87）给气制动系统充气。
88）连接蓄电池搭铁线，装蓄电池防护罩。
89）加防冻液、燃油。
90）装暖风装置及导水管。

第 9 章

汽车制造工艺课程设计选题

1. 设计题目1：气门摇壁轴支座

图 9-1 所示为气门摇壁轴支座。

技术要求
1. 未注明圆角均为 R3。
2. 去锐边毛刺。
3. 材料：HT200。

图 9-1　气门摇臂轴支座

2. 设计题目2：法兰盘

图 9-2 所示为法兰盘。

第 9 章 汽车制造工艺课程设计选题

图 9-2 法兰盘

3. 设计题目3：滤油器体

图9-3所示为滤油器体。

图9-3 滤油器体

第 9 章 汽车制造工艺课程设计选题

4. **设计题目 4：拨叉**

图 9-4 所示为拨叉。

图 9-4 拨叉

5. 设计题目 5：后托架

图 9-5 所示为后托架。

图 9-5 后托架

第 9 章 汽车制造工艺课程设计选题

6. 设计题目 6：角形轴承箱

图 9-6 所示为角形轴承箱。

图 9-6 角形轴承箱

7. 设计题目 7：左支座

图 9-7 所示为左支座。

图 9-7 左支座

第 9 章 汽车制造工艺课程设计选题

8. 设计题目 8：支承套

图 9-8 所示为支承套。

图 9-8 支承套

技术要求
1. 未注圆角为 R3。
2. 材料：HT200。
3. 质量：2.3kg。

9. 设计题目9：推动架

图9-9所示为推动架。

技术要求
1. 未注圆角 $R3 \sim R5$。
2. 材料：HT200。

图9-9 推动架

10. 设计题目 10：连杆体

图 9-10 所示为连杆合件之一——连杆体。

技术要求
1. 未注圆角 R3～R5。
2. 铸件需经人工时效处理。
3. 材料：QT450-10。

图 9-10 连杆合件之一——连杆体

11. 设计题目 11：连杆盖

图 9-11 所示为连杆合件之二——连杆盖。

图 9-11 连杆合件之二——连杆盖

附录 机械制造部分工艺参数

附表1 模锻件内外表面加工余量

锻件质量/kg		一般加工精度 F_1	磨削加工精度 F_2	锻件形状复杂系数 $S_1 S_3$	厚度(直径)方向	锻件单边余量/mm					
						水平方向					
大于	至				大于	0	315	400	630	800	1250	1600
					至	315	400	630	800	1250	1600	2500
0	0.4				1.0~1.5	1.0~1.5	1.5~2.0	2.0~2.5				
0.4	1.0				1.5~2.0	1.5~2.0	1.5~2.0	2.0~2.5	2.0~3.0			
1.0	1.8				1.5~2.0	1.5~2.0	1.5~2.0	2.0~2.7	2.0~3.0			
1.8	3.2				1.7~2.0	1.7~2.2	2.0~2.5	2.0~2.7	2.0~3.0	2.5~3.5		
3.2	5.0				1.7~2.2	1.7~2.5	2.0~2.5	2.0~2.7	2.5~3.5	2.5~4.0		
5.0	10.0				2.0~2.5	2.0~2.5	2.0~2.5	2.3~3.0	2.5~3.5	2.7~4.0	3.0~4.5	
10.0	20.0				2.0~2.5	2.0~2.5	2.0~2.7	2.3~3.0	2.3~3.5	2.5~4.0	3.0~4.5	
20.0	50.0				2.3~3.0	2.0~3.0	2.5~3.0	2.5~3.5	2.7~4.0	3.0~4.5	3.5~4.5	
50.0	150.0				2.5~3.2	2.5~3.5	2.5~3.5	2.7~3.5	2.7~4.0	3.0~4.5	3.5~4.5	4.0~5.5
150.0	250.0				3.0~4.0	2.5~3.5	2.5~3.5	2.7~4.0	3.0~4.5	3.5~5.0	4.0~5.5	
					3.5~4.5	2.7~3.5	2.7~3.5	3.0~4.0	3.0~4.5	3.5~5.0	4.0~5.0	4.5~6.0
					4.0~5.5	2.7~4.0	3.0~4.0	3.0~4.5	3.5~4.5	3.5~5.0	4.0~5.5	4.5~6.0

注：本表适用于在热模锻压力机、模锻锤、平锻机及螺旋压力机上生产的模锻件。

例：锻件质量为3kg，在1600t热模锻压力机上生产，零件无磨削精加工工序，锻件复杂系数 S_3，长度为480mm时，查出该零件余量厚度方向为1.7~2.2mm，水平方向为2.0~2.7mm。

附表2 模锻件的长度、宽度、高度偏差及错差、残留飞边量 （普通级）（单位：mm）

同轴度错差	横向残留飞边	分模线		锻件质量/kg		锻件材质系数 $M_1 M_2$	锻件形状复杂系数 $S_1 S_2 S_3 S_4$	锻件轮廓尺寸							
		不对称	平直对称					大于	0	30	80	120	180	315	500	800	1250
				大于	至			至	30	80	120	180	315	500	800	1250	2500
								偏 差									
0.4	0.5			0	0.4			+0.8 / -0.3	+0.8 / -0.4	+1.0 / -0.4	+1.1 / -0.5	+1.2 / -0.6	+1.4 / -0.6	+1.5 / -0.7	+1.7 / -0.8	+1.9 / -0.9
0.5	0.6			0.4	1.0			+0.8 / -0.4	+1.0 / -0.4	+1.1 / -0.5	+1.2 / -0.6	+1.4 / -0.6	+1.5 / -0.7	+1.7 / -0.8	+1.9 / -0.9	+2.1 / -1.1
0.6	0.7			1.0	1.8			+1.0 / +0.4	+1.1 / -0.5	+1.2 / -0.6	+1.4 / -0.6	+1.5 / -0.7	+1.7 / -0.8	+1.9 / -0.9	+2.1 / -1.1	+2.4 / -1.2
0.8	0.8			1.8	3.2			+1.1 / -0.5	+1.2 / -0.6	+1.4 / -0.6	+1.6 / -0.7	+1.7 / -0.8	+1.9 / -0.9	+2.1 / -1.1	+2.4 / -1.2	+2.7 / -1.3
1.0	1.0			3.2	5.0			+1.2 / -0.6	+1.4 / -0.6	+1.5 / -0.7	+1.7 / -0.8	+1.9 / -0.9	+2.1 / -1.1	+2.4 / -1.2	+2.7 / -1.3	+3.0 / -1.5
1.2*	1.2*			5.0	10			+1.4 / -0.6	+1.5 / -0.7	+1.7 / -0.8	+1.9 / -0.9	+2.1 / -1.1	+2.4 / -1.2	+2.7 / -1.3	+3.0 / -1.5	+3.3 / -1.7
1.4	1.4			10	20			+1.5 / -0.7	+1.7 / -0.8	+1.9 / -0.9	+2.1* / -1.1*	+2.4 / -1.2	+2.7 / -1.3	+3.0 / -1.5	+3.3 / -1.7	+3.8 / -1.8
1.6	1.7			20	50			+1.7 / -0.8	+1.9 / -0.9	+2.1 / -1.1	+2.4 / -1.2	+2.7 / -1.3	+3.0 / -1.5	+3.3 / -1.7	+3.8 / -1.8	+4.2 / -2.1
1.8	2.0			50	120			+1.9 / -0.9	+2.1 / -1.1	+2.4 / -1.2	+2.7 / -1.3	+3.0 / -1.5	+3.3 / -1.7	+3.8 / -1.8	+4.2 / -2.1	+4.7 / -2.3
2.0	2.4			120	250			+2.1 / -1.1	+2.4 / -1.2	+2.7 / -1.3	+3.0 / -1.5	+3.3 / -1.7	+3.8 / -1.8	+4.2 / -2.1	+4.7 / -2.3	+5.3 / -2.5
2.4	2.8							+2.4 / -1.2	+2.7 / -1.3	+3.0 / -1.5	+3.3 / -1.5	+3.8 / -1.8	+4.2 / -2.1	+4.7 / -2.3	+5.3 / -2.7	+6.0 / -3.0
								+2.7 / -1.3	+3.0 / -1.5	+3.3 / -1.7	+3.8 / -1.8	+4.2 / -2.1	+4.7 / -2.3	+5.3 / -2.7	+6.0 / -3.0	+6.5 / -3.5
									+3.3 / -1.7	+3.8 / -1.8	+4.2 / -2.1	+4.7 / -2.3	+5.3 / -2.7	+6.0 / -3.0	+6.5 / -3.5	+7.5 / -3.5
										+4.2 / -2.1	+4.7 / -2.3	+5.3 / -2.7	+6.0 / -3.0	+6.5 / -3.5	+7.5 / -3.5	+8.0 / -4.0
										+4.7 / -2.3	+5.3 / -2.7	+6.0 / -3.0	+6.5 / -3.5	+7.5 / -3.5	+8.0 / -4.0	+9.0 / -4.0

附表 3　模锻件的厚度偏差及顶料杆压痕偏差（普通级）　　（单位：mm）

顶料杆压痕	锻件质量/kg 大于	锻件质量/kg 至	锻件材质系数 $M_1 M_2$	锻件形状复杂系数 $S_1 S_2 S_3 S_4$	锻件厚度尺寸 大于0 至18	18 30	30 50	50 80	80 120	120 180	180 315
					偏　差						
−0.8/ +0.3	0	0.4			+0.5/−0.1	+0.6/−0.2	+0.7/−0.2	+0.8/−0.2	+0.9/−0.3	+1.0/−0.4	+1.2/−0.4
−0.8/ +0.4	0.4	1.0			+0.6/−0.2	+0.7/−0.2	+0.8/−0.2	+0.9/−0.3	+1.0/−0.4	+1.2/−0.4	+1.4/−0.4
−1.0/ +0.5	1.0	1.8			+0.7/−0.2	+0.8/−0.2	+0.9/−0.3	+1.0/−0.4	+1.2/−0.4	+1.4/−0.4	+1.5/−0.5
−1.2*/ +0.6*	1.8	3.2			+0.8/−0.2	+0.9/−0.3	+1.0/−0.4	+1.2/−0.4	+1.4/−0.4	+1.5/−0.5	+1.7/−0.5
−1.6/ +0.8	3.2	5.0			+0.9/−0.3	+1.0/−0.4	+1.2/−0.4	+1.4/−0.4	+1.5/−0.5	+1.7/−0.5	+2.0/−0.5
−1.8/ +1.0	5.0	10			+1.0/−0.4	+1.2*/−0.4*	+1.4/−0.4	+1.5/−0.5	+1.7/−0.5	+2.0/−0.5	+2.1/−0.7
−2.2/ +1.2	10	20			+1.2/−0.4	+1.4/−0.4	+1.5/−0.5	+1.7/−0.5	+2.0/−0.5	+2.1/−0.7	+2.4/−0.8
−2.8/ +1.5	20	50			+1.4/−0.4	+1.5/−0.5	+1.7/−0.5	+2.0/−0.5	+2.1/−0.7	+2.4/−0.8	+2.7/−0.9
−3.5/ +2.0	50	120			+1.5/−0.5	+1.7/−0.5	+2.0/−0.5	+2.1/−0.7	+2.4/−0.8	+2.7/−0.9	+3.0/−1.0
−4.5/ +2.5	120	250			+1.7/−0.5	+2.0/−0.5	+2.1/−0.7	+2.4/−0.8	+2.7/−0.9	+3.0/−1.0	+3.4/−1.1
					+2.0/−0.5	+2.1/−0.7	+2.4/−0.8	+2.7/−0.9	+3.0/−1.0	+3.4/−1.1	+3.8/−1.2
					+2.1/−0.7	+2.4/−0.8	+2.7/−0.9	+3.0/−1.0	+3.4/−1.1	+3.8/−1.2	+4.2/−1.4
					+2.4/−0.8	+2.7/−0.9	+3.0/−1.0	+3.4/−1.1	+3.8/−1.2	+4.2/−1.4	+4.8/−1.5
					+2.7/−0.9	+3.0/−1.0	+3.4/−1.1	+3.8/−1.2	+4.2/−1.4	+4.8/−1.5	+5.3/−1.7
					+3.0/−1.0	+3.4/−1.1	+3.8/−1.2	+4.2/−1.4	+4.8/−1.5	+5.3/−1.7	+6.0/−2.0
					+3.4/−1.1	+3.8/−1.2	+4.2/−1.4	+4.8/−1.5	+5.3/−1.7	+6.0/−2.0	

附表 4　锤上锻件外起模角 α 的数值

L/B	H/B ≤1	>1~3	>3~4.5	>4.5~6.5	>6.5
≤1.5 (α)	5°	7°	10°	12°	15°
>1.5 (α)	5°	5°	7°	10°	12°

注：1. 内起模角 β 可按表中数值加大 2°或 3°。
　　2. 在热模锻压力机和螺旋压力机上使用预料机构时，起模角可比表中数值减少 2°或 3°。

附录 机械制造部分工艺参数

附表 5 常用夹具元件的公差配合

元件名称	部位及配合		备注
衬套	外径与本体 $\frac{H7}{r6}$ 或 $\frac{H7}{n6}$		
	内径 F7 或 F6		
固定钻套	外径与钻模板 $\frac{H7}{r6}$ 或 $\frac{H7}{n6}$		
	内径 G7 或 F8		公称尺寸是刀具的最大尺寸
可换钻套 快换钻套	外径与衬套 $\frac{F7}{m6}$ 或 $\frac{F7}{k6}$		公称尺寸是刀具的最大尺寸
	内径	钻孔及扩孔时 F8	
		粗铰孔时 G7	
		精铰孔时 G6	
镗套	外径与衬套 $\frac{H6}{h5}\left(\frac{H6}{j5}\right),\frac{H7}{h6}\left(\frac{H7}{js6}\right)$		滑动式回转镗套
	内径与镗套 $\frac{H6}{g5}\left(\frac{H6}{h5}\right),\frac{H7}{g6}\left(\frac{H7}{h6}\right)$		滑动式回转镗套
支承钉	与夹具体配合 $\frac{H7}{r6},\frac{H7}{n6}$		
定位销	与工件定位基面配合 $\frac{H7}{g6},\frac{H7}{f7}$ 或 $\frac{H6}{g5},\frac{H6}{f6}$		
	与夹具体配合 $\frac{H7}{r6},\frac{H7}{h6}$		
可换定位销	与衬套配合 $\frac{H7}{h6}$		
钻模板铰链轴	轴与孔配合 $\frac{G7}{h6},\frac{F8}{h5}$		

附表 6 麻花钻的直径公差 （单位：mm）

钻头直径 D	上极限偏差	下极限偏差	钻头直径 D	上极限偏差	下极限偏差
$3<D\leqslant 6$	0	−0.018	$18<D\leqslant 30$	0	−0.033
$6<D\leqslant 10$	0	−0.022	$30<D\leqslant 50$	0	−0.039
$10<D\leqslant 18$	0	−0.027	$50<D\leqslant 80$	0	−0.046

附表 7 扩孔钻的直径公差 （单位：mm）

钻头直径 D	上极限偏差	下极限偏差	钻头直径 D	上极限偏差	下极限偏差
$3<D\leqslant 6$	0	−0.018	$18<D\leqslant 30$	0	−0.033
$6<D\leqslant 10$	0	−0.022	$30<D\leqslant 50$	0	−0.039
$10<D\leqslant 18$	0	−0.027	$50<D\leqslant 80$	0	−0.046

附表 8 铰刀的直径公差 （单位：mm）

铰刀直径 D	H7		H8		H9	
	上极限偏差	下极限偏差	上极限偏差	下极限偏差	上极限偏差	下极限偏差
$1<D\leqslant 3$	+0.008	+0.004	+0.011	+0.006	+0.021	+0.012
$3<D\leqslant 6$	+0.010	+0.005	+0.015	+0.008	+0.025	+0.014
$6<D\leqslant 10$	+0.012	+0.006	+0.018	+0.010	+0.030	+0.017
$10<D\leqslant 18$	+0.015	+0.008	+0.022	+0.012	+0.036	+0.020
$18<D\leqslant 30$	+0.017	+0.009	+0.028	+0.016	+0.044	+0.025
$30<D\leqslant 50$	+0.021	+0.012	+0.033	+0.019	+0.052	+0.030
$50<D\leqslant 80$	+0.025	+0.014	+0.039	+0.022	+0.062	+0.036

附表9　座耳主要尺寸　　　　　　　　　　　　　　　　　（单位：mm）

a)　　　　　　　　　　b)

螺栓直径 d	D	D_1	R	R_1	L	H	F	r	h
8	10	20	5	10	16	28	28	1.5	
10	12	24	6	12	18	32	35	1.5	4
12	14	30	7	15	20	36	42	1.5	
16	18	38	9	19	25	46	56	2	
20	22	44	11	22	28	54	70	2	6
24	28	50	14	25	30	60	88	2	8
30	36	62	18	31	38	76	113	3	10

附表10　T形槽主要尺寸　　　　　　　　　　　　　　　　（单位：mm）

a		10	12	14	(16)	18	(20)	22	(24)	28	(32)	36	42	48	54
b	公称尺寸	16	20	24	27	30	33	36	40	46	52	60	70	80	90
	公差	+1.5			+2					+3					
c	公称尺寸	7	9	11	12	14	15	16	18	20	22	25	28	34	38
	公差	+0.5			+1					+2					
h	最小	6	8	10	11	13	14	16	17	21	24	27	32	36	42
	最大	13	15	18	20	23	25	28	30	36	42	46	54	60	70
螺栓直径 d		8	10	12	(14)	16	(18)	20	(22)	24	(27)	30	36	42	48
f		1				1.5				2					

注：a 的尺寸公差根据用途按 H7、H8（或 H9）、H11 或未注公差尺寸公差选取。

附录 机械制造部分工艺参数

附表 11 机床工作台及 T 形槽尺寸 （单位：mm）

型号	B	B_1	l	m	L	L_1	E	m_1	m_2	a	b	h	c
X50	200	135	45	10	870	715	70	25	40	14	25	11	12
X51	250	170	50	10	1000	815	95		45	14	24	11	12
X5625A	250		50		1120					14	24	11	14
X5028	280		60		1120					14	24	11	18
X5630	300	222	60		1120	900		40	40	14	24	11	16
X52	320	255	70	15	1325	1130	75	25	50	18	32	14	18
X52K	320	255	70	17	1250	1130	75	25	45	18	30	14	18
X53	400	285	90	15	1700	1480	100	30	50	18	32	14	18
X53K	400	290	90	12	1600	1475	110	30	45	18	30	14	18
X53T	425									18	30	14	18
X60	200	140	45	10	870	710	75	30	40	14	25	11	14
X61	250	175	50	10	1000	815	95	50	60	14	25	11	14
X6030	300	222	60		1120	500		40	40	14	24	11	16
X62	320	220	70	16	1250	1055	75	25	50	18	30	14	18
X63	400	290	90	15	1600	1385	100	30	40	18	30	14	18
X63W	200	140	45	10	870	710	75	30	40	14	23	11	12
X61W	250	175	50	10	1000	815	95	50	60	14	25	11	14
X6130	300	222	60	11	1120	900		40	40	14	24	11	16
X62W	320	220	70	16	1250	1055	75	25	50	18	30	14	18
X63W	400	290	90	15	1600	1385	100	30	40	18	30	11	18

附表 12 车床过渡盘结构和尺寸之一 （单位：mm）

D	D_1(K7)	D_2	D_3	d	H	h 公称尺寸	h 公差
80	55	66	45	7	22	3	-6.1
100	72	84(86)	60	9	22	3	-6.1
125	95	108	80	9	24	3.5	-0.2
130	100	115	80	9	24	3.5	-0.2

附表13　车床过渡盘结构和尺寸之二　　　　　　　　　　（单位：mm）

D	D_1(K7)	D_2	D_3	D_4(H6)	D_5	D_6	d	H	h 公称尺寸	公　差
80	55	66	N33	35	50	45	7	36	3	-0.1
100	72	84(86)	M39	40	60	60		40	3	-0.1
125	95	108	M45	48	70	80	9	45		
130	100	112	M45	48	70	80		45	3.5	
160	130	142	M52	55	80	100		50		
200	165	180	M68	70	100	140	11	63		
250	210	226	M68	70	110	180	13	64	5	-0.2
315(320)	270	290	M90	92	130	240		81		
400	340	368	M120	125	170	310	17	104		
500	440	465	M135	140	190	410		117	0	
630	560	595	M150	155	210	520		133		

附表14　车床过渡盘结构和尺寸之三　　　　　　　　　　（单位：mm）

a)　　　　　　　　　　　　b)

D	D_1(K7)	D_2	D_3	D_4 公称尺寸	D_4 偏差	D_5	d	H不小于
160(A)	130	142	110	53.975	+0.003 / -0.005	75	9	22
200	165	180	140	63.513	+0.003 / -0.005	85(A)/82.6(B)	11	25

（续）

D	$D_1(K7)$	D_2	D_3	D_4 公称尺寸	D_4 偏差	D_5	d	H 不小于
250	210	226	180	82.563	+0.004 -0.006	108	13	28
315 320(A)	270	290	240	106.375	+0.004 -0.006	160		32
400 320(B)	340	368	310	139.719	+0.004 -0.008	172	17	36
500	440	465	410	196.869	+0.004 -0.010	234.96		40

附表 15　车床主轴端部结构和尺寸

CA6140、CA6240、CA6250 主轴尺寸

（续）

C620-1、C620-3 主轴尺寸

C6150 主轴尺寸

参 考 文 献

[1] 倪森寿. 机械制造工艺与装备[M]. 北京：化学工业出版社，2009.
[2] 曾东建. 汽车制造工艺学[M]. 北京：机械工业出版社，2006.
[3] 王宝玺. 汽车制造工艺学[M]. 3版. 北京：机械工业出版社，2009.
[4] 李旦. 机械加工工艺手册：第1卷[M]. 2版. 北京：机械工业出版社，2007.
[5] 陈宏钧. 实用机械加工工艺手册[M]. 3版. 北京：机械工业出版社，2009.
[6] 韩英淳. 汽车制造工艺学[M]. 北京：人民交通出版社，2005.
[7] 邓仕珍. 汽车车身制造工艺学[M]. 北京：北京理工大学出版社，2008.
[8] 张世昌. 机械制造技术基础[M]. 北京：高等教育出版社，2006.
[9] 宋晓琳. 汽车车身制造工艺学[M]. 2版. 北京：北京理工大学出版社，2006.
[10] 倪森寿. 机械制造基础[M]. 北京：高等教育出版社，2010.
[11] 赵慧欣. 机械制造工艺基础[M]. 北京：电子工业出版社，2008.
[12] 周华祥，刘瑞已. 汽车制造工艺与数控设备[M]. 北京：机械工业出版社，2007.
[13] 赵桂范，杨娜. 汽车制造工艺[M]. 北京：北京大学出版社，2008.
[14] 丁柏群，王晓娟. 汽车制造工艺技术[M]. 北京：国防工业出版社，2008.
[15] 王选遂. 机械制造工艺学[M]. 2版. 北京：机械工业出版社，2007.